江苏省高等学校会计学品牌专业教材

基础会计学

第 2 版

主编 朱学义 杨玉凤
参编 李文美 陈淑贤

机 械 工 业 出 版 社

本书由全国优秀教师、国务院政府特殊津贴终身享受者朱学义教授、杨玉凤副教授任主编，根据新颁布的《企业会计准则——2006》编著。在阐述总论、会计等式和会计科目、账户和复式记账、主要经济业务的核算和成本计算、账户的分类、会计凭证、会计账簿、财产清查、账务处理程序、财务报告和会计工作组织共十一章基本内容的过程中，设计了前后连贯的经济业务，系统地介绍了账务处理的基本原理、会计凭证的填制方法和会计账簿的登记技术，全书最后附有国家颁布的《中小企业标准暂行规定》、《中华人民共和国会计法》、《会计基础工作规范》、《会计档案管理办法》共四个文件。

本书读者对象：高校会计专业本、专科学生、教师，企事业单位会计人员（尤其是小企业会计人员）和审计人员以及参加全国初级会计专业技术资格考试的人员。

图书在版编目（CIP）数据

基础会计学/朱学义，杨玉凤主编. —2版. —北京：机械工业出版社，2008.12（2013.11重印）

江苏省高等学校会计学品牌专业教材

ISBN 978-7-111-25730-1

Ⅰ.基… Ⅱ.①朱…②杨… Ⅲ.会计学-高等学校-教材 Ⅳ.F230

中国版本图书馆CIP数据核字（2008）第190144号

机械工业出版社（北京市百万庄大街22号　邮政编码100037）
责任编辑：商红云　责任校对：魏俊云
封面设计：马精明　责任印制：杨　曦
北京富生印刷厂印刷
2013年11月第2版·第3次印刷
169mm×239mm·21.75印张·420千字
标准书号：ISBN 978-7-111-25730-1
定价：33.00元

凡购本书，如有缺页、倒页、脱页，由本社发行部调换

电话服务	网络服务
社服务中心：(010)88361066	教材网：http://www.cmpedu.com
销售一部：(010)68326294	机工官网：http://www.cmpbook.com
销售二部：(010)88379649	机工官博：http://weibo.com/cmp1952
读者购书热线：(010)88379203	**封面无防伪标均为盗版**

序

2003年12月，江苏省教育厅遴选出3个省级会计学品牌专业，中国矿业大学管理学院会计学专业被批准为“江苏省高等学校品牌专业建设点”。省级品牌专业是教育教学思想、人才培养方案符合时代发展要求，人才培养质量及其专业建设、改革、管理水平和办学水平在省内达到领先水平，在国内达到一流水平，具有很高的社会声誉，得到社会公认的示范性专业。因此，构建会计教育模式，更新会计教学内容，改进会计教学方式，加强会计学科建设是会计学品牌专业的重点建设内容。而所有这些内容的建设和实现，必须有高质量的会计教材体系作保证。正是围绕这一思路，我们编写了这套教材。

本系列教材由9本教材组成，分别是《基础会计学》、《中级财务会计学》、《高级财务会计学》、《成本会计学》、《财务管理学》、《管理会计学》、《电算化会计学》、《审计学》和《财务分析教程》。

适应知识经济对会计本科教育的挑战，紧跟中国会计改革与发展的步伐，满足社会主义市场经济会计模式对会计人才培养的要求，遵循会计本科教育的规律，并服务于会计专业培养目标，是我们编著本系列教材的基本指导思想，其具体原则是：

（1）基础性。注重对会计各学科基本理论、基础知识和基本技能的全面介绍和准确表述，确保系列教材的理论高度和知识含量。

（2）实践性。遵循会计实际工作规律，反映实际工作经验，满足会计实务工作既立足中国实际，又与国际会计惯例接轨的需要，实现会计国家化与国际化的协调。

（3）规范性。强调教材中所涉及的业务内容和会计处理方法，既符合我国现行会计准则体系的要求，又适应会计规范体系的改革趋势。

（4）系统性。各教材之间在内容上具有衔接性和互补性，结构上具有一致性，在逻辑上具有严密性，使之真正形成科学完善的会计教材体系。

（5）前瞻性。力求对各学科所含知识的最新发展动态作出概括反映和科学预测，以教材的超前性保证其稳定性。

尽管我们在系列教材的编写中，遵循了上述指导思想和原则，但由于我们的学术水平有限，对一些问题的认识不够深刻，各门教材中均可能存在不成熟或谬误之处，恳请读者批评指正。

江苏省高等学校会计学品牌专业教材编审委员会

2004年9月6日

第2版前言

2006年2月15日，财政部颁布或修订颁布了1个基本准则和38个企业具体准则，2006年10月30日财政部又发布了《企业会计准则——应用指南》，其会计准则体系从2007年1月1日起在上市公司实施，从2008年1月1日起在符合条件的国有企业实施，从2009年1月1日起在所有大中型企业实施。这是我国会计准则同国际会计准则“趋同”的重要体现，标志着我国会计核算工作步入了新的历史阶段。

《基础会计学》教材第2版的修订，以新会计准则的变革内容为依据，尤其是将财政部2004年4月27日颁布的《小企业会计制度》中与新的会计准则不适应的地方进行了调整。修订的主要内容有：

(1) 按2006年《企业会计准则——基本准则》规定调整了会计要素、会计原则、会计计量等内容。

(2) 按2006年《企业会计准则——应用指南》规定调整了已经变化的会计科目及内容。

(3) 对“主要经济业务”核算中的变化内容进行了修改，包括对供产销经济业务、财务成果经济业务和其他相关业务的内容进行了修改。

(4) 修改、补充和完善了相应会计报表的系列内容。

本教材修订的具体分工如下：朱学义教授编写修订第1~3章，杨玉凤编写修订第4~7章，李文美编写修订第8~9章，陈淑贤编写修订第10~11章，陈淑贤审阅了附录资料，全书最终由朱学义教授总纂定稿。

对本书在修订中存在的缺点和错误，恳请读者批评指正，以便进一步修改和完善。

编　者

2008年7月

第1版前言

《基础会计学》是会计学专业主干课程的第一门课程，是会计系列教材的最基础的教材。为了让学生在会计专业课程学习中有良好的功底和扎实的基础，我们从出精品教材基点出发，站在省级会计学专业品牌教材的高度，以财政部2004年4月27日颁布的《小企业会计制度》为准绳，在教材编写过程中突出了会计基础入门知识、复式记账原理、账户设置、主要经济业务的处理、会计凭证的填制、账簿的登记、财产清查等内容，使该教材的编写在基本理论、基本方法、基本技巧等方面都上升到了一个新的水平。本教材具有如下特点：

（1）内容新。紧密结合我国小企业2005年1月1日实施的《小企业会计制度》内容。

（2）难易度恰当。由于该教材是会计的入门教材，在指导思想上不能一下了解得太深，对一些过于复杂的内容可在后续《中级财务会计》课程中出现，则该教材始终突出基础知识，有利于初学者入门。

（3）基础理论阐述较详细。主要突出了“原理性”知识点，其语言力求通俗易懂，内容力求全面系统。

（4）实例充足。本教材基本上每介绍一个新的知识点都要以实例予以说明，以利于初学者消化、吸收。

（5）系统性强。该书前后举例都相互连贯，一直到核算形式的综合运用，使学生从最初接受知识到会计最终编出报表有一个完整性的了解；同时，从“简单业务循环”、“全面经济业务处理”到“综合业务训练”，实现了认知上的逐渐深化和知识上的循序渐进，有利学生学习和掌握系统的知识。

本教材由朱学义教授编写第一至三章，杨玉凤副教授编写第四至七章，李文美编写第八至九章，陈淑贤编写第十至十一章，朱学义、陈淑贤收集整理了附录资料，全书最终由朱学义教授总纂定稿。

对本书存在的缺点和错误，恳请读者批评指正，以便进一步修改和完善。

编　者

2004年9月

目　录

第一章　总　论

第一节　会计的意义

在我国，“会计”一词产生于西周（约在公元前1100年至公元前770年之间），记载于《周礼》和《孟子》。它的意思是指对收支活动记录、计算、考察和监督。清朝焦循对《孟子》中的“会计”二字的解释是：“零星算之为计，总合算之为会”（《孟子正义·万章篇》）。在西方，最早使用的会计（Accounting）概念是“簿记”（Bookkeeping）。现在，“簿记”仅指“会计中关于登录工作的一个分支”（《简明不列颠百科全书》第2卷）。

随着社会生产的发展和经济管理要求的变化，会计的含义、内容、性质和作用也在不断地变化。当今社会，会计的概念较多地表述为：会计是以货币为主要计量单位，采用专门的技术方法，对社会再生产过程中企、事业单位的经济活动过程及其结果，进行连续、系统、准确地反映和监督的一种经济管理活动。此概念揭示了会计多个方面的意义。

一、会计的职能

会计的职能是指会计在经济管理中所具有的功能。马克思说：“生产过程越是按社会的规模进行”，“作为对过程的控制和观念总结的簿记就越是必要”[㊀]。

马克思在这里科学概括了会计的两大基本职能：一是反映（观念的总结）；二是监督（过程的控制）[㊁]。

1. 会计的反映职能

会计的反映职能主要是从数量上记录、计算和分析各单位的经济活动情况，为经营管理提供完整的、系统的、以财务信息为主的经济信息。由于社会再生产过程包括生产、交换、分配和消费等各种经济活动，而这些经济活动主要是由从事商品生产、交换和分配的许多单位（例如企业和行政事业等单位）分别进行的，则会计对生产过程的反映，主要是从数量上反映各个单位的经济活动情况，以便提供经营管理所需的经济信息。

㊀ 马克思《资本论》第二卷第152页，人民出版社1975年版。

㊁ 我国《会计法》将会计的基本职能确定为“核算和监督”。

2. 会计的监督职能

会计的监督职能主要是对经济活动全过程的合法性、合理性和有效性进行监督。这种监督主要是利用价值指标进行货币监督，必要时还要进行实物监督。

会计监督按监督过程分为事前监督、事中监督和事后监督三个方面。事前监督是指参与经济预测、计划或预算的编制，审查各项经济活动是否符合国家有关政策、法律和制度的规定和管理的要求，对于违反国家政策、法律和制度的规定，不合管理要求的经济活动要加以限制或制止，以防不良现象的发生。事中监督，又称日常监督，是审查业务收支及生产耗费，督促生产经营业务进行和计划的执行。它通过处理经济业务（如支出款项、办理会计手续等）检查业务是否合理、合法，是否真实可靠，有没有超过规定的标准或计划，对不合理、违反制度、无计划、超标准的行为不予办理，实现业务处理过程的有效监督。事后监督主要是检查财产物资的安全与完整，分析、考核计划的完成及经济效益情况等。它利用会计资料，检查是否有不合理、不合法和不恰当的经济行为发生，对已发现的问题提出改进的建议，促进有关部门采取措施调整经济活动，使其按照规定的要求和预期的目标进行。

会计监督按监督主体分为单位内部会计监督、会计工作的社会监督和会计工作的国家监督三个方面。单位内部会计监督是突出各单位内部会计控制和内部约束机制，强化单位负责人（如厂长、经理等）会计责任（完全责任）和单位内部会计机构、会计人员相关责任的监督。会计工作的社会监督主要是指社会中介机构（如会计师事务所的注册会计师）依法对受托单位的经济活动进行审计，并据实作出客观评价的一种监督形式，它是一种具有很强的权威性和公正性的外部监督。会计工作的国家监督主要是指政府有关部门（如财政部门、审计部门、税务部门、人民银行、证券监管部门、保险监管部门等）依据法律、行政法规的规定和部门的职责权限，对有关单位的会计行为、会计资料所进行的监督和检查。

必须指出的是，会计反映和监督的职能是会计的两大基本职能。现代会计的职能可概括为：反映经济情况，监督经济活动，控制经济过程，分析经济效果，预测经济前景，参与经营决策[㊀]。这同时也是对现代会计任务的高度概括。

二、会计的特点

会计的特点是指会计本身所具有的特殊性，它反映了会计的本质特征。会计的基本特征一般有以下三个方面：

㊀ 还有一种观点认为，会计的职能一是反映，二是监督，三是参与管理决策。

1. 会计以货币作为主要计量单位

会计以货币作为主要计量单位是着重从价值形式角度对生产经营过程进行综合性的反映和管理。经济计量的尺度有实物尺度（如千克、米等）、劳动尺度（如小时、工作日等）和货币尺度（如元等）三种。会计涉及生产的全过程，由于劳动计量尺度的复杂性和实物计量尺度的差异性，两者均不能用来进行综合、全面地核算和监督生产经营过程，会计只能主要利用具有一般等价物的货币尺度来计量。同时，会计将劳动单位和实物单位作为辅助计量单位，并在劳动计量单位和实物计量单位的基础上进行货币计量。

2. 会计具有连续性、系统性和综合性

会计对经济活动过程进行核算和监督，是按照经济活动发生的时间顺序连续地记录，不能间断；会计对可能影响企业收益的，能用货币表现的会计事项，都要进行科学分类、汇总，并加以整理，以提供完整、系统的会计资料；会计通过核算各项经济活动，最终形成总括性的价值指标，因而具有综合性。

3. 会计核算具有一整套专门方法

为了正确、完整地反映和监督经济活动，会计必须采用一系列特有的专门方法（如设账、登账等）进行核算，这些专门的方法密切配合，互相补充，构成了严密的记录、计算、反映和监督经济活动的一套完整的方法体系。

三、会计的内容

会计的内容包括会计核算、会计检查和会计分析三个方面。会计核算是以货币为主要计量单位，运用专门的方法，通过确认、计量、记录、分类、整理或汇总，连续、系统、完整地反映会计对象，提供有助于管理和决策的会计信息的过程。它由记账、算账和报账三个部分组成。会计检查，又称“查账”，是以会计准则体系为准绳，以会计凭证为依据，对会计工作和会计资料的真实性、合法性和合理性所进行的检查。会计分析，又称“用账”，是以会计核算资料为主要依据，结合计划、统计和其他资料，运用专门的分析方法，对各单位的财务状况所进行的全面深入的分析和研究。在会计核算、会计检查和会计分析中，会计核算是会计的基础，会计分析是会计核算的继续，会计检查是会计核算的必要补充。会计核算、会计检查和会计分析都有各自的方法，会计核算方法、会计检查方法和会计分析方法构成了会计方法体系。会计的记账方法、算账方法、报账方法、用账方法和查账方法组成了会计工作的基本环节。

四、会计的性质

会计的性质，又称“会计属性”，是指会计本身所具有的特质。会计最初只是“生产职能的附带部分”㊀，后来发展到“从生产职能中分离出来”㊁，进而对生产过程进行控制，这足以说明，会计的基本性质是管理，而不是生产、技术。从这一点讲，会计的实质或本质是一种管理活动。会计作为一种管理活动具有两种属性：一是具有自然属性，二是具有社会属性。因为会计的产生、发展既同生产力有密切联系，又与生产关系、社会制度相联系；会计属于社会科学中的管理经济学范畴，既研究生产力，又研究生产关系，既解决人与自然的关系，又解决人与人之间的关系，所以，会计既具有自然属性，又具有社会属性。

会计的自然属性是指会计的技术性。会计的技术性主要表现在会计的某些方法反映了生产技术与组织的要求，具有共用性。会计的一些方法来自于社会生产实践，以及人们对会计管理的要求，会计在这方面与社会制度没有直接的关系；会计具有对一切社会劳动进行反映和监督的基本职能，它要按照生产经营活动的一般规律来组织核算工作；会计作为一种文字和数量相结合的应用技术（西方国家常常把会计学列为应用科学）是世界通用的，不同的社会都要用到会计，都要借助于会计来管理生产，促进生产的发展。

会计的社会属性是指会计的社会性。会计的社会性，是指会计在不同社会制度下，不同的会计的方法和原则具有各自的特性。会计作为一种管理活动不能不受到历史的制约，必然要体现统治阶级的意志。

五、会计的作用

会计经过核算提供会计信息，是信息使用者进行经济决策和宏观经济管理的重要依据；是考核企业领导人经济责任履行情况、加强经营管理、提高经济效益的重要保证。会计的具体作用有以下几个方面。

1. 会计信息有助于有关各方作出经济决策

会计通过确认、计量和报告，能为信息使用者提供有关财务状况、经营成果和现金流量的重要信息，以便信息使用者作出经济决策。例如，企业所有者（国家或广大投资者）为了选择投资对象、衡量投资风险、作出投资决策，不仅需要了解企业盈利能力和发展趋势方面的信息，也需要了解有关企业经营情况方面的信息及其所处行业的信息。又如，银行——作为企业债权人，为了选择贷款对象、衡量贷款风险、作出贷款决策，不仅需要了解企业短期偿债能力和长期偿债能力方面的信息，也需要了解企业所处行业的基本情况及其在同行业所处的地位。再如，政府——作为社会经济管理者，为了制定经济政策、进行宏观调控、配置社会资源，需要从总体上掌握企业的资产负债结构、损益状况和现金流转情况，从宏观上把握经济运行的状况和发展变化趋势。所有这一切，都需要会计提

㊀、㊁ 马克思《资本论》第二卷第151页，人民出版社1975年版。

供有助于它们进行决策的信息。

2. 会计信息有助于考核单位领导人经济责任的履行情况

投资者把资金投给企业，债主向企业放出贷款，他们都要求企业按照预定的发展目标和要求，合理利用资源，加强经营管理，提高经济效益，并接受他们的考核和评价。会计信息有助于考核企业领导人经济责任的履行情况。比如，企业所有者为了了解企业当年经营活动成果和当年资本运作情况，需要将企业当年实现的利润与上年度进行对比，以反映企业的盈利发展趋势；同时还需要将其与同行业进行对比，以反映企业在与同行业竞争时所处的位置，从而考核企业领导人经济责任的履行情况。又如，政府部门需要了解企业执行计划的能力，需要将企业报表中所反映的实际情况与预算进行对比，反映企业完成预算的情况，考核企业执行预算的能力和水平。

3. 会计信息有助于单位内部管理部门加强经营管理，提高经济效益

不同的信息使用者不仅需要利用会计信息作出不同的决策，而且需要利用会计信息改善管理，提高管理水平。就企业而言，企业经营管理水平的高低直接影响着企业的经济效益、经营风格、竞争能力和发展前景，在一定程度上决定着企业的前途和命运。例如，企业领导人通过分析和利用会计提供的有关信息，可以全面、系统、总括地了解企业生产经营活动情况、财务状况和经营成果，并在此基础上预测和分析未来发展前景；可以发现过去生产经营活动中存在的问题，找出存在的差距及原因，并提出改进措施；可以通过预算的分解和落实，建立起内部经济责任制，从而做到明确目标、责任清晰、考核严格、赏罚分明。会计正是通过真实反映企业的价值情况，为处理企业与各方面的关系，考核企业管理人员的经营业绩，落实企业内部管理责任奠定了基础。企业管理部门正是利用会计信息不断加强企业经营管理，才可以不断提高经济效益。

第二节　会计对象和会计要素

一、会计对象

（一）会计对象的概念

会计对象是会计所要反映和监督的特定内容。会计工作总是在某一企业、事业、机关等单位里进行的。企业进行生产经营活动，事业、机关等单位进行业务活动，都需要有一定数额的财产物资，包括必须拥有的房屋、建筑物、车辆、机器设备、能源、材料和各种必要的家具用品等，还有用于日常使用的现金及银行存款等，这些财产物资都有价值，可以用货币表现出来，则财产物资的货币表现就是企、事业单位的资金。企业借助其所拥有的资金，进行生产经营活动，反映

取得的收入、发生的各种成本或费用以及应交纳的各种税金，计算所获得的利润，再将利润按规定分配使用；事业、机关等单位除一部分有少量的业务活动收入外，其余所需资金多由国家财政预算拨款。在这些生产经营活动或业务活动过程中，资金处在运动状态中，会计主要是用货币来反映其价值的变化，从而形成企、事业单位的资金运动。企、事业单位的资金运动就是会计的对象[⊖]。

（二）工业企业的会计对象

工业企业的会计对象是工业企业的资金运动。工业企业通过吸收投资、取得借款等方式筹集资金后，就进入了正常的生产经营过程，其经济活动可以分为供应、生产和销售三个主要阶段。供应阶段是生产的准备阶段，主要是购买劳动对象（材料），作为生产的储备。在供应过程中，购买单位购进材料，发生运输、装卸等费用，要向供货单位及其他有关单位支付货款等款项。当购入的材料验收入库时，供应阶段结束。在这个阶段中，货币资金通过材料采购，转化为储备资金。生产阶段是工业企业最主要的经营阶段。在生产过程中，材料仓库储备的材料根据生产需要投入生产，工人借助于劳动资料把劳动对象（材料）加工成产品。一方面，生产资料的价值（机器设备等固定资产的磨损价值和材料消耗价值）转入产品成本；另一方面，支付工资、水电等费用也转入产品成本。当生产的产品完工验收入库时，生产阶段结束。在这个阶段中，储备资金随着生产的进行，转化为生产资金；待产品制造完成入库时，生产资金又转化为成品资金。销售阶段是把企业生产的产品销售出去，取得销售收入。在销售过程中，企业要发生销售费用，并要向国家交纳税金及附加费用；企业各种生产耗费及其支出都要从销售收入中得到补偿，补偿后要确定利润，进而对利润进行分配。当产品库的产成品销售出去，并收回货款时，成品资金转化为货币资金，销售阶段结束。

企业在生产经营过程中，为了获取更大利益或为了达到其他目的，还将资金投放到其他单位，如购买其他单位的股票、债券，或用货币、材料、产品、固定资产等直接向其他单位投资，以便获得投资收益，增加货币资金。这种投资收益同生产经营收益一样，构成了企业利润的组成部分。

工业企业实现的利润要进行分配。首先，要提取一部分积累基金——公积金（盈余公积），然后向投资者分配利润（股份制企业称为“分红”），还要保留一部分利润不予分配（称为“未分配利润”），留在企业账上，以便以后年度用于弥补亏损，或以后年度再予分配。

简要的供、产、销经营过程可如图 1-1 所示。

工业企业供、产、销经营过程是相互联系、不断进行的。工业企业的经营资金顺次经货币资金形态、储备资金形态、生产资金形态、成品资金形态，再回到

⊖ 还有一种观点认为，会计对象是各单位的价值运动或价值增值运动。

货币资金形态的运动，称为“经营资金的循环”。由于再生产过程是不断进行的，经营资金由此引起的不断循环，称为“经营资金的周转”。投资者投入企业的资本经过供产销过程，在一定时期得到价值增值，称为“资本运营”。追求资本的不断增值，乃是会计管理的重要目标。

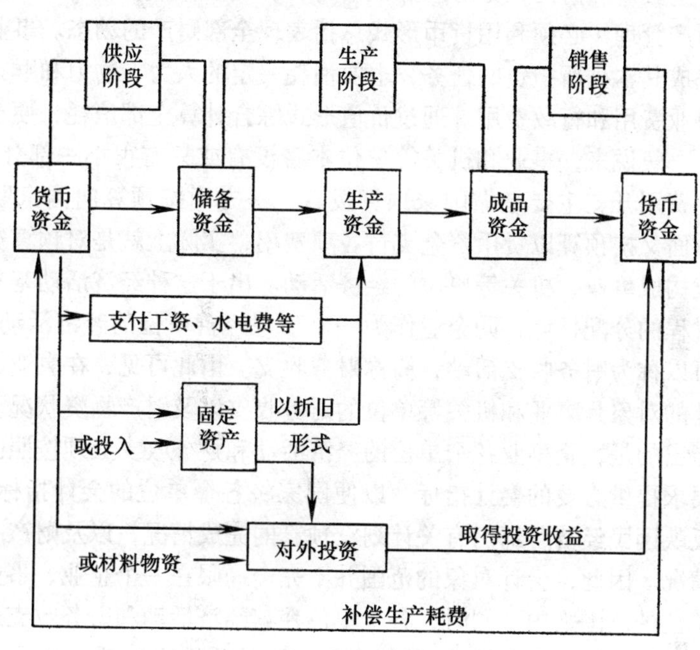

图 1-1 供、产、销经营过程图

（三）商品流通企业的会计对象

商品流通企业的会计对象是商品流通企业的资金运动。商品流通企业的经济活动分为供应和销售两个过程。它也拥有一定数量的财产，如营业用房屋和设备、仓库、运输设备、商品储备等等，以此作为进行经济活动的物质基础。商品流通企业的经济活动限于流通领域，主要是组织商品流通，为农业生产和工业生产服务，为人民生活服务，为国家积累资金。因此，商品流通企业的经营过程，只分为供应和销售两个过程，同时，商品流通企业也必须利用价值形式组织流通和分配。在供应过程中，它主要是购进商品；在销售过程中，它主要是售出商品，同时，在供应和销售过程中，都要消耗一定的人力、物力和财力，都要同有关单位和个人发生货币结算关系。而在销售过程中又会取得销售收入。商品流通企业所取得的销售收入，除用以抵补已售商品的购入成本和商品流通费用（包括职工工资）外，还用来交纳税金及附加费用，其余部分即为企业的利润。商品流通企业的利润也要进行分配。所有这些资金变动，都是商品流通企业会计的对象。

（四）事业、机关等单位的会计对象

事业、机关等单位的会计对象是事业、机关等单位的资金运动。事业、机关等单位的主要活动不是经济活动，但是，为了执行国家所赋予的任务，它们同样需要具备一定数量的财产，如房屋和设备等，作为完成任务所必需的物质条件。为了加强财产管理，必须利用货币形式总括表现全部财产的动态。事业、机关等单位为了完成其本身所担负的任务，也要消耗一定的人力、物力和财力，用货币表现即为事业费用和行政费用。通过价值形式综合计算全部消耗，便于考核费用开支情况。一般说来，事业和机关等单位本身没有或只有很小一部分业务收入，因此，它的费用开支主要是靠国家预算拨款，一方面按预算向国家取得货币资金，另一方面又按预算以货币资金支付各项费用，实际上就是对预算资金的一收一支，这就构成事业、机关等单位的经济活动。出于这种经济活动基本上属于社会再生产过程的分配领域，同企业作为一个独立经营单位的经济活动有所不同，所以一般可以称为财务收支活动，简称财务收支。由此可见，在事业、机关等单位中，会计的对象是事业和机关等单位的财务收支以及财产物资状况。

必须指出的是，企事业各个单位的经济活动和财务收支必须按照国家统一会计制度的要求提供必要的会计指标，以便国家将各个单位的会计指标进行汇总，用来总括反映国民经济各部门有关计划、预算的完成情况，以及财产、资金的分布和使用情况。因此，会计对象的范围并不完全局限在一个企业、事业和机关等个别基层单位的范围之内。同时，各个单位在其经济活动和财务收支过程中，又必然同其他单位、同国家和个人发生经济上的联系，而且必须严格遵守财经纪律，正确执行党和国家的有关方针、政策。就这一点来说，各个单位的经济活动和财务收支过程，又是人们执行计划、贯彻方针和政策的过程。因而会计提供的各项指标，不仅体现钱、物本身的变化，还包括这种变化所体现的人们在生产经营活动中的经济关系。例如，企业与所有者之间的经济关系，企业与银行之间的信贷关系及结算关系，企业与职工的工资结算关系，企业与国家的税务关系等等。正确处理这些经济关系，是会计核算与监督的重要内容。

二、会计要素

资金总是随着企、事业单位的生产经营活动和业务活动而运动变化着，并在任何时候都表现为显著变动和相对静止两种状态。

资金运动的显著变化状态表现为资金的投入和退出，资金的循环与周转，资金的耗费和收回等方面，变化的结果对企业来说，一般会形成资金的增值。资金在动态运动中，使企业发生费用，产生收入，形成利润，反映了单位的经营成果状况。

资金运动的相对静止状态表现为资金在企事单位的具体分布。在某一静止时

点观看资金的分布，它为两个方面：一方面，资金以厂房、机器设备、材料物资、货币资金等资产形态存在；另一方面，它又以各种资产的形成渠道反映其来源——借入（负债）和投入（所有者权益）。可见，资金从静止状态看，它分布于资产、负债和所有者权益三方面，反映了单位的财务状况。

（一）会计要素概念

会计对象是资金运动，这是对会计内容和监督内容的高度概括和抽象，是非常笼统的，不便于也不能作为会计反映与监督的直接对象和依据，因而还必须对会计对象（即资金运动）具体内容的内涵和外延作进一步的归纳、划分和明确界定，使其成为具体的概念范畴。对会计对象具体内容按其经济特征进行归纳、划分和界定，从而形成会计核算与监督的必要构成因素就是会计要素。会计要素是会计对象的具体化，是会计对象的各个基本组成部分，故又称会计对象要素。会计要素又是主要会计报表的基本框架内容，是编制会计报表的理论依据，因而它又称作会计报表要素。

（二）会计要素的划分

会计要素的划分是指运用最精练、最概括而又十分明确的语言来描述会计要素的基本内涵和外延。划分会计要素必须依据资金运动的不同状态和形式，同时又要满足经济管理（包括宏观经济管理和微观经济管理）上的需要。从资金运动的不同状态和形式看，划分会计要素，一方面要保持资金运动的整体性，要求各个会计要素之间要相互联系；另一方面又要反映资金运动的各种具体的运动状态和形式，要求各个会计要素之间要相互区别。从满足管理上的需要看，划分会计要素一方面要明确界定产权关系，以保护资产所有者及债权人的权益；另一方面又要为国家宏观经济管理和企业经营管理及有关各方提供足够具体的财务信息，要求会计要素必须既能定性又能定量。根据以上这些要求，在我国习惯上把会计要素分为财务状况三要素和经营成果三要素两大类。

1. 财务状况三要素

从资金运动的相对静止状态观看资金的分布，它分为资产、负债、所有者权益三大财务状况要素。

（1）资产。资产是指过去的交易、事项形成的、由企业拥有或者控制的、预期会给企业带来经济利益的资源。资产包括各种财产、债权和其他权利。资产可以是货币的，如库存现金、银行存款等，也可以是实物的，如存货、固定资产等；资产可以是有形的，如商品、汽车等，也可以是无形的，如专利权、商誉等。作为企业的资产，必须同时具备四个基本特征：一是资产是由过去的交易或事项形成的。如购买、自建、捐赠、租入等。但尚未发生的经济业务、将要形成的未来资产不在此范围。二是资产必须由企业拥有或控制。资产的拥有权和控制权必须为企业所有，这种拥有权和控制权的取得必须是企业在过去的交易或事项中所获得的。会计上的资产可以是现实拥有的，也可以只是在法律上所拥有或控制的，如“应收账款”企业只在法律上拥有这项资产，表现为企业所拥有的债权或其他权利。各项资产在生产经营活动中都不断地转化为费用，并通过各种收入而重新取得和控制。三是资产的使用能给企业带来经济利益。所谓经济利益，是指直接或间接流入企业的现金或现金等价物。企业在生产经营中有权使用并因此能带来经济利益的任何资源，在会计核算中都应列作企业的资产。如果有证据说明一项资产已失去效用，不能为企业带来新的经济利益时，它就应当转化为本期的费用，而不能再作为资产处理。四是资产必须能用货币进行计量。不能以货币计量或难以确切地用货币计量的，不能作为企业的资产。

资产在会计报表上，通常按流动性分为流动资产与非流动资产两大类。凡是可以在一年内或长于一年的一个营业周期内变现或耗用的资产称为流动资产，主要包括货币资金、应收及预付款项、交易性金融资产、存货等；凡不符合上述条件的均为非流动资产，主要包括非流动资产投资、固定资产、无形资产、长期待摊费用和其他长期资产等。

资产的简要分类如图 1-2 所示。

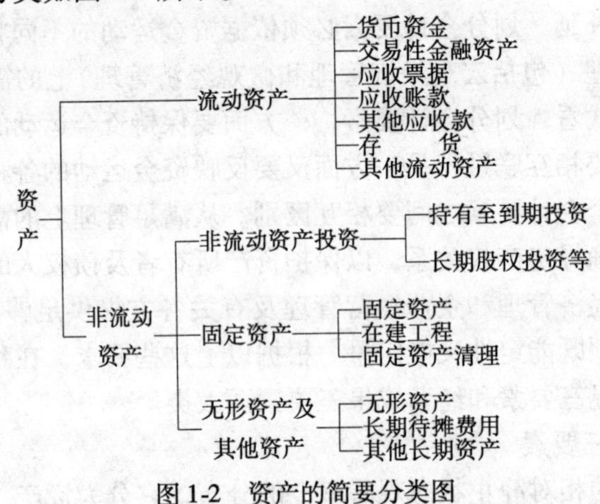

图 1-2　资产的简要分类图

（2）负债。负债是指过去的交易或事项形成的预期会导致经济利益流出企业的现时义务。负债的特征有：①负债是由过去或现在进行生产经营活动而产生的经济义务。②现时的、需要将来偿还的负债才被会计确认为负债，对有些并非现实的，而是基于谨慎性原则考虑可能产生的负债，有时也采取一定的方式予以会计处理，如预计产品保修费等。③负债都必须是可以用货币计量并作为将来偿还的依据。④负债必须在将来某一固定日期予以偿还。负债分为流动负债和长期负债两类。流动负债是指将在一年（含一年）或者超过一年的一个营业周期内偿还的债务；长期负债是指偿还期在一年或者超过一年的一个营业周期以上的债务，也称非流动负债。负债的简要分类如图1-3所示。

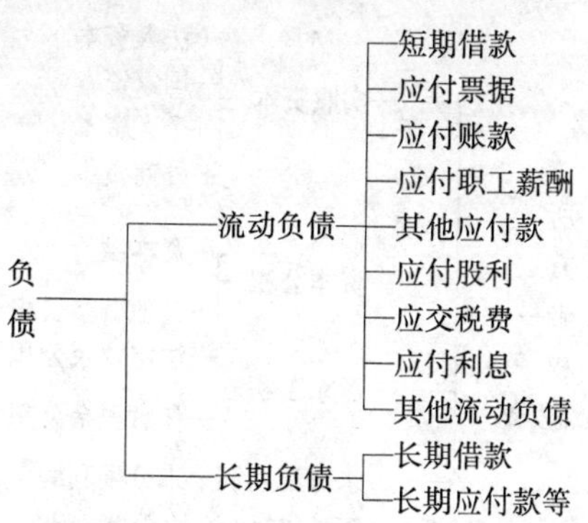

图1-3 负债的简要分类图

（3）所有者权益。所有者权益是指企业资产扣除负债后由所有者享有的剩余权益。所有者权益内容是企业所有者对企业的投资额及其在经营过程中所形成的增值额。所有者权益是可供企业长期支配使用的最基本的重要资金来源，是正常组织企业生产经营活动的根本保证。所有者权益是投资者的所有权，它体现着企业对所有者的经济责任，企业必须严格按照所有者的要求进行核算和管理，保证其安全、完整和增值。除所有者抽回资本或国家另有规定的外，一律不得任意改变其账面价值。企业在会计核算中，应严格区分所有者权益与债权人权益及经营损益的界限。所有者权益分为实收资本、资本公积、盈余公积和未分配利润四个部分。以股份有限公司形式组织的企业，所有者权益称为股东权益，包括股本、股本溢价和留存收益等内容。

1）实收资本（或股本）。它是投资者按企业章程，或合同、协议的约定，实际投入企业的资本。在股份制企业，实收资本称为股本。实收资本包括国家资本（国家投入企业的资本）、法人资本（具有法人资格的企业、事业单位和社会团体依法将可支配的、允许用于经营的资产投入企业形成的资本）、个人资本（自然人以其个人合法财产投入企业的资本）和外商资本（外商投入企业的资本）四部分。投资者向企业投入资本，必须在工商行政管理部门进行登记注册。投资者投入的资本全部到位后就和注册资本一致。

2）资本公积。是投资者或者他人投入到企业、所有权归属于投资者、并且金额上超过法定资本部分的资本或者资产以及直接计入所有者权益的利得和损失。资本公积包括资本溢价（或股本溢价）、其他资本公积等。

3）盈余公积。是企业从盈利中提取的各种公积金，包括法定盈余公积、任意盈余公积两部分。

4）未分配利润。是企业实现的净利润经过弥补亏损、提取盈余公积和向投资者分配利润后留存在企业的、历年结存的利润。未分配利润通常用于留待以后年度向投资者进行分配。所有者权益分类如图 1-4 所示。

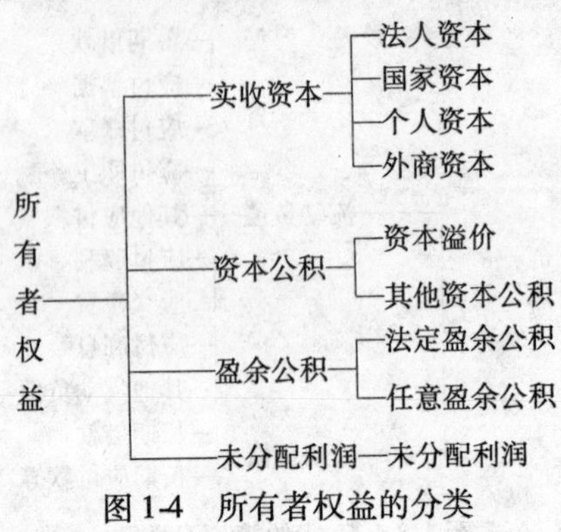

图 1-4 所有者权益的分类

2. 经营成果三要素

(1) 收入。收入是企业在日常活动中形成的、会导致所有者权益增加的、与所有者投入资本无关的经济利益的总流入，包括主营业务收入和其他业务收入两部分，可统称为营业收入。

(2) 费用。费用是企业在日常活动中发生的、会导致所有者权益减少的、与向所有者分配利润无关的经济利益的总流出。费用的处理可以对象化，也可以期间化。对象化的费用（包括产品生产或提供劳务发生的直接材料、直接人工、制造费用等）形成产品成本或劳务成本，在确认其收入时将已销产品或已提供劳务的成本计入当期损益。费用不能归属产品、劳务等核算对象的，应该直接计入当期损益。直接计入期间损益的费用有销售费用、管理费用、财务费用、营业税金及附加、支出或损失、所得税费用等。

(3) 利润。利润是企业在一定期间的经营成果，其主要形式有利润总额和净利润两种。

①利润总额。包括营业利润和营业外收支净额两部分。营业利润是企业在生产经营、对外投资等日常活动中所产生的利润。它由利润净额、公允价值变动损益和投资净收益三部分内容组成。利润净额是收入减去各项费用后的净额。公允价值变动损益是指企业按公允价值模式计量的已入账的资产、负债及其他有关业务的账面价值与现时公允价值不同而产生的计入当期损益的利得或损失；投资净收益是企业对外投资所取得的收益扣除投资损失后的净额。营业外收支净额是营业外收入和营业外支出的统称，是指与企业日常活动没有直接关系的各项收入减去各项支出后的余额。

②净利润。净利润是利润总额扣除所得税费用后的余额，也称税后利润或净收益。

以上经营成果三要素如图 1-5 所示。

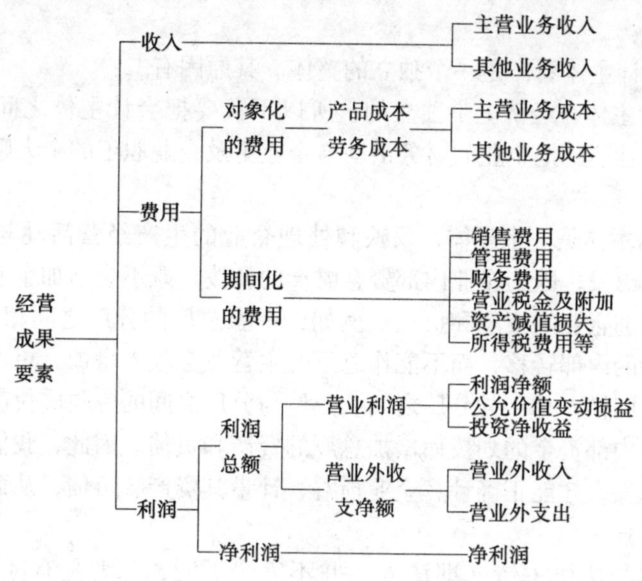

图 1-5 经营成果要素图

第三节 会计假设和会计原则

一、会计假设

会计对企事业单位的资金循环和资金收支情况，主要是用数字作为语言并归纳成为一系列的数据来加以表达的。各种会计数据的形成则是建立在一定的会计假设这一前提条件之上的，离开这一前提条件，各种会计数据均无法产生，也无法正确加以解释和运用。会计假设，亦称“会计基本假设”，是对会计实践的一定环境、一定对象与控制手段所作的判断与限定，是组织会计核算工作应当具备的前提条件，所以，它又称“会计核算的基本前提”。会计假设通常包括会计主体假设、持续经营假设、会计分期假设和货币计量假设四个主要内容。会计准则都是在这些会计假设的基础上制定出来并加以运用的。

1. 会计主体

“会计主体”，也称“经济主体”或“记账主体”或“会计实体”或“独立实体”，就是会计为之服务的特定单位。会计主体的弹性很大，凡具有经济业务的任何特定的独立实体，都可以、也需要进行独立核算，成为一个特定的会计主体。也就是说，作为一个会计主体，必须具有实体、统一体和独立体这三个特征。会计主体可以是一个企业，也可以是由若干家企业通过控股关系组织起来的集团公司。

应该把会计主体看作是一个独立的整体。其原因有二：

（1）会计主体在经济上是独立的，所以不仅要把会计主体之间的经济关系划分清楚，而且还要把企业的财务活动与企业主及企业职工的个人财务活动相分离。

（2）会计主体是一个整体，反映和处理企业的生产经营活动与财务问题都要从企业整体出发，因为企业内部资金财产的调拨，既不会增加企业的收益或损失，也不会增加企业的资产和负债。例如，一家总厂的分厂之间相互销售产品，只能视作产品的内部转移，而不能作总厂的主营业务收入增加，更不能增加总厂的本期利润；同样，总厂与分厂之间、分厂与分厂之间的应收应付款亦应相互抵销，不能由于内部资金的划拨而增加总厂的资产和负债。因此，我们只有从会计主体的整体出发，才能正确计算企业损益，计量其资产、负债，从而为经济决策提供有用的信息。

会计主体与法律主体（即法人）并不完全等同，二者是有区别的。例如，独资与合伙企业通常不具有法人资格，它们所有的财产和对外负债，在法律上仍视为业主或合伙人的财产与债务，但在会计核算中则须把它们作为独立的会计主体来处理，把企业的经营活动与业主或合伙人的个人的财务活动严格区分开。再如，集团公司是由若干具有法人地位的企业所组成的，但在编制集团公司的合并报表时，只能把集团公司看作是一个独立的整体，需要采用特定的方法把集团公司所属企业之间的债权债务相互抵销，扣除由于所属企业之间销售活动而产生的利润。

2. 持续经营

持续经营，是指会计核算应以企业既定的经营方针、目标和持续、正常的生产经营活动为前提。这里有两层含义：一是会计主体能按预定的目标从事正常的营利活动；二是会计主体在可预见的未来将不会面临破产清算，它对它所承担的债务能按期偿还。假定会计主体持续经营的意义很大：

（1）它不仅是建立会计计量和确认等会计原则的前提，而且还使常见的财产计价和收益确定问题得到了解决。例如，对长期资产的取得应按历史成本记账，并在使用过程中分期转作费用；对各种预付费用应分次计入成本，由未来时期的收益来补偿；对企业需要持续使用而不打算出售或转让的资产，各营业期末就不考虑其变现价值，等等。这些方法的确定都是以持续经营为前提的。

（2）在持续经营的前提下，企业在收集和处理经济信息时所使用的会计程序才得以保持稳定，才得以在持续的基础上恰当地记载和呈报企业的经济活动，从而提供可以信赖的数据。

然而，在市场经济条件下，每个企业都存在经营失败的风险，有些企业会无力偿债而被迫宣告破产或进行法律上的改组（如关停并转），这时，持续经营这一假设对这些企业已不能成立，由此形成的各种会计准则将不再适用，而只能采用另外一些特殊的会计准则。例如，企业破产清算时确认财产价值，不宜采用历史成本，只能采用清算价格。当然，从总体上讲，破产清算的企业终究是少数，因此，对绝大多数企业而言，持续经营的假设还是合理的、适用的。

3. 会计分期

会计分期，是指在持续经营的前提下，人为地把持续不断的企业生产经营活动划分为一个个首尾相接、间距相等的期间，以便确定每一个会计期间的收入、费用、利润，期初与期末资产、负债和所有者权益的数量，按期结账、编表，向企业内外部信息使用者提供管理、考核和决策的会计信息。

会计期间通常是一年，称为会计年度。会计年度可以与日历年度相一致，也可以不一致。我国规定以日历年度作为企业的会计年度，即以公历1月1日起至12月31日止为一个会计年度。这种会计年度，称为历年制会计年度。如果每年7月1日起至下年6月30日止为一个会计年度，则称为七月制会计年度。此外，企业还需按季、按月编制会计报表，即把季度或月份也作为一种会计期间，前者可称为会计季度，后者可称为会计月度。

在会计分期假设下，会计核算需要确认一系列新问题。例如，发生了跨越会计期间的交易，就要确定这些交易与特定会计期间的相关性，将交易额恰当地在各有关期间加以摊配，从这点讲，会计分期是正确计算各期收入和费用的必要条件。

4. 货币计量

货币计量，是指对所有会计核算的对象都使用货币作为统一的计量的共同尺度，并将企业经营活动、经营状况和经营成果的数据转化为按统一货币单位反映的会计信息。这一前提包括以下三方面的内容：

（1）货币是会计最基本的计量单位。财产物资可以采用不同的计量单位，如自然单位、物理单位、劳动时间单位、货币单位，等等，但在会计核算中，只有货币计量单位能全面、系统、连续、综合地记录、汇总、分析和揭示企业的经营过程和财务成果。从这个意义上讲，货币是会计的基本计量单位，其他量度是会计的辅助计量单位。

（2）在有外币记账的情况下，需要确定一种货币为记账本位币（指记账和编制会计报表所用的货币），并将外币折合为记账本位币进行记录和报告。在我国境内，应以人民币作为记账本位币，有外币收支的企业，也可采用某种外币作为记账本位币，但向中国有关方面报送会计报表时，必须折算为人民币反映。

（3）货币是价值形式的终极形态，表现价值的是价格，因此，货币计量实际上是以价格来量化的，通常采用市场上成交的客观价格。但在没有这种客观价格或客观价格难以确定时，如企业内部财产的转移、非货币性交易、接受的捐赠财产等，往往需要选择恰当的计价方法来计量。

以货币作为统一计量单位，还包含着币值稳定的假设，即假定货币本身的价值稳定不变，也就是说，对货币购买力的波动不予考虑。按各国会计惯例，当货币本身的价值波动不大，或前后波动能抵销时，会计核算可以不考虑这些波动，仍然认为币值是稳定的。但在发生剧烈的通货膨胀时（如出现年通货膨胀率达26%，或三年的通货膨胀率达100%的恶性通货膨胀时），币值稳定不变这一假定就严重脱离现实，这就需要采用特殊的会计准则加以处理。

二、会计基础

企业会计的确认、计量和报告应当以权责发生制为基础。所谓权责发生制，是指凡是当期已经实现的收入和已经发生的或应当负担的费用，不论款项是否收付，都应作为当期的收入和费用处理；凡是不属于当期的收入和费用，即使款项已在当期收付，都不应作为当期的收入和费用处理。也就是说，它以权利和责任的发生与转移作为收入和费用发生的标志，而不以款项是否收付作为收入与费用发生登记入账的依据。采用权责发生制有助于正确计算企业的经营成果。

权责发生制主要体现在两个方面：①对收入和费用，是以能够体现各个会计期间的经济成果和收益情况为标准，来确定其归属期。②在期末结账时，应将本期应收未收的收入和应付未付的费用及本期已预收的收入和已预付的费用，采用应收、应付，预收、预付，待摊、预提等方法，正确地记录当期实现的收入和当期发生的费用。

与权责发生制相对称的概念是收付实现制。收付实现制是以款项的实际收到和付出作为收入和费用发生的标志，并据以入账，而不论权利和责任是否发生与转移。我国企业采用权责发生制记账，采用收付实现制编制现金流量表；行政单位会计目前采用收付实现制；事业单位会计除经营业务可以采用权责发生制外，其他大部分业务采用收付实现制。

三、会计原则

会计原则，是指导会计工作的理论思想、方针政策和技术标准的总称，是会计工作所应遵循的规范。我国《企业会计准则》围绕“会计信息质量要求”规定了会计核算的一般原则有如下八项：

1. 客观性原则

客观性原则是指会计核算必须以实际发生的经济业务及证明经济业务发生的合法凭证为依据，如实反映财务状况和经营成果。它有以下三层含义：

（1）具有真实性，即会计反映的结果应当同企业实际的财务状况和经营成果相一致。

(2) 具有可靠性，即会计信息应避免错误并减少偏差，准确地反映企业的财务状况。

(3) 具有可验证性，即会计资料应当具有可重复验证的特性，也称可检验性或可核性。对于同一会计核算业务，分别由两个或两个以上会计人员同时进行会计处理，如果得出相同的会计核算结果，就被认为符合可检验性的要求。可验证性还包括有合理合法的凭证可供事后检查。

客观性原则又称真实性原则或可靠性原则。强调客观性原则，就是要使会计核算的内容真实、数字准确、资料可靠。客观性是会计信息的生命。

2. 可比性原则

可比性原则是指会计核算必须符合国家的统一规定，提供相互可比的会计信息。它有以下两层含义：①信息可比性要求选择会计处理方法要符合规定，运用的会计指标口径要一致，这样，会计提供的信息能在不同企业之间进行比较、分析和评价，国家也能有效地汇总会计数据，满足国民经济宏观管理和调控的需要。②前后一贯。即会计主体选择的会计核算方法一经确定前后各期应当保持一致，不得随意变更。如有必要变更，应将变更的情况、变更的原因及其对单位的财务状况和经营成果的影响，在财务报告中说明。坚持会计前后一贯的会计政策，能正确反映单位各期的财务状况和经营成果，为管理和决策提供正确的、前后期具有可比性的会计信息；同时也有利于防止会计人员随意调整会计处理方法而影响会计数据客观性的行为发生。

3. 相关性原则

相关性，也称有用性，是指会计提供的资料必须与使用者的决策需要相关联。具体体现在三个方面：一是会计信息应当符合国家宏观经济管理的要求；二是会计信息应当满足有关各方了解企业财务状况和经营成果的需要；三是会计信息应当满足企业加强内部经营管理的需要。

4. 及时性原则

及时性原则是指会计事项的处理应当在当期内及时进行，不能延至到下一会计期间或提前在上一会计期间内进行；同时，会计报告应当在会计期间结束后规定的日期内呈报给有关部门和人士。因此，及时性原则就是要求及时收集会计信息，及时加工处理会计信息和及时传递会计信息。

5. 明晰性原则

明晰性原则是指会计核算和编制的财务会计报告应当清晰明了，便于理解和利用，也称可理解性原则。

6. 谨慎性原则

谨慎性原则，亦称稳健性原则或保守性原则或审慎性原则，是指对于具有估计性质的会计事项应当谨慎处理，合理预计可能发生的费用或损失，不得多计资产或收益、少计负债或费用。例如，应收账款提取坏账准备，固定资产采用加速折旧法，存货计价采用成本与可变现净值孰低法，或有资产的确认，等等，都是谨慎性原则的体现。

市场有竞争，企业就有风险。针对经济生活中的不确定性和风险提出和运用谨慎原则，有利于增强企业在市场上的竞争力，有利于保护债权人的利益，有利于企业根据经营风险作出正确决策。采用谨慎性原则必须注意的是：对费用和损失的估计，要保持在合理的限度内，要符合风险的概率（例如，历史上坏账损失一般占应收账款数额的1%），按国家的规定执行，决不允许借谨慎性原则故意低估收入、高估成本，随意调节盈亏。

7. 重要性原则

重要性原则是指会计在全面反映企业财务状况和经营成果的基础上，对于影响决策的重要经济业务，应当分别核算，分项反映，力求详实、准确，并在财务总会计报告中予以充分、准确地披露；对于较次要的会计事项，在不影响会计真实性和不至于误导财务会计报告使用者作出正确判断的前提下，应适当简化，合并反映。

重要性的确定主要从以下三个方面加以衡量：

（1）从会计主体取得会计信息要付出的代价来衡量。取得信息的代价越大，重要性就越强，在会计核算上反映得就越详尽；反之亦然。

（2）从经济业务本身的定量与定性上衡量。相同的经济业务在不同的企业重要程度是不一样的，如固定资产与低值易耗品在不同的企业有不同的划分标准。

（3）从会计信息利用者的立场来衡量。如果某些项目（如即将到期的巨额负债等)，对投资者和债权人的影响程度大，就需要详细列示。当然，重要性也是相对的，必须视具体情况而定。

8. 实质重于形式原则

实质重于形式是指经济实质重于具体表现形式，即它要求企业应当按照交易或事项的经济实质进行会计核算，而不应当仅仅按照它们的法律形式作为会计核算的依据。

在实际工作中，交易或事项的外在法律形式或人为形式并不总能完全反映其实质内容。会计必须根据交易或事项的实质和经济现实，而不能仅仅根据它们的法律形式进行核算和反映。例如，以融资租赁方式租入的资产，虽然从法律形式来讲承租企业并不拥有其所有权，但是由于租赁合同中规定的租赁期相当长，接近于该资产的使用寿命，租赁期结束时承租企业有优先购买该资产的选择权，在租赁期内承租企业有权支配资产并从中受益，从其经济实质来看，企业能够控制其创造的未来经济利益，所以，会计核算上将以融资租赁方式租入的资产视为承租企业的资产。又如，企业将商品售给客户，商品所有权或实物在形式上已经交付，但与商品所有权上的主要风险和报酬（如售出商品需安装，售出商品按合同规定可退货等）而未发生实质性转移，则企业售出商品时不应作收入实现。

如果企业的会计核算仅仅按照交易或事项的法律形式或人为形式进行，而其法律形式或人为形式又没有反映其经济实质和经济现实，那么，其最终结果将不仅不会有利于会计信息使用者的决策，反而会误导会计信息使用者的决策。

实质重于形式原则是一项重要的国际惯例，恰当地运用这一原则，有助于使会计信息更切合现实。

第四节 会计的方法

会计的方法，是用来反映和监督会计对象，执行和完成会计任务的手段。

会计是由会计核算、会计分析和会计检查等三个部分组成的。会计核算是会计的基本环节，会计分析是会计核算的继续和发展，而会计检查则是对会计核算的必要补充。它们是互相配合，密切联系着的。但是这三个部分又具有相对的独立性，所应用的方法也并不一样。所以，会计的方法首先应当区分为会计核算的方法，会计分析的方法和会计检查的方法。

会计核算的方法，概括地说，就是对会计对象进行连续、系统、完整地记录、计算、反映和经常监督所应用的方法。主要包括七个方面的专门方法：①设置账户；②复式记账；③填制和审核凭证；④登记账簿；⑤成本计算；⑥财产清查；⑦编制会计报表。

一、设置账户

设置账户是对会计对象的具体内容进行归类、反映和监督的一种专门方法。我们知道，会计对象的内容是复杂多样的，要对会计对象所包含的经济内容进行系统的反映和经常的监督，就需要对它们进行科学的分类，以便取得各种不同性质的核算指标。因此，对各项财产、资金、成本费用和收入成果的增减变化，都要分别设置一定的账户，进行归类、反映和监督，以便取得经营管理所需要的各种不同性质的核算指标。

二、复式记账

复式记账是通过至少两个账户来记录每一项经济活动和财务收支的一种专门方法。任何一项经济活动和财务收支都会引起两种现象。例如，以银行存款购买材料，一方面引起材料的增加，另一方面引起银行存款的减少，这两种现象又是相互联系的，都需要分别设置账户进行反映。因此，应用复式记账法记账时，就要将每项经济活动和财务收支至少用两个账户相互联系地进行登记。这样，才能够全面反映各种现象之间的相互关系，也便于对各项经济活动和财务收支进行监督。

三、编制和审核凭证

填制和审核凭证是为了保证会计记录完整、可靠，审查经济业务是否合理合法而采用的一种专门方法。会计凭证（简称为凭证）是证明各项经济业务已经执行或完成的书面文件，是登记账簿的重要依据。对于任何一项经济业务都要按照实际执行或完成的情况填制凭证，所有凭证都要经过会计部门和有关部门的审核，只有经过审核无误的凭证，才能作为记账的根据。通过凭证的填制和审核，就能够为账簿记录提供完整的和真实可靠的依据。在凭证的审核过程中，对各项政策、法令、制度、计划和预算的执行情况还要实行经常的会计监督。因此，填制和审该凭证是会计反映和监督所不可缺少的方法。

四、登记账簿

登记账簿，就是在账簿上连续地、完整地、科学地记录和反映经济活动与财务收支的一种专门方法。登记账簿要以凭证为根据，要利用账户、复式记账的方法，把所有经济业务分门别类地而又相互联系地加以全面反映，以便提供完整而又系统的核算资料。在账簿中，既要将所有经济业务按照账户加以归类反映，又要将全部或部分经济业务按其发生时间的先后，进行序时记录，既要提供总括的核算指标，又要提供某些明细的核算指标。总之，通过登记会计账簿，可以为经营管理提供一套完整的、必要的数字和情况。登记账簿就是完整地反映和监督经济活动和财务收支所不可缺少的方法。设置必要的账户，并按照一定的记账方法和程序进行登记；同时，定期地进行结账和对账，保证提供正确的、完整的核算资料是会计工作的一项重要内容。

登记账簿和设置账户有着密切的联系。设置账户是为了对会计对象的经济内容进行分类反映，以便提供经营管理所需要的各种不同性质的核算指标。而取得各种核算指标，就需要在这本和那本账簿中开设有关账户，并按照各个账户所应反映的经济内容登记账簿，两者有着密切的联系。但是，设置账户主要是说明经营管理上需要提供哪些核算指标，登记账簿则把各种核算指标科学地组织起来，分门别类地相互联系、相互对照地反映经济活动和财务收支情况，为进行日常监督和编制会计报表提供完整的、有系统的核算资料。因此，两者又有一定区别。

五、成本计算

成本计算就是计算与经营过程有关的全部费用，并按照一定的对象进行归集，借以确定各该对象的总成本和单位成本的一种专门方法。在企业经营过程的每个阶段，都会发生各种费用。工业企业所发生的费用，绝大多数是由于采购材料、生产和销售产品而发生的。为了考核各项成本水平的变化情况，就应当分别各个阶段来归集采购费用、生产费用和销售费用，分别同采购量、生产量和销售量联系起来，计算出单位工作量所应负担的费用即单位成本。进行成本计算，可以反映和监督经营过程中所发生的各种费用是否符合效益的原则和经济核算的要求，这对于不断降低成本和提高经济效益具有重大的意义。

六、财产清查

财产清查是通过盘点财产物资、货币资金，核对往来款项来查明资产实有数额的一种专门方法。为了加强会计记录的准确性，保证账实相符，必须定期或不定期地对各项财产物资、货币资金和往来款项进行清查、盘点和核对。在清查中如果发现账实不符，应分析原因，明确责任，并调整账簿记录，使账实完全一致。通过财产清查，还可以查明物资储备是否能保证业务需要，有无超储、积压、呆滞的情况；物资的保管和使用是否妥善合理，有无损坏浪费、霉烂、丢失的情况；各项人欠、欠人款项是否真实存在，是否及时结算，有无长期拖欠不清的情况。因此，清查财产对于改进财产管理，挖掘物资潜力，加速资金周转也有十分重要的作用。

七、编制会计报表

编制会计报表是定期总括地反映经济活动和财务收支情况，考核计划、预算执行结果的一种专门方法。会计报表主要是以账簿记录为依据，经过加工整理而产生的一套完整的指标体系。会计报表所提供的各项指标，不仅是分析、检查和编制计划、预算的主要依据，而且也是国家进行国民经济综合平衡工作所必需的参考资料。因此，编制会计报表对于领导和管理经济工作是十分必要的。

会计报表是由许多报表组成的，资产负债表是其中的一个主要报表。资产负债表除了集中、概括地反映各单位的财务状况以外，还能总括反映某一单位在一定日期资产及其来源之间的平衡关系，这种平衡关系，又是设置账户和进行复式记账的重要依据。

上述会计核算的各种专门方法，是一个完整的方法体系。为了科学地组织会计核算，必须全面地互相联系地应用这些专门方法，也就是说，对于日常所发生的各项经济业务要以合法的凭证为依据，按照规定的账户，对经济业务进行分类并应用复式记账法在有关的账簿中进行登记；对于经营过程中发生的各项费用，应当进行成本计算，还应当定期地进行财产清查，在保证账实相符的基础上，根据账簿记录编制资产负债表和其他会计报表。

会计分析的方法，是为了分析研究经济活动和财务收支情况，查明计划和预算完成或未完成的原因，以便更充分地挖掘现有潜力，改善经营管理，促进经济活动更合理、规范、有效地进行而采取的方法。会计分析还为编制下期计划或预算提供了必要的依据。

会计检查的方法，是为了查明会计资料是否正确可靠，所记载的经济业务是否合理合法，借以贯彻国家政策、法令、制度，维护财经纪律而采取的方法。

第五节　会计的产生与发展

会计是随着社会生产的发展和经济管理的客观要求而产生发展的。当社会生产力发展到一定水平、剩余产品出现以后，生产、分配、交换〔流通〕和消费的活动日趋复杂。人们为了管理生产过程，只在头脑中记账、算账已感不足，需要通过观察、计量和登记，取得有关生产过程进行情况的必要资料，于是就出现了极其简单的会计。根据马克思的考察，在远古的印度公社里，农业上已经有了记账员，“在那里，簿记已经独立为一个公社官员的专职”㊀。由于当时人们仍然过着集体劳动、平均分配的生活，所以，这种极其简单的会计，是为共同体内所有成员的共同利益服务的。

人类进入阶级社会以后，情况就不同了。会计被统治阶级所掌握，成为服务于统治阶级利益的工具。

在奴隶社会和封建社会，随着生产过程日趋复杂，会计成为奴隶主和封建地主管理生产过程、榨取奴隶和农民血汗的一种手段。在奴隶社会和封建社会这两个历史时期中，会计的方法经历了一个从低级到高级、从简单到复杂的发展过程。在封建社会后期，商品货币经济相当发达，商业资本应运而生，这对会计方法的发展曾经起了很大的促进作用。例如，这时候，会计已经应用专门账簿，分别登记各种收支，并据以编制简单的报表。同时，已经用货币作为综合的计量单位，对于某些财产物资的收支，除记录它们的实物数量外，还折合成货币在账上反映。

据史书记载，我国远在周代，就设立专门的官职，掌握皇朝的财物赋税，进行“月计岁会”。西汉开始出现了名为“计簿”或“簿书”的账册，用以登记会计事项。宋朝初年，会计的方法又有了新的发展。当时官府办理钱粮报销和移交手续，采用了“四柱清册”的方法。这个方法规定，把一定时期内的钱粮收

㊀ 马克思《资本论》第二卷第151页，人民出版社1975年版。

支分成四个部分（即“四柱”）列表反映。四个部分就是：“旧管”、“新收”、“开除”、“实在”，分别相当于现代会计中的“期初结存”、“本期增加”、“本期减少”、“期末结存”。“四柱清册”的运用，是我国会计方法的一项重大发展。

在资本主义社会，会计有了根本性的发展。早在13世纪，随着商品生产和海外贸易的发展，在意大利沿地中海城市开始出现了银号和海外贸易机构。到了1336年，仅意大利佛罗伦萨一地就有银号80家。这些银号以银币兑换、汇兑、存款和放款为主要业务，也兼营商业。金融业和商业的发展，使会计发生了巨大的变革，从此，现代会计诞生了。现代会计的突出变化是会计记账方法发生了根本性的变革：原有的单式记账（就是对每一项经济业务只记一笔账）发展成为复式记账（就是对每一项经济业务至少要记两笔账）。人们对会计时代的区分，常常以1494年为界限，把1494年之前的会计称为古代会计，1494年之后的会计称为现代意义上的会计。因为1494年是意大利数学家卢卡·帕乔利（Luca Paciolo）发表了题为《算术、几何、比与比例概要》的重要著作，该著作第三篇“计算与记录的详论”（通称“簿记论”）对当时最为完备的威尼斯簿记作了系统介绍，从而推动了复式记账——被著名德国诗人歌德誉称为“人类智慧的绝妙创造”——首先在欧洲各国，尔后在全世界广泛流传和普遍采用。

现代意义上的会计是以企业会计为代表的，它对于协调企业的经济关系，促进商品交换的发展起了积极的作用。从19世纪50年代到20世纪，由于生产力发展水平的提高和企业组织形式的改变，会计又有了许多新的发展。成本会计、会计报表分析和审计相继成为会计的重要分支。但是，标志着会计的新飞跃，则是在20世纪50年代以后。在发达的市场经济国家，会计随着企业内部和外部对会计信息的不同要求而分化成财务会计和管理会计两个分支，以及随后会计电算化的发展。

在我国，从鸦片战争开始，“西式簿记”开始传入我国。它改良了我国的传统会计方法。其中，一些科学的会计理论和方法在我国当今的社会中也得到了广泛应用。

以上我们对于会计的历史发展作了一般简要的说明。从说明中可以了解到，会计是随着人们反映和监督生产过程的需要而产生，并随着生产的发展而发展。会计的发展，经历了从简单到复杂、从低级到高级、从不完备到完备的过程，其技术被全世界所应用；同时，会计作为经济管理的重要组成部分，为一定的社会利益服务，在社会经济发展中作用越来越明显。

会计虽然已经有了几千年的历史，但把会计作为一门专业知识著书立说，应以1494年意大利数学家卢卡·帕乔利编著的《算术、几何、比与比例概要》著作为标志，从此，会计成为一门独立的科学——会计学。会计学是研究如何对商品再生产过程中的价值运动进行确认、计量、记录、报告、预测和评价的一门应用学科。它是人们在长期会计工作的实践中，经过不断总结，逐渐形成的、适应现代商品经济实践需要而产生的，是人们对会计实践活动加以系统化和条理化而形成的一套完整的会计理论、方法体系。会计学的任务，既要向人们提供对会计的认识，又要为不断完善会计这一系统提供指南。这也就是我们通常所说的"科学来自于实践，反过来又指导实践"。会计学发展迄今，已发展并分化为许多相互联系的分支学科。

会计学按其研究的内容主要区分会计学原理或称基础会计学（初级会计学）、中级财务会计（中级会计学）、高级财务会计（高级会计学）、成本会计、管理会计以及会计发展史等分支。这些分支学科是在相互联系中对会计学所包括的内容的不同侧面进行研究，如会计学原理（基础会计学）的研究侧重于会计基本理论、基础知识、基本技能；中级财务会计则侧重于具体的会计处理的方法与技术，同时给予一定的理论说明，它是会计学原理（基础会计学）的进一步延伸；高级财务会计是针对实务中出现的一些特殊问题，如合并报表、外币折算等，加以专门的探讨；成本会计以企业成本为对象，集中讨论成本的核算、管理与成本决策的理论和方法；管理会计是在财务会计的基础上，研究如何利用有关的信息，为管理当局的最优决策提供有用信息。

会计学还可以按其应用行业来区分。由于分工上的需要，国民经济客观上存在着各行各业，它们在生产工艺组织上的不同特点，使之对会计提出不同的要求，从而不同行业的会计具有各自的特点。与国民经济部门相适应，会计学应用到各行业，形成了工业会计、商品流通企业会计、交通运输企业会计、金融企业会计等。应该注意的是，随着经济体制改革的深化和我国会计准则的颁布与施行，不同行业的会计之间的差异也越来越小（它们的主要差别将局限在成本核算与费用核算等方面），我国财政部按企业的规模大小制定颁布了《企业会计制度》、《小企业会计制度》和《金融企业会计制度》，从而实现了不同行业（企业）会计的统一。

第二章　会计等式和会计科目

第一节　会 计 等 式

会计等式，亦称会计恒等式或会计方程式或会计平衡公式，是揭示各会计对象要素之间联系的数量上的平衡关系表达式。它是设置会计科目与账户，进行复式记账和编制会计报表以及进行会计分析与考核的基本理论基础和依据。

一、财务状况要素等式

会计对象是资金运动。资金运动分为动态运动和静态运动两个方面。资金静态运动表现为资产、负债和所有者权益三大财务状况要素。则反映财务状况三要素的会计等式如下：

资产 = 负债 + 所有者权益

任何企业要进行各种经济活动，必须具备一定的资产，而这些资产均有其来源。企业的资产来源有两条途径：一是企业所有者投入，也称投资者投入；二是向债主借入。投资者投入资产后，拥有所有者权益；债主以“债”的方式把资产借给企业使用后，拥有债权（即对欠债人拥有收回债务的权利），对企业来讲，表现为负债。例如，开办一个小企业——W 企业需要 30 万元资金才能正常生产经营。投资者向企业投入货币资金 20 万元，企业从银行取得短期借款 10 万元。这时，企业的资产（货币资金）金额为 30 万元，它相对应的来源是：所有者权益（实收资本）20 万元，负债（短期借款）10 万元，其会计等式是：

资产 30 万元 = 负债 10 万元 + 所有者权益 20 万元

投资者投入企业的资产，在企业表现为所有者权益；债主借给企业资产，在企业以负债的形式反映债主权益。所有者权益和债主权益统称为权益。权益是资产的来源，是对资产有提出要求的权利。投资者向企业投入资产后，以资本金的形式在工商行政管理部门登记进行注册（称为注册资金或注册资本），他要求企业对投入的资本实行保值增值。投资者通过参与企业经营决策，聘用或解雇企业法人（厂长或经理）来实现这一目标。债权人借钱给企业，他要求企业按期还本付息。如果企业不能履行这一义务，债人可通过法律手段要求企业破产清算来偿债。因此，反映财务状况三要素的会计等式又可简化如下：

资产 = 权益

资产等于权益，是会计的基本等式。资产和权益是一个事物的两个方面：一方面，从资产本身考察，它是企业的经济资源，表现为企业存在的物质形态等；另一方面，从资产来源考察，它反映了资产主体对资产提出要求的权利。资产和权益是互相联系、互相依存的：有一定的资产，就必然有对该资产的求偿权（即权益）；资产丧失，权益也自然丧失；资产增加，权益也随之相应增加，所以，两者永远相互对应，彼此相等。例如，上列 W 企业向银行借入 10 万元到期时，企业用货币资金偿还借款本金 10 万元，资产减少了 10 万元，负债也减少了 10 万元。此时，企业剩余的资产（货币资金）20 万元，留在企业账上的所有者权益（实收资本）20 万元，则原先资产 30 万元 = 权益 30 万元转变为资产 20 万元 = 权益 20 万元。此期间，如果该企业未经营创利，若债主要求在偿还借款本金 10 万元的同时，要求企业偿还利息 1 万元。W 企业偿还借款利息 1 万元后就亏损 1 万元。W 企业由于没有收入和盈利，偿还这 1 万元只能用投资者的资金偿还，致使投资者投入的资本得不到保值（20 万元变为 19 万元），即 W 企业亏损 1 万元会侵蚀所有者的权益。可见，资产和权益依存性十分明显：企业有一定资产，必然有一定的来源（权益）；资产增加到 30 万元，权益也增加到 30 万元；资产减少（还债 10 万元加亏损 1 万元）11 万元，权益也自然减少 11 万元，两者永远保持平衡关系不变。

会计反映财务状况三要素，最终以编制资产负债表的形式出现。上列小企业在创办时资产负债表简表见表 2-1：

表 2-1　资产负债表

编制单位:W 企业　　　　20××年 1 月 31 日　　　　单位:元

资　产	金　额	负债及所有者权益	金　额
银行存款	300 000	短期借款	100 000
		实收资本	200 000
资产合计	300 000	权益合计	300 000

各单位的资产和权益在经济活动和财务收支过程中是经常发生增减变动的。无论在任何时候，发生任何变动，资产总额同权益总额永远保持平衡关系。

各个单位在其经济活动和财务收支过程中经常发生各种各样的经济业务。所谓经济业务，是引起资金增减变动的事项，亦称会计事项㊀或经济交易，它来自企业外部（如向银行借款、向供货单位购货等）和企业内部（如生产产品耗用材料、完工产品验收入库等）两个方面。各项经济业务的发生，必然要引起资产、权益的增减变动。这种变动，概括起来，不外乎以下四种情况：

（1）资金投入企业，资产和权益项目等额增加。也就是说，经济业务发生后，一方面使某项资产的数额增加，另一方面又使某项权益的数额增加，双方增加的数额相等。

例1：投资者2月5日向W企业追加货币投资45 000元，W企业已收到存入银行。

这项经济业务使W企业资产类中的银行存款增加了45 000元，同时，在权益方面（所有者权益）也相应增加了45 000元。这项经济业务的资产和权益同时发生相同数额的增加，从而使会计等式的平衡关系保持不变。

例2：W企业2月10日从供应单位购入甲种原材料8 000元，货款暂欠。

这项经济业务使W企业资产类的原材料存货项目增加了8 000元，同时，权益类（负债）的应付账款项目也增加了8 000元。这项经济业务的资产和权益同时发生相同数额的增加，从而使会计等式的平衡关系保持不变。

（2）资金退出企业，资产和权益项目等额减少。也就是说，经济业务发生后，一方面使某项资产的数额减少，另一方面又使某项权益的数额减少，双方减少的数额相等。

例3：W企业2月15日用银行存款60 000元偿还短期借款。

这项经济业务使W企业资产类的银行存款项目减少了60 000元，同时权益类（负债）的短期借款项目也减少了60 000元。这项经济业务的资产和权益同时发生相同数额的减少，从而使会计等式的平衡关系保持不变。

（3）资金在资产类项目之间有增有减。也就是说，经济业务发生会使资产方面的某一项目的数额增加，另一项目的数额相应减少，而资产的总额不变。

例4：W企业2月21日从银行提取现金460元备作零用。

这项经济业务使W企业资产类下银行存款项目减少460元，库存现金项目增加了460元。两者以相同的数额一增一减，只是反映了资产项目内部的增减变化，一个资产项目转变为另一个资产项目。也就是一种资金形态转变为另一种资金形态。所以资产总额不变。而且这项经济业务只是把资产的存在形态改变了一

㊀ 我国《会计法》提出“经济业务事项”概念。它是指各单位在生产经营或预算执行过程中发生的包括引起或未引起资金增减变化的经济活动，包括经济业务和经济事项两大类。其中，经济事项，是在单位内部发生的具有经济影响的各类事项，有的经济事项发生时（如签订合同或协议时）往往不需要进行会计核算（履行合同或协议并引起资金增减变动时才进行会计核算），有的经济事项（如计提固定资产折旧等）要进行会计核算。

下，并不涉及到企业的权益。因此，权益总额仍不变。

（4）资金在权益类项目之间有增有减。也就是说，经济业务发生后，使权益方面的某一项目的数额增加，另一项目的数额相应减少，而权益总额不变。

例5：W企业2月25日从银行取得5 300元短期借款直接偿还以前欠供货单位材料款。

这笔经济业务使W企业权益类下短期借款项目增加5 300元，应付账款项目减少5 300元。两者以相同数额一增一减，只是反映了权益类内部的增减变动：一个权益类项目转变为另一个权益类项目，所以权益总额不变。而且这项经济业务只是把企业的债权人变更了一下，并不涉及到企业的资产，因此，企业的资产总额也不变。

通过以上经济业务变动，W企业2月28日编制的“资产负债表”如表2-2所示。

表2-2 资产负债表

编制单位:W企业　　　　20××年2月28日　　　　单位:元

资　产	金　额	负债及所有者权益	金额
银行存款（300 000 +45 000 -60 000 -460）	284 540	短期借款（100 000 -60 000 +5 300）	45 300
库存现金(+460)	460	应付账款（ +8 000 -5 300）	2 700
原材料(+8 000)	8 000	实收资本（200 000 +45 000）	245 000
资产合计	293 000	权益合计	293 000

二、经营成果要素等式

资金的动态运动使企业发生费用，产生收入，取得利润。在市场经济条件下，企业开展生产经营活动的直接目的是获取利润。利润本身就揭示了收入和费用之间客观上存在的紧密联系。费用是为了取得收入而发生的劳动耗费，收入则表示发生相应费用所带来的结果。在收入、费用与利润的关系中，利润是一切经营活动的出发点和归宿点。企业为了获取利润而开展经营业务取得各种收入，为了取得收入而必然发生各种耗费，并且各生产经营单位都力图使本单位的个别劳动耗费尽量低于社会必要劳动耗费，以获取尽量大的经济效果。则反映企业经营成果三要素的会计等式如下：

收入 - 费用 = 利润（或亏损）

收入、费用与利润的平衡关系基于两个条件：一是权责发生制基础，它要求会计核算要以收入和费用的归属期为标准来确定各期的经营收支；二是收入与费用的配比，它要求会计核算要将一定会计期间的各项收入和与之相关的各项费用相配合，即依据收入与费用之间的因果联系来确认各项收入与费用，从而正确确定各期的净损益。只有在符合上述基本条件下，收入、费用与利润的平衡关系才具有现实的意义。收入、费用与利润的平衡公式可通过下例予以说明。

例6：W企业20××年3月份开工生产A产品。A产品耗用原材料7 000元，发生生产工人工资3 000元，发生管理费用1 000元。A产品当月全部完工并全部售出，取得收入15 000元，并向国家交纳商品流通环节税金及附加费600元。则：

W企业3月份取得的收入为15 000元，发生的费用为11 600元（计入成本的费用为10 000元：直接材料7 000元，直接人工3 000元；计入损益的费用1 600元：管理费用1 000元，营业税金及附加600元），3月份获得利润3 400元。

会计反映经营成果三要素，最终以编制利润表的形式出现。W企业20××年3月份利润表简表如表2-3所示（该企业由于新创办，按规定免交所得税）。

表2-3　利润表

编制单位：W企业　　20××年3月份　　单位：元

项　目	金　额
一、营业收入	15 000
减：营业成本	10 000
营业税金及附加	600
销售费用	0
管理费用	1 000
财务费用	0
二、营业利润	3 400
加：营业外收入	0
减：营业外支出	0
三、利润总额	3 400
减：所得税费用	0
四、净利润	3 400

三、会计要素综合等式

资产、负债与所有者权益的平衡关系是最基本的等式，也称第一等式，它反映的是企业资金运动的静态状况，说明了企业在某个会计期间的某一日期（通常指开始日或结算日）的财务状况。收入、费用与利润的平衡关系是第一等式运动的结果，称为第二等式，它反映的是企业资金运动的显著变动状态，说明了企业在某个会计期间所取得的财务成果情况。当我们把第一等式和第二等式联系起来观察时，会计就产生了下列第三等式：

资产 = 负债 + 所有者权益 +（收入 - 费用）

即：资产 = 负债 + 所有者权益 + 利润

企业一定时期取得的利润是要进行分配的。分配的去向是：提取积累基金，向投资者分利，保留一部分利润不分配（未分配利润）。分配的结果是：投资者从企业分走利润后，提取的积累基金和未分配利润仍留在企业全都转化为所有者权益。这样，上述综合等式中利润全部处理完为零。可见，资产、负债、所有者权益、收入、费用和利润六项要素，无论如何转化，最终都要回到资产、负债与所有者权益之间的平衡关系上来。所以，“资产 = 负债 + 所有者权益”是会计最根本的等式。

第二节　会 计 科 目

一、会计科目的意义

会计要素对会计对象具体内容的内涵和外延进行了归纳、划分和明确界定，从而形成会计核算的必要构成因素。但是，会计要素仍然无法用来直接记账，因为各种会计要素内仍然存在着非常复杂的性质上的差异性。因此，还有必要对会计要素的具体内容作进一步细分，使之成为会计核算的具体项目，实现会计为企业利害各方提供详细会计信息资料的目的。

对会计要素的内容进行具体分类核算所确定的项目名称，就是会计科目。对会计要素内容进行具体分类，既要考虑各个会计要素的性质特征，又要满足有关各方进行经营管理上的需要，还要方便会计日常核算工作。如将存放在手头的纸币、硬币等款项归为一类，取名为“库存现金”，进行现金核算，而将存放在银行的款项归为另一类，取名为“银行存款”，进行银行存款核算，这样既区分了两类货币资金的差别，又便于管理和核算。可见，所谓设置会计科目，就是对会计要素构成内容按其性质的差别及管理上的要求进行归类，分为若干项目，并按每一具体项目的性质标志确定核算名称的一种专门方法。

设置会计科目是会计核算基本方法之一，具有重要的意义。设置会计科目将会计要素具体构成内容进行分类，使其成为具体的会计核算项目，就为会计核算提供了基础。不设置会计科目，会计核算工作就无法进行。设置会计科目，使复杂的经济业务变为有规律、容易识别的会计信息资料，为进一步进行会计分析、考核等提供了方便。设置会计科目还是设置账户，明确账户核算内容的依据。在我国，设置会计科目还是会计主管部门统一核算标准和口径的手段，有利于会计资料的汇总和监督检查。

二、设置会计科目的原则

设置会计科目，是明确会计核算具体内容及项目的一种基本方法，是进行科学分类管理的一种基本形式和手段。因此，设置会计科目应遵循以下原则：

（一）必须结合会计对象特点

会计对象特点是由经济业务的特殊性所决定的。会计科目是对会计对象具体内容的分类，因此，设置会计科目必须结合会计对象特点。不同企业的经济业务存在着一定的差别，设置会计科目首先应根据不同企业的特点来考虑。一般说来，规模小的企业，设置会计科目可以粗一些，少一些，规模大的企业，设置会计科目自然应细一些，多一些。

（二）必须符合经济管理的要求

会计科目不仅是会计核算的基本方法之一，而且还是经济管理的指标。因此，设置会计科目一要符合国家宏观经济调控的需要，如财政管理的要求、税收征管的要求及统计等方面的要求；二要满足投资者、信贷者等进行投资决策、信贷决策等方面的需要；三要满足企业内部进行经营管理的要求。如，设置“短期借款”、“长期借款”等科目反映企业的负债状况；设置“实收资本”、“资本公积”等科目反映企业所有者权益情况；设置“应交税费”等科目反映企业应交纳的各种税金情况等。

（三）必须讲求科学性与实用性的统一

设置会计科目应力求全面、系统地反映经济业务及其资金运动的全貌，每一个会计科目都应有特定的概念范畴和核算内容，会计科目名称与其核算内容应一致。在讲究其科学性的同时，还必须注意不能将会计科目设置得太复杂、太繁琐，力求具有实用性。设置会计科目讲究科学性和实用性结合，必须做到以下几点：

首先，设置会计科目应力求文字简洁、含义明确、通俗易懂。

其次，在保持会计科目的全面性、系统性的同时，应力求尽可能减少或简化会计科目的数量，以便简化会计核算工作。

最后，设置会计科目应将统一性和灵活性有效结合。设置的会计科目必须与国家统一规定相一致，同时在保证统一核算指标的前提下，各单位还可以根据本单位具体情况及管理上的要求，对统一会计科目作必要的增补或合并。

（四）必须保持会计科目的相对稳定性

会计科目的设置要适合经济发展、企业业务变化的需要。但是，为了便于在不同时期分析比较会计核算指标和在一定范围汇总核算指标，应保持会计科目的相对稳定性，而不能经常变更。保持会计科目的相对稳定性，还有利于广大会计人员学习、掌握、熟练运用会计科目，还能减少会计凭证、会计账簿的更换，有利于节约费用开支等。

三、会计科目的分级

会计科目可以分为一级科目（或称总分类科目或总账科目）、二级科目（或称子目或类目）和明细科目（或称细目）三个级次。一级科目是对会计对象具体内容进行总括分类的科目，它提供总括核算指标。二级科目和明细科目，统称为明细分类科目，是对总分类科目进一步分类。现以“固定资产”科目为例予以说明：

一级科目（总账科目）	二级科目（子目）	明细科目（细目）
固定资产	生产用固定资产	房 屋
	生产用固定资产	建筑物
	生产用固定资产	………
	非生产用固定资产	房 屋
		………
	非生产用固定资产	

有些一级科目没有二级科目，仅有明细科目。如“应付账款——先锋工厂”等；还有的一级科目既没有二级科目，也没有明细科目，如“库存现金”科目等。

四、常用会计科目的设置

会计科目分为一级科目、二级科目和明细科目。一、二级科目一般由财政部统一规定，明细科目由企业自行设置。企业也可在保证提供统一核算指标的前提下，灵活运用国家统一设置的会计科目，即企业可根据实际情况作少量的必要的合并或增补。

财政部设置会计科目时，一般按其反映的经济内容进行分类，分为资产类、负债类、所有者权益类、成本类和损益类。由于成本类和损益类科目有的是资产的耗费或转换，有的是权益的增加，则这两类科目可以视为资产类和权益类科目来对待。因此，全部会计科目一般都可定性到资产类和权益类的某一类中（除共性类科目外）。

需要说明，会计工作中所使用会计科目很多，为了表明它们的性质及所属的类别和关系，有助于记账工作的顺利进行，尤其是会计电算化的实现，财政部在设置会计科目表时，常常给每个会计科目予以编号。会计科目编号的常用方法是“数字编号”，一般用四位或六位数字作为每个会计科目的号码，每一数字作为每个会计科目的号码，每一位数字都有特定的涵义。从左至右的第一位数字表示会计科目的主要大类。如用1表示资产类；2表示负债类；4表示所有者权益类等。

对于小企业而言，常用的一级会计科目设置如表2-4所示。

表2-4　小企业常用的一级会计科目表

序号	编号	资产类科目	序号	编号	权益类科目
1	1001	库存现金	25	2001	短期借款
2	1002	银行存款	26	2202	应付账款
3	1122	应收账款	27	2211	应付职工薪酬
4	1221	其他应收款	28	2231	应付利息
5	1402	在途物资	29	2161	应付股利
6	1403	原材料	30	2171	应交税费
7	1405	库存商品	31	2181	预提费用
8	1301	待摊费用	32	2241	其他应付款
9	1601	固定资产	33	2501	长期借款
10	1602	累计折旧*	34	2701	长期应付款
11	1604	在建工程	35	4001	实收资本
12	1606	固定资产清理	36	4002	资本公积
13	1701	无形资产	37	4101	盈余公积
14	5001	生产成本	38	4103	本年利润
15	5101	制造费用	39	6001	主营业务收入
16	6401	主营业务成本	40	6051	其他业务收入
17	6402	其他业务成本	41	6301	营业外收入
18	6403	营业税金及附加			
19	6601	销售费用			
20	6602	管理费用			
21	6603	财务费用			
22	6711	营业外支出			
23	6801	所得税费用			
24	4101	利润分配△			

注：1. 1001～1901为资产类，2001～2901为负债类，4001～4201为所有者权益类，5001～5401为成本类，6001～6901为损益类。＊其内容属于资产类（用于编制报表），其性质属于权益类（用于确定记账符号）；△其内容属于权益类，其性质属于资产类。

2.《企业会计准则——2006》已将“待摊费用”、“预提费用”科目取消，其主要原因是为了防止会计人员利用“摊提”方式造假。但《企业会计准则》又规定：“企业在不违反会计准则中确认、计量和报告规定的前提下，可以根据本单位的实际情况自行增设、分拆、合并会计科目。”上表所列“待摊费用”、“预提费用”科目是企业自行增设会计科目的表现。

第三章　账户和复式记账

第一节　账　　户

企业、事业、机关等单位在其经济活动和财务收支过程中，经常不断地发生各种各样的经济业务，经济业务的发生又必然会引起各项资金的增减变动。为了把各项经济业务发生的情况和由此而引起的各项资金增减变动的结果，分门别类地进行反映和监督，以便提供经常管理所需要的核算指标，就有必要设置账户。

账户是会计账簿中账页的户头，是对会计对象的具体内容进行分类反映和监督的一种工具。每一个账户都应当反映一定的经济内容，各个账户所反映的经济内容，既有严格界限，又有科学联系，不能互相混淆。因此，设置账户是会计的一种专门方法。

一、账户的设置

（一）按规定的会计科目设置账户

会计科目是根据单位反映和监督经济活动、财务收支的需要和国家统一汇总，进行宏观管理的要求，对会计对象具体内容所作的科学分类。每一个会计科目都规定了一定的名称、一定的核算内容。而统一规定会计科目的名称和内容对保证核算指标口径一致以便在国民经济一定范围内加以综合汇总、分析利用，对于加强计划管理和经济核算具有重要意义。因此，各单位必须按照国家规定的会计科目设置账户、使用账户。

会计科目体系形成账户体系。应根据一级科目设置一级账户或称总账账户或总分类账户，根据二级科目设置二级账户，根据明细科目设置明细账户或三级账户。每一个账户的名称都要填写相应的会计科目。

（二）设置账户的必要性

设置账户的目的是为了对会计核算和监督的内容进行科学的分类和连续、系统地记录其增、减变动和结余数额，以便提供用以管理所需要的会计核算资料。因此，设置账户的必要性有以下几点：

（1）设置账户是对会计核算和监督的内容进行科学分类的需要。

（2）设置账户是连续、系统地记录经济业务的需要。

（3）设置账户是提供会计管理核算资料的需要。

二、账户的结构

要正确地设置和使用账户，首先应当了解各种账户的结构。账户的结构表现为账页的格式。在账页的格式中规定着所要记录的经济业务的简要内容、数额、依据及其他必要的项目。账户结构的含义是指在账户中如何记录和提供核算指标，即账户的借方、贷方登记什么内容，账户的余额在何方，表示什么内容。

（一）账户格式

1. 账户的一般格式

账户的一般格式是指会计实际工作中所使用账户的格式。会计实际工作中使用的账页格式多种多样，最基本的和普遍的格式如表3-1所示。

表3-1　会计实际工作中的账户的一般格式

账户名称：

年		凭证		摘　要	借方	贷方	借或贷	余额
月	日	字	号					

从表3-1可见，账户的基本结构分为借、贷、余三栏。表3-1中“账户名称”右边填写会计科目名称。

2. 账户的简化格式

在进行会计理论研究和进行会计教学等工作时，常把账户的基本结构画成“T”形，称为“T”形账户。“T”形账户格式如下：

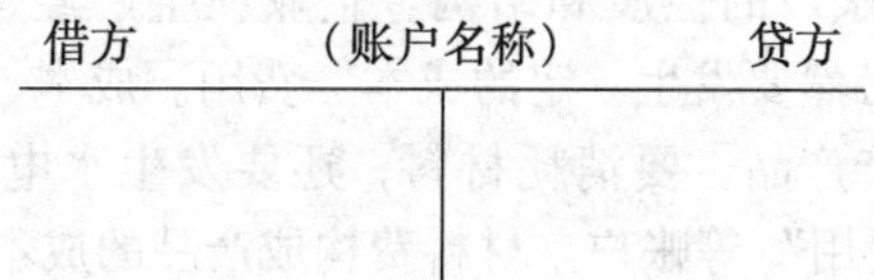

“T”账户，把账户划分为两个部分，分别记录各项资金增加或减少的数额。通常我们把账户左方称为借方，右方称为贷方。其中，一方用以记录数额的增加，另一方用以记录数额的减少。但究竟用哪一方来记录数额的增加，用哪一方来记录数额的减少呢？这要根据各个账户所反映的经济内容的基本性质来决定。

（二）账户的分类

1. 账户按基本性质分类

账户按其基本性质分类，分为资产类账户和权益类账户两大类。这是两种性质完全不同的账户。由于资产和权益是资金的两个不同方面，两者又经常保持平衡关系，因此，在这两种账户中就应当用两个相反的方向来记录它们的增加数额；同样，对于它们的减少数额，也要在这两种账户中用两个相反的方向来加以记录。对于资产类账户，借方登记它的增加数，贷方登记它的减少数；对于权益类账户，贷方登记它的增加数，借方登记它的减少数。这样做的结果，所有资产类账户的借方数额必然大于其贷方数额，产生借方余额；所有权益类账户的贷方数额必然大于其借方数额，产生贷方余额。

例如，某企业发生了一些有关库存现金收付的经济业务。在现金收入方面，第一次收入1 000元，第二次收入2 000元；在现金支出方面，第一次支出500元，第二次支出1 600元。这四项业务都要记到“库存现金”账户中。“库存现金”账户是资产类账户，借方登记现金的增加（收入现金），贷方登记现金的减少（支出现金），借方共收入现金3 000元大于贷方共支出现金2 100元，产生借方余额900元。

又如，某企业发生了一些有关银行短期借款的经济业务。第一次借入600元，第二次借入800元，以后仅偿还了借款500元。这些经济业务，都应当记入“短期借款”账户。“短期借款”账户是权益类账户。借入款项时记入这个账户的贷方，反映借款的增加，偿还借款时记入这个账户的借方，反映借款的减少。由于还款数额不可能大于借款总额，则贷方登记的借入款项的数额（共1 400元）必然大于借方偿还借款的数额（500元），产生贷方余额900元。

2. 账户按经济内容分类

账户按反映的经济内容分类，分为资产类账户、权益类账户、成本费用类账户和收入收益类账户四大类。由于资产类账户和权益类账户已作阐述，这里仅介绍成本费用类账户和收入收益类账户的性质和结构。

（1）成本、费用账户的性质和结构。企业在生产经营过程中，由于人力、物力和财力的消耗，必然要发生一定的成本、费用。成本、费用是资产的耗费或转化。例如，企业生产产品，要消耗材料，还要发生水电费等，会计将其记入“生产成本”、“管理费用”等账户。材料费构成产品的成本，它是资产类中“原材料”的消耗；支付的水电费费用，是资产类“货币资金”的转化。企业在期末时如果产品尚未制造完成，则“生产成本”账户就会有余额，这些余额表示企业期末在“在产品存货”上所占用的资金数额。“管理费用”是期间费用，全部从当期收入中扣除，则该账户期末一般没有余额。因此，成本、费用类账户，借方登记成本费用的增加数，贷方登记成本费用的减少数或转销数，期末一般没有余额，如有余额，也应在借方，反映企业存在的一种资产形态。可见，成本费用类账户的性质和结构又同资产类账户的性质和结构基本相同，在对其确定基本性质时把它归入资产类。

（2）收入、收益账户的性质和结构。企业在经营过程中不断发生成本和费用，又不断取得收入和收益。收入和收益包括主营业务收入、其他业务收入、营业外收入、投资收益等。企业的收入和收益是企业资金的来源，最终要导致所有者权益的增加。因此，收入收益类账户同权益类账户的性质和结构基本相同。即贷方记收入收益增加数，借方记收入收益减少数或结转数，其结转数是在期末转入“本年利润”账户，则收入收益类账户期末一般无余额。由于收入和收益类账户的性质和结构同权益类账户的性质和结构基本相同，在对其确定基本性质时把它归入权益类。

（三）账户余额计算公式

账户按经济内容分为资产类账户、权益类账户、成本费用类账户和收入收益类账户四大类。由于成本费用类账户的性质和结构同资产类账户基本相同，可定性归入资产类，收入收益类账户的性质和结构同权益类账户基本相同，可定性归入权益类，则账户余额公式可分以下两种类型计算。

1. 资产类账户期末余额的计算

$$\text{资产类账户期末余额} = \text{期初余额} + \text{借方本期发生额} - \text{贷方本期发生额}$$

下面以“银行存款”账户为例说明资产类账户借贷方登记的内容及期末余额的计算。

借方	银行存款		贷方
期初余额	a		
本期增加额	b_1	本期减少额	c_1
	b_2		c_2
	⋮		⋮
本期发生额	b	本期发生额	c
期末余额	d		

上述“银行存款”账户期末余额 $d = a + b - c$ 。会计人员运用余额公式计算期末余额时应掌握的概念有：

（1）本期发生额。每个账户的借方和贷方在一定时期（月份、季度或年度）内所登记的金额合计，称为本期发生额。账户借方的金额合计，称为借方本期发生额；贷方的金额合计，称为贷方本期发生额。而发生额有三层含义：一是个别业务的发生额；二是本期发生额（包括借方本期发生额和贷方本期发生额）；三是累计发生额（指从年初起至当时止某一方的合计数）。

（2）余额。每个账户的借方金额总计和贷方金额总计相抵后的差额，称为余额。在账户没有期初余额的情况下，余额就是借方本期发生额和贷方本期发生额相减所得的结果。借方金额总计大于贷方金额总计的，为借方余额；贷方金额总计大于借方金额总计的，为贷方余额。资产类账户的余额一般都是借方余额，权益类账户的余额一般都是贷方余额。在一定时期的期末（如月末）结出的账户余额，称为期末余额（借方期末余额或贷方期末余额）。本期的期末余额转入下期时，即为下期的期初余额。

2. 权益类账户期末余额的计算

$$\text{权益类账户期末余额} = \text{期初余额} + \text{贷方本期发生额} - \text{借方本期发生额}$$

下面以“短期借款”账户为例说明权益类账户借贷方登记的内容及期末余额的计算。

借方	短期借款		贷方
		期初余额	e
本期减少额	g_1	本期增加额	f_1
	g_2		f_2
	⋮		⋮
本期发生额	g	本期发生额	f
		期末余额	h

上述“短期借款”账户期末余额 $h=e+f-g$ 。

各个资产类账户和权益类账户的期末余额，可以反映各项资产和权益在一定日期的状况，即在一定时期内增减变动的结果。

总括以上情况，任何账户都有借贷两方，用以登记增加数和减少数。哪一方记录增加数，哪一方记录减少数，也因账户的性质而异。对于资产类账户（包括成本费用类账户），借方登记增加数，贷方登记减少数，余额一般在借方；对于权益类账户（包括收入收益类账户），贷方登记增加数，借方登记减少数，余额一般在贷方。为了便于了解一切账户的借方和贷方所反映的经济内容，可以用图示概括表示如下：

账户的借方	账户的贷方
资产的增加（+）	资产的减少（-）
成本费用的增加（+）	成本费用的减少（-）
权益的减少（-）	权益的增加（+）
收入收益的减少（-）	收入收益的增加（+）

（四）账户与会计科目的关系

1. 会计科目与账户的区别

会计科目是会计要素构成内容分类的项目以及每一项目的性质标志（即名称），而账户是对会计要素构成内容分类核算的形式和场所，显然会计科目仅是会计要素构成内容的分类的项目名称，账户具有一定的结构格式（即“左右”结构）及其内容，会计科目不存在结构问题；会计科目是国家统一核算指标、核算标准及核算口径的手段，而账户是由企业单位根据会计科目自行设置的，也就是说国家只规定会计科目而不规定账户；会计科目是核算、检查、考核一个企业单位的指标体系，而账户仅是分类核算的形式。总之，会计科目是会计要素内容的性质标志，账户是对会计要素内容进行核算的形式。在资金运动过程中，每一类资金都朝着增加和减少两个方向运动，这种增减变动是在账户中反映的，而会计科目仅是每一类具体资金的名称。

2. 会计科目与账户的联系

会计科目是对会计要素内容的分类，账户是对会计要素内容的分类核算。因而，二者的目的是相同的，都是为了对会计要素内容进行分类核算。会计科目是设置账户的基础和依据，会计科目明确或者规定了账户的核算内容及其账户的性质，会计科目是账户的名称。从一定意义上讲没有账户，设置会计科目也就失去了作用和意义，反之，没有会计科目，设置账户也就没有依据。总之。会计科目与账户是相辅相成的，存在着紧密联系。

第二节　复式记账

一、复式记账的概念

复式记账是对每项经济业务要求同时在两个或两个以上对应账户中进行等额登记的一种记账方法，简言之，就是对每项经济业务要求作双重平衡记录。它的理论依据是会计等式，其作用是能够清楚地反映经济业务的来龙去脉，检查各项记录的正确与否。

例如，国家向某企业投入20万元货币资金存入银行。这是一笔经济业务，它涉及到“银行存款”和“实收资本”两个相对应的账户。处理这笔经济业务时就是要在这两个账户中都登记20万元。同一笔经济业务作了双重记录后，就能清楚地反映银行存款增加了20万元的原因（来源）是国家投入了资本金，其后进行检查时，如果资产等于权益，说明会计记录没有错误，反之就要查错更正。这种复式记账法比单式记账法显得更科学，作用更大。

深刻理解复式记账的概念必须掌握以下两个概念：

（1）对应账户。对应账户是具有对应关系的账户。账户对应关系是运用复式记账登记经济业务时在有关账户之间形成的相互对照关系。即一个账户的一方（借方或贷方）核算内容和金额，同另一个或多个账户的一方或多方（贷方或借方）的核算内容和金额相关联。例如，“银行存款”账户借方反映取得银行存款的途径，如投资者投入货币，从银行取得借款，销售商品收款存行等，“实收资本”账户反映投资者投入的货币、材料物资、固定资产等，在这两个账户中，“银行存款”账户中“投资者投入货币”的核算内容和“实收资本”账户“投资者投入的货币”的核算内容相同（即相对应，或相关联）。掌握账户的对应关系，是为了更准确地处理经济业务，不能将没有对应关系的账户捏合在一起处理。

（2）记账方法。记账方法是运用账户，按照一定的记账规则，将经济业务登记到账簿中去的一种会计核算方法。分为单式记账和复式记账两种方法。单式记账是对每项经济业务只在一个账户中进行登记的记账方法。它一般只记现金的收付和人欠、欠人等事项。复式记账比单式记账有两个明显的特点：一是每项经济业务至今要登入两个相对应的账户；二是对记录的结果可以进行试算平衡。

二、复式记账的原理

记账原理是人们按照自己的认识从理论上对记账方法所作的说明和解释。从上述复式记账概念中可以看出复式记账的原理是：对任何经济业务所引起资金运动的具体变化，要以相等的金额同时在两个或两个以上账户中作双重平衡记录。对每项经济业务作双重平衡记录有以下两大理论依据：

一是以“静态学说”为依据。即以资产等于权益的资金平衡关系原理为依据，又称为以“平衡论学说”为依据。因为任何一项资金的存在都可以从占用形态和来源途径两个方面去反映、去观察，其资产形态和权益途径是同一资金的两个不同侧面，是哲学上“对立统一规律”在会计学中的体现，双重记录是同一资金两个侧面的具体反映。

二是以“动态学说”为依据。即以资金投入和退出、资金循环和周转、资金耗费和收回所揭示的资金来龙去脉为依据，阐述复式记账的原理，又称以“来龙去脉学说”为依据。因为资金投入企业，资产类项目金额和权益类项目金额同时增加，资金在企业内部循环、周转，资产类项目之间的金额一增一减，或权益类项目之间的金额一增一减，资金退出企业，资产类项目金额和权益类项目金额同时减少，资金在这四个方面的每一次变化都涉及到至少两个会计要素项目的变化，会计应对此作双重记录。

三、复式记账的作用

复式记账是会计核算的一种专门方法。这种方法的基本内容，就是对每项经济业务按照相等的金额在一个（或几个）账户的借方和另一个（或几个）账户的贷方相互联系地进行登记。这样登记的结果，就能够把所有经济业务相互联系地、全面地记入有关账户中，从而使账户能够完整地、系统地反映经济业务的全貌。同时，所有账户的借方发生额合计数和所有账户的贷方发生额合计数必然相等，因此，根据这种必然相等的关系，把所有账户的借、贷两方发生额合计数加以核对，就可以检查账户中的记录是否正确。如果双方合计数不等，就证明在账户中的记录发生了错误，会计人员就可据此随时查明原因，加以更正。可见，运用复式记账原理能随时检查账户记录的正确性和完整性。

四、复式记账法的种类

复式记账法主要有增减记账法、收付记账法和借贷记账法三种。增减记账法是以“增”、“减”为记账符号来反映经济活动和财务变化的一种复式记账方法。它是中国特有的一种方法。1947 年，我国有人在上海《公信会计月刊》发表题为“以增减分录法代替借贷分录法的商榷”的文章，提出了实行增减分录法的设想。新中国成立后，我国有人对这种记账方法进一步补充和完善。20 世纪 60 年代，我国商业企业全面推行增减记账法，以后其他部门的企业也曾采用这种记账方法。20 世纪 90 年代，我国会计改革同国际接轨，许多单位采用国际通行的借贷记账法，增减记账法已很少有单位采用。收付记账法是以“收”、“付”为记账符号来反映经济活动和财务变化的一种复式记账方法，分为现金收付记账法、资金收付记账法、钱物收付记账法三种。现金收付记账法是以现金收付作为记账主体，以“收”、“付”为记账符号的一种复式记账法，它是在我国传统的单式收付记账法的基础上，吸收了复式记账的原理加以改进后而形成的一种复式记账方法。资金收付记账法是以预算资金收付作为记账主体，以“收”、“付”为记账符号的一种复式记账法，它是在现金收付记账法的基础上演进而成的，在以往主要用于我国行政、事业等预算单位和财政机关。钱物收付记账法是以货币资金和实物收付作为记账主体，以“收”、“付”为记账符号的一种复式记账法，它也是在现金收付记账法的基础上演进而成的，在以往主要用于我国农村社队。由于我国会计改革已同国际接轨，企业、事业单位一般都采用了借贷记账法，则各种收付记账法已不再使用。借贷记账法是以“借”、“贷”为记账符号来反映经济活动和财务变化的一种复式记账方法，是目前全世界广泛采用的一种记账方法。

五、借贷记账法

（一）借贷记账法的由来

借贷记账法大约产生于 13 世纪意大利的威尼斯。当时，有一些专门从事借贷活动的高利贷者，他们作为一个中介人，一边从商人和官僚那里贷入多余的钱财，一边又转手借给手工业者和贫民。为了记录这些借贷活动，高利贷者把借出去的钱记在债务人账户的左方，称为借方；把贷进来的钱记在债权人账户的右方，称为贷方，那时，借、贷两字不仅是记账的符号，而且是债权、债务的真实反映。据考证，1211 年意大利的佛罗伦斯银行用的账簿就把账户分为借方和贷方，采用借贷复式记账法记账。可见，“借”“贷”二字最初是用来表示借贷资本家的债权债务变动，吸收存款称为“贷”，表示欠人（债务），把吸收的款项放出去称为“借”，表示人欠（债权）。但随着经济的发展，记账对象的扩大以及借贷记账法的广泛应用，“借”“贷”逐渐失去了原来的含义，而纯粹成为一种记账符号。

（二）“借”“贷”记账符号的基本含义

记账符号的含义是和会计科目的应用结合在一起的。对于经济业务涉及到资产类的会计科目，如果金额增加，用“借”表示，如果金额减少，用“贷”表示；对于经济业务涉及到权益类的会计科目，如果金额增加，用“贷”表示，如果金额减少，用“借”表示。

（三）借贷记账法的记账规则

由于每一项经济业务至少要涉及到两个会计科目，又要在其借方和贷方作等额记录，其结果必然是：“有借必有贷，借贷（金额）必相等”，这就是借贷记账法的记账规则。

（四）借贷记账法的账户分类

在借贷记账法下，账户按其基本性质分为资产类和权益类两大类。但这样划分并不绝对，国家也允许设置既是资产类，又是权益类的共性账户。例如，国家规定，企业应设置“待处理财产损溢”账户。该账户就是一个既反映资产盘亏、毁损，又反映资产盘盈及溢余的共性类账户。当资产盘亏、毁损时，登入该账户的借方；当资产盘盈及发生溢余时，登入该账户的贷方。到了会计期末，如果该账户余额在借方，反映盘亏毁损大于盘盈溢余后的尚未处理的净损失，定性为资产类；如果该账户期末余额在贷方，反映盘盈溢余大于盘亏毁损后的尚未处理的净溢余，定性为权益类。此外，企业还可以根据需要自行设置共性类账户（或称双重性质的账户），例如，企业可以将“其他应收款”和“其他应付款”账户合并为“其他往来”账户；将“应收账款”和“应付账款”账户合并为“购销往来”账户；将“营业外收入”和“营业外支出”账户合并为“营业外收支”账户；将“待摊费用”和“预提费用”账户合并为“摊提费用”账户；等等。

（五）确定会计分录

会计工作的重要过程是将会计原始数据进行记录、加工、处理，用以生成所需要的会计信息。把会计原始数据转换为会计信息的第一步就是对经济业务进行确认和记录。为了保证会计记录的正确性，有必要在把经济业务记入账户之前，先行编制会计分录。会计分录（简称分录），也称“记账公式”，就是确定每项经济业务应借、应贷的账户及其金额的记录。

会计分录是在分析了每项经济业务所应涉及的账户，以及应在账户中登记的增加或减少数额以后编制出来的。编制会计分录必须以会计原始凭证作根据，以便于日后查考。会计分录，必须如实地反映经济业务的内容。因为就会计核算的全部过程来说，编制会计分录是会计工作的初步阶段，如果会计分录有了错误，就必然要影响整个会计记录的正确性。现以第二章第一节的六笔经济业务为基础，说明W企业会计分录的编制过程。

例1：投资者2月5日向W企业追加货币投资45 000元，W企业已收到存入银行。

这项经济业务使W企业资产类中的“银行存款”增加了45 000元，同时，在权益类“实收资本”也相应增加了45 000元。资产类中的“银行存款”增加，用“借”表示，权益类中的“实收资本”增加，用“贷”表示，编制的会计分录是：

借：银行存款　　45 000

　贷：实收资本　　45 000

例2：W企业2月10日从供应单位购入甲种原材料8 000元，货款暂欠。

这项经济业务使W企业资产类的“原材料”增加了8 000元，同时，权益类的“应付账款”也增加了8 000元。资产类中的“原材料”增加，用“借”表示，权益类中的“应付账款”增加，用“贷”表示，编制的会计分录是：

借：原材料　　8 000

　贷：应付账款　　8 000

例3：W企业2月15日用银行存款60 000元偿还短期借款。

这项经济业务使W企业资产类中的“银行存款”减少了60 000元，同时权益类中的“短期借款”也减少了60 000元。资产类中的“银行存款”减少，用“贷”表示，权益类中的“短期借款”减少，用“借”表示，编制的会计分录是：

借：短期借款　　60 000

　贷：银行存款　　60 000

例4：W企业2月21日从银行提取现金460元备作零用。

这项经济业务使W企业资产类中的“银行存款”减少460元，“库存现金”增加460元。资产类中的“库存现金”增加，用“借”表示，资产类中的“银行存款”减少，用“贷”表示，编制的会计分录是：

借：库存现金　　460

　贷：银行存款　　460

例5：W企业2月25日从银行取得5 300元短期借款直接偿还前欠供货单位材料款。

这笔经济业务使W企业权益类中的“短期借款”增加5 300元，“应付账款”减少5 300元。权益类中的“应付账款”减少，用“借”表示，权益类中的“短期借款”增加，用“贷”表示，编制的会计分录是：

借：应付账款　　5 300

　贷：短期借款　　5 300

例6：W企业3月4日开工生产A产品，耗用原材料7 000元。

这笔经济业务使W企业资产类中的“生产成本”增加7 000元，“原材料”减少7 000元。资产类中的“生产成本”增加，用“借”表示，资产类中的“原材料”减少，用“贷”表示，编制的会计分录是：

借：生产成本　　7 000

　贷：原材料　　7 000

例7：W企业3月26日生产A产品发生生产工人工资3 000元尚未支付。

这笔经济业务使W企业资产类中的“生产成本”增加3 000元，权益类中的“应付职工薪酬”增加3 000元。资产类中的“生产成本”增加，用“借”表示，权益类中的“应付职工薪酬”增加，用“贷”表示，编制的会计分录是：

借：生产成本　　3 000

　贷：应付职工薪酬　　3 000

例8：W企业3月28日购买办公用品，共付现金1 000元。

购买办公用品，如纸张、墨水等，是进行企业管理的必要行为，是企业的一种管理费用。这笔经济业务使W企业资产类中的“管理费用”增加1 000元，资产类中的“库存现金”减少1 000元。资产类中的“管理费用”增加，用“借”表示，资产类中的“库存现金”减少，用“贷”表示，编制的会计分录是：

借：管理费用　　1 000

　贷：库存现金　　1 000

例9：W企业3月29日生产的A产品全部完工入库，计算产品成本共10 000元（直接材料费7 000元和直接人工费3 000元）。

产品完工入库，使产成品仓库中的“库存商品”增加，同时，生产过程发生的生产成本也相应转到完工的A产品上，即“生产成本”减少。资产类中的“库存商品”增加，用“借”表示，资产类中的“生产成本”减少，用“贷”表示，编制的会计分录是：

借：库存商品　　10 000

　贷：生产成本　　10 000

例10：W企业3月30日将A产品全部售出，取得收入15 000元，其中，收到现款6 000元存入银行，还有9 000元尚未收到。

这笔经济业务使W企业资产类中的“银行存款”增加6 000元，资产类中的“应收账款”增加9 000元，同时，权益类中的“主营业务收入”增加15 000元。资产类中的“银行存款”和“应收账款”增加，用“借”表示，权益类中的“主营业务收入”增加，用“贷”表示，编制的会计分录是：

借：银行存款　　6 000
　　应收账款　　9 000
　贷：主营业务收入　　15 000

例11：W企业3月31日结转已售A产品的成本10 000元。

A产品售出后，产成品仓库中的“库存商品”减少，其相应的成本应转为“主营业务成本”，以便同取得的主营业务收入相配比，为计算营业利润提供依据。资产类中的“主营业务成本”增加，用“借”表示，资产类中的“库存商品”减少，用“贷”表示，编制的会计分录是：

借：主营业务成本　　10 000
　贷：库存商品　　10 000

例12：W企业3月31日计算当月已售A产品应交纳的营业税750元、城市建设维护税52.50元、教育费附加22.5元。

已售A产品应交纳的商品流通环节的税金及附加是主营业务收入的抵减项目，先通过记入“营业税金及附加”账户核算，然后在计算营业利润时再予以抵减。应交纳的营业税金及附加在未交纳前是企业欠国家的一笔债，其中，应交纳的营业税、城市维护建设税和教育费附加通过设置“应交税费”科目核算。因此，这笔业务涉及到资产类中的“营业税金及附加”增加，用“借”表示，同时，涉及到权益类中的“应交税费”增加，用“贷”表示，编制的会计分录是：

借：营业税金及附加　　825
　贷：应交税费　　825

例13：W企业3月31日将当月取得的全部主营业务收入转入“本年利润”科目。

结转“主营业务收入”，导致“本年利润”增加，两个科目都是权益类科目，分别以“借”、“贷”表示，编制的会计分录是：

借：主营业务收入　　15 000
　贷：本年利润　　15 000

例14：W企业3月31日将当月发生的“营业税金及附加”、“管理费用”全部转入“本年利润”科目。

“营业税金及附加”和“管理费用”都是营业收入的抵减项目。当主营业务收入转入本年利润后，“营业税金及附加”和“管理费用”也要相应转到“本年利润”科目中进行抵减，从而导致“本年利润”减少。资产类“营业税金及附加”和“管理费用”转走（减少），用“贷”表示，权益类“本年利润”减少，用“借”表示，编制的会计分录是：

借：本年利润　　　　　　　　　　　　　　　　　　　　1 825

　　贷：营业税金及附加　　　　　　　　　　　　　　　　　825

　　　　管理费用　　　　　　　　　　　　　　　　　　　1 000

从以上会计分录中可以看出，任何一笔会计分录都包括三个要素（或因素）：记账符号、应记的对应账户、每个账户应记的金额。在会计分录中，凡涉及一借一贷的分录称为简单会计分录，简称“简单分录”，如例1至例9、例11、例13；凡涉及一借多贷（如例12、例14）或一贷多借（如例10）或多借多贷的分录称为复合会计分录，简称“复合分录”。复合分录是由若干简单分录合并组成的。如例10的复合分录就由下列两个简单分录组成：

（1）反映收到款的主营业务收入编制的会计分录是：

借：银行存款　　　　　　　　　　　　　　　　　　　　6 000

　　贷：主营业务收入　　　　　　　　　　　　　　　　　6 000

（2）反映未收到款的主营业务收入编制的会计分录是：

借：应收账款　　　　　　　　　　　　　　　　　　　　9 000

　　贷：主营业务收入　　　　　　　　　　　　　　　　　9 000

需要注意的是：编制会计分录时，一般先列示借方科目，后列示贷方科目，借贷科目分上下行排列，左右错开一格。这是会计分录的习惯写法。当然，国家没有对会计分录的编制作出具体规定，只是人们达到的共识而已。

必须指出，在会计实际工作中，会计分录是填列在记账凭证上的，因而记账凭证又称分录凭证。

（六）试算平衡

所谓试算平衡，是根据会计验算平衡公式检查会计记录是否正确的方法。

1. 平衡公式

会计验算平衡公式分为两种：发生额平衡和余额平衡。

（1）发生额平衡公式：

借方发生额＝贷方发生额

发生额平衡公式有两层含义：一是每项经济业务确认记录的借方发生额等于贷方发生额；二是全部账户的借方发生额等于全部账户的贷方发生额。

（2）余额平衡公式：

全部账户借方余额＝全部账户贷方余额

余额平衡公式也有两层含义：一是全部账户期初借方余额等于全部账户期初贷方余额；二是全部账户期末借方余额等于全部账户期末贷方余额。

2. 编制试算表

（1）试算表的概念与种类。试算表，是试算平衡表的简称，它分为以下三种：

1）本期发生额试算平衡表。它是既列示账户借方本期发生额（或称各账户借方合计数）又列示贷方本期发生额（或称各账户贷方合计数）的试算表，又称合计试算表。

2）期末余额试算平衡表。它是仅列示账户期末余额（各账户借方余额和各账户贷方余额）的试算表。由于各账户的借方金额总计和贷方金额总计相抵后的差额称为余额，则期末余额试算表又称差额试算表或账户余额表。

3）本期发生额及余额对照表。它是既列示账户本期发生额（借方本期发生额和贷方本期发生额），又列示账户余额（期初余额和期末余额）的试算表，又称合计差额试算表或差额合计试算表，或试算表。

（2）试算表的编制步骤。首先，根据经济业务填制记账凭证（初学者可以编制会计分录）；其次，根据记账凭证登记会计账簿（初学者可以“T”形账户代替会计账簿）；根据会计账簿编制试算表，并检查试算表的正确性。

（3）试算表编制举例。现以 W 企业 2 月份（仅例 1 ~ 例 5）发生的业务为例，说明试算表的编制过程。

1）根据前述例 1 至例 5 的会计分录登记“T”形账户如下：

银行存款

借方	贷方
月初余额 300 000	
① 45 000	③ 60 000
	④ 460
本期发生额 45 000	本期发生额 60 460
期末余额 284 540	

实收资本

借方	贷方
	月初余额 200 000
	① 45 000
	本期发生额 45 000
	期末余额 245 000

原材料

借方	贷方
② 8 000	
本期发生额 8 000	
期末余额 8 000	

应付账款

借方	贷方
⑤ 5 300	② 8 000
本期发生额 5 300	本期发生额 8 000
	期末余额 2 700

库存现金

借方	贷方
④ 460	
本期发生额 460	
期 末 余 额 460	

短期借款

借方	贷方
	月初余额 100 000
③ 60 000	⑤ 5 300
本期发生额 60 000	本期发生额 5 300
	期末余额 45 300

2）根据上列“T”形账户编制总分类账户本期发生额及余额对照表（见表 3-2）。

表 3-2 W 企业总分类账户本期发生额及余额对照表

20××年2月28日 单位:元

会计科目	期初余额		本期发生额		期末余额	
	借方	贷方	借方	贷方	借方	贷方
银行存款	300 000		45 000	60 460	284 540	
库存现金			460		460	
原材料			8 000		8 000	
实收资本		200 000		45 000		245 000
短期借款		100 000	60 000	5 300		45 300
应付账款			5 300	8 000		2 700
合 计	300 000	300 000	118 760	118 760	293 000	293 000

3）检查试算表的正确性。从表 3-2 中可见，期初借方余额 300 000 元等于期初贷方余额 300 000 元；本期借方发生额118 760元等于本期贷方发生额118 760元；期末借方余额 293 000 元等于期末贷方余额 293 000 元。全部数据符合平衡公式的要求，所以，各账户记录正确。

说明：如果 W 企业仅编制“总分类账户本期发生额试算平衡表”，则表 3-2 中将期初余额和期末余额共四栏取消；如果 W 企业仅编制“总分类账户期末余额试算平衡表”，则表 3-2 中将期初余额和本期发生额共四栏取消。

第三节 总分类账户和明细分类账户

一、总分类账户和明细分类账户的设置

在会计核算工作中，根据经济管理工作的需要，一切经济业务都要通过有关账户进行核算，既要提供总括的核算指标，又要提供明细的核算指标，也就是需要同时设置总分类账户和明细分类账户。

1. 总分类账户

总分类账户，简称“总账账户”，也称“一级账户”，是对资产、负债、所有者权益、成本费用和收入成果等进行总括反映的账户。它按国家规定的一级科目开设，以货币为计量单位进行登记。按总分类账户进行的总括核算，称为“总分类核算”。例如，我们设置“原材料”账户，首先要求取得有关全部原材料的总括资料，如期初、期末结存的全部原材料共有多少，在一定时期内原材料因采购增加了多少，因生产耗用又减少了多少，等等。根据这些资料将原材料的实际储备数同储备资金核定数进行比较以后，就可以知道企业的原材料究竟是储备超过了核定数，造成积压，还是储备低于核定数，不足以适应生产的需要。根据这些资料还可以了解材料资金的周转情况，考查材料资金的周转过程。掌握这些情况，对于节约资金使用，保证生产需要，加强经营管理都有很大的作用。

2. 明细分类账户

明细分类账户，简称“明细账户”，是在总分类账户下设置的反映某一类经济业务，提供某一资产、负债、所有者权益、成本费用和收入成果等详细情况的账户。它按明细科目设置，是总分类账户的详细补充和说明。例如，企业设置“原材料”一级账户，掌握了全部原材料存货资金变动情况。但是，企业仅仅了解全部原材料的增、减、结存情况和资金周转情况，对于切实管好材料，充分满足管理生产的需要，还是不够的。我们知道，在一般情况下，企业生产经营需用的原材料种类极其繁多，从全部原材料的总括资料看，原材料储备可能已经超过核定数额，但其中某些材料还可能储备不足，也可能全部原材料储备低于核定数额，而个别材料还有积压。同样情况，按全部原材料看，即使原材料资金周转情况正常，也可能还有呆滞材料。因此，要在经营管理上作出正确的判断，既有赖于有关全部材料的总括资料，又有赖于有关各种材料的详细资料。

又如，我们设置“应收账款”一级账户，首先要求通过这个账户了解企业在一定时期客户所欠本单位的账款总额；了解客户在一定时期内总体偿还账款的状况。这些总括资料，对于企业资金调度和安排显然很有作用。但是，当企业资金紧张时，企业要有目的、有重点地催收款项，或重新调整对不同客户所采用的赊销政策时，就迫切需要知道哪些客户欠债多，信誉如何等信息。这就需要通过在“应收账款”科目下按客户设置明细账户，来进一步了解企业与各个客户之间的结算情况，弄清楚各个客户在什么时候开始欠款，在什么时候予以偿还，偿还了多少，以及还欠多少债务，等等。只有这样，才能为有效地管好应收账款提供所需信息。

明细分类账户是根据其一个总分类账户所核算的内容按照实际需要和更加详细的分类来设置的。它除应用货币计量单位外，有时还需要应用实物计量单位。例如，为了掌握各种材料的收、发、结存情况和资金周转情况，就有必要在“原材料”这个总分类账户下面，按照材料的类别和品种分别设置明细分类账户。在按品种设置的材料明细分类账户中，既要用货币度量，又要用实物度量来记录收、发、结存的数额。

3. 二级账户

除总分类账户和明细分类账户外，有时还要设置二级账户。二级账户是介于总分类账户和明细分类账户之间的账户，它所提供的资料比明细分类账户概括，比总分类账户详细。例如，可以在“原材料”一级账户下设置“原料及主要材料”、“辅助材料”等二级账户；在“原料及主要材料”二级账户下按各种材料的名称、规格（如45cm圆钢等）设置明细账户或三级账户，在“辅助材料”二级账户下设置“润滑油”、“油漆”等明细账户。设置二级账户的目的是为了便于取得某些特定的核算资料，或便于对为数较多的明细账户进行控制和核对，因而设置二级账户对于分层控制、分层核算，缩小差错查找范围有着很重要的作用。

二级账户可以设账，也可以不设账。在设账的情况下，要像明细分类账户一样，开设账户进行登记。在不设账的情况下，可以在需要的时候，将有关明细分类账户中的资料按照一定的类别加以归并汇总，从而取得所需的指标。

必须指出，二级账户对于总分类账户来讲，也属于明细分类账户。在这种情况下，二级账户下的所属账户一般称为“明细账户”（不称“明细分类账户”）或三级账户，以便概念上的严格区别；同时，二级账户和明细账户（或称三级账户）统称为明细分类账户，设置二级账户和明细账户所进行的核算称为明细分类核算。

4. 总分类账户和明细分类账户的关系

总分类账户是所属明细分类账户资料的综合，对所属明细分类账户起着统驭的作用。明细分类账户是有关总分类账户的具体化，是总分类账户的从属账户或辅助账户，对有关的总分类账户起着辅助说明的作用。深刻理解这种关系，还必须掌握统驭账户的概念。所谓统驭账户，也称统制账户，它是对所属账户起着控制作用的账户，是从属账户的对称。总分类账户是所属二级账户、明细账户的统驭账户；而二级账户又是所属明细账户的统驭账户。统驭账户金额和从属账户的金额合计相等。

二、总分类账户和明细分类账户的平行登记

总分类账户和明细分类账户所反映的对象是相同的，登记时的原始根据也是相同的，它们所提供的资料互相补充，既总括地、又详细地说明同一个事物。因此，就有必要应用平行登记的方法来登记总分类账户和明细分类账户。

（一）平行登记方法的要点

平行登记方法的要点，可以概括为以下三点：

（1）对于每一项经济业务，一方面要记入有关的总分类账户，另一方面要记入各总分类账户所属的明细分类账户（没有明细分类账户的除外）。如果所涉及的明细分类账户不止一个，则应分别记入有关的几个明细分类账户。

（2）将经济业务记入某一总分类账户和它所属的明细分类账户时，必须记在相同的方向。如果记在总分类账户的借方，也必须记在明细分类账户的借方；如果记在总分类账户的贷方，也必须记在明细分类账户的贷方。

（3）记入总分类账户的金额必须与记入有关的几个明细分类账户金额之和相等。

（二）平行登记举例

下面分别以“原材料”和“应付账款”两个账户为例，说明总分类账户和

明细分类账户的平行登记方法。

1. 有关明细账户期初资料

江达工厂20××年5月1日“原材料”和“应付账款”两个账户的明细核算资料如表3-3所示。

表3-3 江达工厂有关明细账户余额表

20××年4月30日　　金额单位：元

“原材料”明细账户情况					“应付账款”明细账户情况		
总账账户	明细账户	结存数量	单价	余额	总账账户	明细账户	余额
原材料	甲材料	50t	400	20 000	应付账款	光华厂	3 600
	乙材料	500kg	30	15 000		大成厂	4 400
余额合计				35 000	余额合计		8 000

2. 据20××年5月发生的有关业务编制会计分录

例15：5月8日，从光华厂购入两种材料：甲材料60t，每吨400元，计货款24 000元；乙材料400kg，每公斤30元，计货款12 000元。两种材料均已全部验收入库，货款未付。江达工厂编制的会计分录如下：

借：原材料——甲材料　24 000
　　　　——乙材料　12 000
　贷：应付账款——光华厂　36 000

例16：5月12日，从大成厂购入甲种材料10t已全部验收入库，每吨400元，计货款4 000元尚未支付。江达工厂编制的会计分录如下：

借：原材料——甲材料　4 000
　贷：应付账款——大成厂　4 000

例17：5月15日，生产A产品领用甲种材料80t，每吨400元，计货款32 000元，同时又领用乙种材料700kg，每公斤30元，计货款21 000元。江达工厂编制的会计分录如下：

借：生产成本——A产品　53 000
　贷：原材料——甲材料　32 000
　　　　　——乙材料　21 000

例18：5月25日，用银行存款偿还光华厂、大成厂购料欠款分别为10 700元、4 800元。江达工厂编制的会计分录如下：

借：应付账款——光华厂　10 700
　　应付账款——大成厂　4 800
　贷：银行存款　15 500

3. 据江达工厂5月份的会计分录登记指定的账簿

(1) 登记“原材料”总分类账户及其明细分类账户。根据上列经济业务中关于材料结存、收入和发出的资料，在“原材料”总分类账户及其所属的“甲材料”、“乙材料”两个明细分类账户中进行平行登记的过程是：

在“原材料”总分类账户借方登记月初余额35 000元，同时在“甲材料”、“乙材料”明细分类账户的借方分别按数量、单价和金额登记月初余额。

将5月8日、5月12日收入材料的合计金额36 000元、4 000元记入“原材料”总分类账户的借方，同时将收入各种材料的数量、单价、金额分别记入有关的材料明细分类账户的借方（即收入栏）。

将5月15日发出材料的合计数53 000元记入“原材料”总分类账户的贷方，同时将发出各种材料的数量、单价、金额分别记入有关的材料明细分类账户的贷方（即发出栏）。

月终，在“原材料”总分类账户和有关的材料明细分类账户中结出本期发生额和月末余额。

按照上述平行登记的方法，在“原材料”总分类账户及其所属明细分类账户中登记的结果如下：

1）登记的“原材料”总分类账户（用“T”形总账账户代替）

借方	原材料	贷方	
月初余额	35 000		
①	36 000	②	53 000
②	4 000		
本期发生额	40 000	本期发生额	53 000
期末余额	22 000		

2）登记的“原材料”明细分类账户（见表3-4、表3-5）。

表3-4 甲材料明细分类账户

材料名称：甲材料　　　　计量单位：t

××年		凭证号数	摘要	收入			发出			结存		
月	日			数量	单价	金额/元	数量	单价	金额/元	数量	单价	金额/元
5	1		期初结存							50	400	20 000
5	8	①	购　入	60	400	24 000				110	400	44 000
5	12	②	购　入	10	400	4 000				120	400	48 000
5	15	③	发　出				80	400	32 000	40	400	16 000
5	31		本期发生额及期末余额	70	400	28 000	80	400	32 000	40	400	16 000

表3-5　乙材料明细分类账户

材料名称:乙材料　　　　　　计量单位:kg

××年		凭证号数	摘要	收入			发出			结存		
月	日			数量	单价	金额/元	数量	单价	金额/元	数量	单价	金额/元
5	1		期初结存							500	30	15 000
5	8	①	购　入	400	30	12 000				900	30	27 000
5	15	③	发　出				700	30	21 000	200	30	6 000
5	31		本期发生额及期末余额	400	30	12 000	700	30	21 000	200	30	6 000

（2）登记“应付账款”总分类账户及其明细分类账户。根据上列经济业务中关于应付账款的形成和偿还的资料，在“应付账款”总分类账户及其所属的“光华厂”、“大成厂”两个明细分类账户中进行平行登记的过程是：

在“应付账款”总分类账户贷方登记月初余额 8 000 元，同时在“光华厂”、“大成厂”两个明细分类账户的贷方分别登记月初余额 3 600 元、4 400 元。

将5月8日、5月12日购入材料所欠货款的合计金额 36 000 元、4 000 元记入“应付账款”总分类账户的贷方，同时将这两笔金额分别记入“光华厂”、“大成厂”两个明细分类账户的贷方。

将5月25日偿付购料欠款的合计数 15 500 元记入“应付账款”总分类账户的借方，同时将 10 700 元、4 800 元两笔偿付款分别记入有关“光华厂”、“大成厂”两个明细分类账户的借方。

月终，在“应付账款”总分类账户及其所属的“光华厂”、“大成厂”明细分类账户中结出本期发生额和月末余额。

按照上述平行登记的方法，在“应付账款”总分类账户及其所属明细分类账户中登记的结果如下：

1）登记的“应付账款”总分类账户（用“T”形总账账户代替）。

借方	应付账款		贷方
		月初余额	8 000
		①	36 000
④	15 500	②	4 000
本期发生额	15 500	本期发生额	40 000
		期末余额	32 500

2）登记的“应付账款”明细分类账户（见表3-6、表3-7）。

4. 编制试算表检查总分类账户和明细分类账户平行登记的正确性

表 3-6 “应付账款——光华厂”明细分类账户

账户名称：光华厂 单位：元

××年		凭证		摘要	借方	贷方	借或贷	余额
月	日	字	号					
5	1			月初余额			贷	3 600
5	8	转	1	应付料款		36 000	贷	39 600
5	25	付	4	偿付料款	10 700		贷	28 900
5	31			本月月结	10 700	36 000	贷	28 900

表 3-7 “应付账款——大成厂”明细分类账户

账户名称：大成厂 单位：元

××年		凭证		摘要	借方	贷方	借或贷	余额
月	日	字	号					
5	1			月初余额			贷	4 400
5	12	转	2	应付料款		4 000	贷	8 400
5	25	付	4	偿付料款	4 800		贷	3 600
5	31			本月月结	4 800	4 000	贷	3 600

（1）编制材料明细分类账户本期发生额及余额对照表。根据上述“甲材料”明细分类账户和“乙材料”明细分类账户的记录情况编制的试算表如表 3-8 所示。

表 3-8 原材料明细分类账户本期发生额及余额对照表

20××年 5 月 单位：元

明细科目	计量单位	单价	期初余额		本期发生额				期末余额	
			数量	金额	收入(借方)		发出(贷方)		数量	金额
					数量	金额	数量	金额		
甲材料	t	400	50	20 000	70	28 000	80	32 000	40	16 000
乙材料	kg	30	500	15 000	400	12 000	700	21 000	200	6 000
合计				35 000		40 000		53 000		22 000

从表 3-8 可以看出，材料总分类账户和明细分类账户平行登记的结果是：“原材料”总分类账户的期初余额（35 000 元）、借方本期发生额（40 000 元）、贷方本期发生额（53 000 元）和期末余额（22 000 元），分别与其所属的三个明细分类账户期初余额之和（20 000 元 + 15 000 元）、借方本期发生额之和（28 000 元 + 12 000 元）、贷方本期发生额之和（32 000 元 + 21 000 元）、以及期末余额之和

（16 000 元 + 6 000 元）相等。这样，总分类账户的期初、期末余额和借方、贷方本期发生额，就起到了统驭所属各明细分类账户的相应数额的作用。同时，各明细分类账户的期初、期末余额和借方、贷方本期发生额，又对有关总分类账户相应数额，起到了辅助的作用。

（2）编制应付账款明细分类账户本期发生额及余额对照表。根据上述“光华厂”明细分类账户和“大成厂”明细分类账户的记录情况编制的试算表如表 3-9 所示。

表 3-9　应付账款明细分类账户本期发生额及余额对照表

20××年5月　　　　单位：元

明细科目	期初余额		本期发生额		期末余额	
	借方	贷方	借方	贷方	借方	贷方
光华厂		3 600	10 700	36 000		28 900
大成厂		4 400	4 800	4 000		3 600
合　计		8 000	15 500	40 000		32 500

从表 3-9 可以看出，应付账款总分类账户和明细分类账户平行登记的结果是：“应付账款”总分类账户的期初、期末余额和借方、贷方本期发生额，分别与所属明细分类账户的期初、期末余额之和以及借方、贷方本期发生额之和完全相等。

编制明细分类账户本期发生额及余额对照表可以和各有关的统驭账户相核对，以此来检查核算资料是否正确、完整。如果有关数额不等，表明核算资料必有错误，这就必须查明原因，加以更正。

第四章　主要经济业务的核算和成本计算

在前一章，我们已讨论了账户的基本结构和复式记账的基本原理，本章我们将以小工业企业为例，通过其经营过程的核算进一步研究账户和借贷复式记账法的具体应用。也就是说，为了反映和监督企业的主要经济业务，在日常核算中需要设置哪些资产账户、负债账户、所有者权益账户、成本费用账户和损益类账户，以及如何运用这些账户。此外，结合小工业企业的主要经营过程，还要研究产品成本计算的方法。

工业企业的基本任务是生产产品，用以满足社会需求。因此，供应过程、生产过程和销售过程是工业企业的主要经营过程。在这些经营过程中，经常发生各种各样的经济业务。

工业企业的生产经营活动，是供应过程、生产过程、销售过程三者统一的过程。首先，企业通过供应过程，利用主要来源于投资者和债权人的货币资金，购置生产经营必需的材料、固定资产等；其次，通过生产过程，把购入的各项资产投入生产，制造出满足社会需要的各种产品；最后，通过销售过程，把生产出来的产品销售出去，收回货币资金或产生债权，同时发生销售费用，并根据有关规定缴纳税金。三个过程周而复始，循环往复，构成工业企业的生产经营活动。在企业生产经营过程中，供应业务、生产业务、销售业务和生产经营成果的形成和分配业务，构成了工业企业的主要经济业务；筹资业务、投资业务、资金进入企业和资金退出企业则构成了其他业务的核算。

成本计算是会计核算的一个重要的专门方法。它是现代成本会计的核心内容，在“成本会计”课程中还要进一步深入、详细地研究，因此本教材主要侧重成本计算最基本的原理和方法。

企业按规模分为大型企业、中型企业和小企业。大中型企业在交纳增值税时都作为一般纳税人；而小企业在交纳增值税时又分为小规模纳税人和一般纳税人。作为一般纳税人的企业会计核算我们在《中级财务会计》中阐述。本教材主要是讲述作为小规模纳税人的小企业的会计核算过程。

第一节　供应过程的核算

供应过程是工业企业经营过程的第一个阶段。在供应过程中，企业以货币资金购买劳动对象（即各种材料），并支付材料采购费用，发生材料采购业务。在材料采购过程中，企业同供应单位之间还会发生结算业务。这些都是供应过程中的主要经济业务。

材料是产品制造企业不可缺少的物质要素。在生产过程中，材料经过加工而改变它原来的实物形态，构成产品实体的一部分，或者实物消失而有助于产品的形成。在耗用材料的同时，它的价值也就一次地全部转移到产品中去，构成产品成本的一个组成部分。材料按其在生产过程中的作用，可以分为原料及主要材料、辅助材料、修理用备件、燃料、包装物等。

对制造企业来说，产品的生产必须要有充足的材料储备。从具体的经济活动来看，物资采购部门既要能按照事先确定的生产计划，及时、足额、按质按量地提供生产过程各阶段所需的各种材料，包括主要材料和相应的辅助性材料，同时又要避免储备过多，不必要地占用资金。在供应过程中，会计部门应及时、准确地反映物资采购部门的活动及业绩，包括所采购材料的种类、数量、成本，材料领用情况、库存情况等。

企业向供应单位购买材料，应当按照经济合同和结算制度的规定，按供应单位发票开列的价格，即材料的买价及时地支付货款；还必须支付各项采购费用，例如，自供应单位运达企业所在地的水陆运输费和装卸费、搬运费、包装费、保险费、仓储费等费用和税金，以及从车站码头运达企业仓库的装卸费、搬运费等。材料的买价加上采购费用，就构成材料的采购成本。购入的材料运达企业后，经过计量、检验，收入仓库，即为材料存货，供生产部门需要时领用。

一、供应过程核算设置的账户

为了系统地反映和监督企业供应过程中材料款的结算、采购成本的确定和材料保管情况，加强对物资采购业务的管理，需设置和运用相应的账户。

（一）“在途物资”账户

企业储存备用的材料，通常是向外单位采购而得。外购材料的实际成本，就是购入材料的采购成本。采购成本包括买价和采购费用两部分。如果一次购入两种以上的材料，其运杂费需要在所购各种材料之间进行分摊。企业购买材料和结算货款一般存在着三种情况：一是付款时材料已购买入库；二是付款时材料尚未到达企业；三是材料已验收入库，货款尚未支付。为了随时反映已付款尚未入库材料的采购情况和采购费用的发生情况，便于计算确定材料采购成本，企业应专门设置“在途物资”总分类账户。

“在途物资”账户是资产类账户，用来核算企业已支付货款尚未运抵验收入库材料或商品的实际成本。它的借方反映已经付款材料或商品的买价和采购费用；贷方反映已办完验收入库手续而转入“原材料”或“库存商品”账户借方的材料或商品的实际采购成本；期末借方余额表示企业购入尚未运抵企业的材料或商品的实际成本。

通过“在途物资”账户的记录、计算，可以经常监督、考核采购计划的执行情况，计算材料或商品采购的成本，控制在途物资的动态。如果企业采购的物资种类较多、批次较多，还应该设置“在途物资”账户的明细分类账，按物资的种类、品名、规格设置账户。

对于已付款并已验收入库材料的采购成本，一般不通过“在途物资”账户，而是直接记入“原材料”账户借方；对于已验收入库尚未付款材料的采购成本，一般通过“原材料”和“应付账款”账户核算，不通过“在途物资”账户核算。

（二）“原材料”账户

该账户是资产类账户，本科目核算企业库存的各种材料，包括原料及主要材料、辅助材料、外购半成品（外购件）、修理用备件（备品备件）、包装材料、燃料等的计划成本或实际成本。它的借方登记已经验收入库的各种材料数额；贷方登记领用或发出材料的实际成本；期末借方余额反映库存材料的实际成本。

为了具体核算各类库存材料的增减变动和结存情况，可按材料的类别、品种、规格设置明细分类账户，详细提供各类材料的金额和实物指标，进行明细分类核算。

收到来料加工装配业务的原料、零件等，应当设置备查簿进行登记。企业对于购入的材料，必须检验质量，并根据材料的不同性质，采用点数、过磅、量尺、折算等方法，正确计算数量，然后根据实收的数量、品种及规格登记入账。严格按照规定办好材料的验收入库手续，是加强财产管理的一个重要方面，也是保证会计资料真实可靠的一个重要条件。

（三）“应付账款”账户

企业因采购材料而应支付给供应单位的货款和采购费用，需要通过一定的手续进行结算，在尚未支付以前，就发生了对供应单位的债务，为了反映这种债务的增减变动情况，需要设置和运用“应付账款”账户。

“应付账款”是负债类账户，本科目核算企业因购买材料、商品和接受劳务等经营活动应支付的款项。它的贷方反映应付给供应单位的款项；借方反映已偿还给供应单位的款项；期末贷方余额反映企业尚未支付的应付账款余额。“应付账款”按照每一供应单位的名称分别设置明细分类账户。

二、供应过程的主要经济业务核算

下面以小企业恒兴工厂（小规模纳税人）20××年12月份发生的材料采购业务为例，来说明供应过程中账户和借贷记账法的运用。

例1：12月4日，向新科工厂购买甲种材料10t，每吨单价1 500元，共计买价

15 000 元，增值税 2 550 元，另发生运输费 600 元。货款、税款和运输费均以银行存款付讫。材料已验收入库。

这是一项已付款、并且材料已验收入库的经济业务，这项经济业务的发生涉及到“原材料”和“银行存款”两个资产类账户。实际发生的材料采购成本，包括材料买价 15 000 元、增值税2 550元和运费 600 元共计 18 150 元，应在“原材料”账户和所属的明细分类账户“甲材料”账户的借方登记；材料价款、税款和运费的支付使银行存款减少了 18 150 元，应在“银行存款”账户的贷方登记。该笔经济业务应编制如下会计分录：

借：原材料——甲材料 18 150

贷：银行存款 18 150

例 2：12 月 6 日，向华风工厂购买甲种材料 20t，每吨单价1 500元，共计买价 30 000 元，增值税 5 100 元，另发生运输费1 000元。货款、税款和运输费均以银行存款付讫。材料尚未运抵验收入库。

这项经济业务的发生，涉及到“在途物资”、“银行存款”两个资产类账户。实际发生的材料采购成本，包括材料买价 30 000 元、增值税 5 100 元和运费 1 000元共计 36 100 元，应在“在途物资”账户和所属的明细分类账户“甲材料”账户的借方登记；材料价款、税款和运费的支付使银行存款减少了 36 100 元，应在“银行存款”账户的贷方登记。该笔经济业务应编制如下会计分录：

借：在途物资——甲材料 36 100

贷：银行存款 36 100

例 3：12 月 15 日，向世通工厂购入乙材料 40t，每吨单价2 000元，共计买价 80 000 元，增值税 13 600 元，另发生运输费2 500元。材料价款、税款和运费已用银行存款支付。材料尚未验收入库。

这项经济业务的发生，涉及到“在途物资”和“银行存款”两个资产类账户。材料买价 80 000 元、税款 13 600 元和运费2 500元共计 96 100 元，应在“在途物资”账户和所属的明细分类账户“乙材料”账户的借方登记；材料价款、税款和运费的支付使银行存款减少了 96 100 元，应在“银行存款”账户的贷方登记。该笔经济业务应编制如下会计分录：

借：在途物资——乙材料 96 100

贷：银行存款 96 100

例 4：12 月 22 日，向创益工厂同时购买了三种材料，其中购入：

甲材料 30t，每吨 1 500 元，买价 45 000 元，增值税 7 650 元；

乙材料 40t，每吨 2 000 元，买价 80 000 元，增值税 13 600 元；

丙材料 50t，每吨 2 500 元，买价 125 000 元，增值税 21 250 元。

三种材料发生共同运输费 9 600 元。材料价款和运输费均以银行存款付讫，但三种材料尚未验收入库。经计算，共同发生的运输费 9 600 元应由甲材料负担 2 400 元、乙材料负担 3 200 元、丙材料负担 4 000 元。

这项经济业务的发生，涉及到“在途物资”和“银行存款”两个资产类账户。实际发生的甲、乙、丙三种材料的采购成本计算如下：

甲材料的采购成本 = 买价 + 甲材料应负担的运输费 + 税金

= 30 × 1 500 + 2 400 + 7 650 = 55 050（元）

乙材料的采购成本 = 买价 + 乙材料应负担的运输费 + 税金

= 40 × 2 000 + 3 200 + 13 600 = 96 800（元）

丙材料的采购成本 = 买价 + 丙材料应负担的运输费 + 税金

= 50 × 2 500 + 4 000 + 21 250 = 150 250（元）

购买的三种材料应在“在途物资”所属的甲、乙、丙三种明细账的借方登记；银行存款同时减少了 302 100 元，应在“银行存款”账户的贷方登记。该笔经济业务应编制如下会计分录：

借：在途物资——甲材料　　55 050
　　　　　　——乙材料　　96 800
　　　　　　——丙材料　　150 250
　贷：银行存款　　302 100

例 5：12 月 25 日，向世通工厂购入乙材料 16t，每吨单价2 000元，共计买价 32 000 元，增值税 5 440 元。材料款和税款尚未支付。材料已验收入库。

这是一项材料已验收入库、货款和税款尚未支付的经济业务，这项经济业务的发生，涉及到资产类账户“原材料”和负债类账户“应付账款”。材料买价 32 000 元和税款 5 440 元，尽管尚未支付，但已经验收入库，应在“原材料”账户和所属的明细分类账户“乙材料”账户的借方登记；对供应单位的负债同时也增加了 37 440 元，应在“应付账款”账户和所属明细分类账户“世通公司”账户的贷方进行登记。该笔经济业务应编制如下会计分录：

借：原材料——乙材料　　37 440
　贷：应付账款——世通公司　　37 440

例 6：12 月 31 日，本月通过“在途物资”账户核算的已付款材料全部验收入库，结转相应在材料实际采购总成本 434 300 元。其中：甲材料的实际采购成本为 91 150 元，乙材料的实际采购成本为 192 900 元，丙材料的实际采购成本为 150 250 元。

这项经济业务表明，甲、乙、丙三种材料的供应过程已经完成，各种材料的实际采购总成本已分别计算确定，应从“在途物资”账户的贷方转入“原材料”账户的借方，以反映入库材料的实际成本，即材料储备增加了 434 300 元。该笔经济业务应编制如下会计分录：

借：原材料——甲材料　　91 150
　　　　　——乙材料　　192 900
　　　　　——丙材料　　150 250
　贷：在途物资——甲材料　　91 150
　　　　　　　——乙材料　　192 900
　　　　　　　——丙材料　　150 250

供应过程的总分类核算如图 4-1 所示。

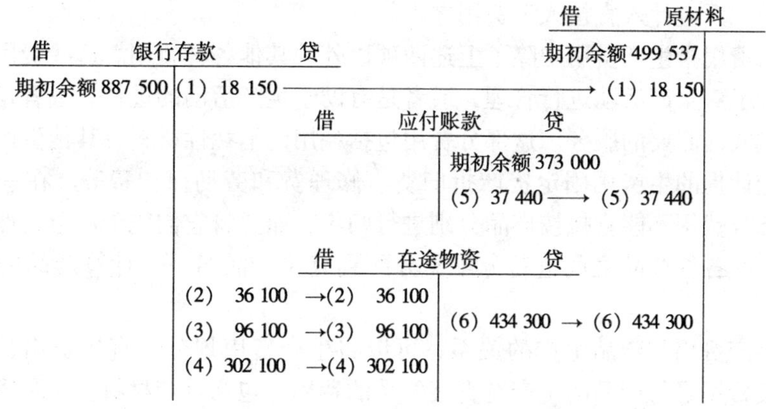

图 4-1　供应过程的总分类核算

第二节　生产过程的核算

产品生产过程是工业企业生产经营过程的重要环节。在这个过程中，劳动者利用劳动资料对劳动对象进行加工，把劳动对象制成劳动产品。因此，生产过程也是活劳动和物化劳动（劳动资料和劳动对象）的耗费过程。

产品制造企业在生产过程中一方面生产产品，一方面要发生各种耗费。发生在生产过程中的各种耗费，概括地称为生产费用。它主要包括，耗用各种材料的费用，支付给职工的工资及其他薪酬，厂房和机器设备等的折旧费，以及其他费用等。生产费用是为生产各种产品而发生的，应该归集到各种产品名下，由生产出来的产品负担。生产费用按不同产品分别归集计算，得出为生产某种产品而耗用的生产费用，就称为产品的制造成本。

按照产品类别来归集计算生产费用时，生产费用的内容可以按其经济用途划分为直接材料、直接人工和制造费用三个成本项目，简称料、工、费。

直接材料指构成产品主要实体的各种材料，如机床厂制造机床所耗用的钢材，棉纺织厂生产棉纱所耗用的原棉，生产布匹所耗用的棉纱等。由于这些材料直接用于制造产品，可以明确认定它们是为了生产某种产品而耗用的，这部分材料费用就可以、也应该直接按有关产品分别进行归集。至于生产过程中机器设备耗用的润滑油、整个车间耗用的清洁用品等，属于间接费用，不应包括在直接材料费用之内。

直接人工指直接参与产品生产的工人工资，以及按规定比例计提的福利及其他薪酬。由于生产工人直接从事产品的生产，也可以明确认定他们的劳动时间是耗用于生产哪一种产品上的，他们的薪酬应该直接按有关产品分别进行归集。至于车间其他人员（如技术人员、管理人员以及服务人员）的薪酬，因属于间接费用范畴，不应计入直接人工费用之内。

制造费用指生产费用中除了上述两项以外的其他各种费用。这些费用的发生或者是为了对生产活动进行管理，或者是有助于生产活动的进行，或者是为生产活动提供共同需要的服务。这部分费用包括耗用的消耗性材料、其他生产人员的薪酬、应计提的生产用固定资产折旧费、修理费和劳动保护费等。在一般情况下，这部分费用不能直接按产品分别进行归集，而要将它们先予汇总，然后用一定的方法在各种产品之间进行分配，分配到有关产品名下，计算产品的制造成本。

按生产费用与产品生产的关系，可以将生产费用划分为直接费用、间接费用。直接费用是与产品的生产有直接关系的费用，包括直接材料费用和直接人工费用；间接费用是指企业的分厂或生产车间的生产职能部门为管理和组织生产而发生的各项费用，也称制造费用。企业发生的直接费用和间接费用构成产品的生产成本，也称制造成本。直接费用可以直接计入产品生产成本，间接费用需按一定标准分配后才能计入产品成本。

生产过程核算的主要业务是：生产费用的发生、归集和分配，产品生产成本的形成和计算。企业供、产、销等全过程的经济业务，从会计核算角度来看，生产阶段所发生的经济业务数量最多，也最为复杂。其中，各项生产费用的发生、归集与分配，以及完工产品的入库，是生产阶段的主要业务。

通过生产业务核算，会计应能实现以下的反映和监督职能：

（1）提供产品制造成本中有关料、工、费的构成信息。

（2）提供有关提取折旧和职工福利费等间接费用信息。

（3）确定产品的实际单位成本，并与计划单位成本对比，分析单位成本的升降变化及其原因。

（4）提供产品完工入库的信息，借以考核产品计划的完成情况。

（5）提供有关在产品变化的信息，以分析企业生产的均衡性。

一、生产过程核算设置的账户

为了加强对产品生产的管理，反映和监督企业生产过程中发生的各项费用，计算产品的制造成本，有必要设置和运用“生产成本”、“制造费用”、“管理费用”、“财务费用”、“待摊费用”、“预提费用”、“库存商品”等账户。

（一）“生产成本”账户

产品制造企业为了记录反映生产过程中发生的费用，计算产品成本，需要设置“生产成本”账户。

“生产成本”账户属于成本类账户，本科目核算企业进行工业性生产发生的各项生产费用，包括生产各种产品（包括产成品、自制半成品等）、自制材料、自制工具、自制设备等。它的借方登记月份内发生的全部生产费用，包括直接材料、直接人工等直接费用和间接费用；贷方登记应转入“库存商品”账户借方的完工产品，即库存商品的实际生产成本；月终时“生产成本”账户的借方余额，反映企业尚未加工完成的在产品的成本。

根据“生产成本”账户的记录，就可以查明生产过程中所发生的生产费用并据以计算和确定产品的实际生产成本。利用这些资料，还可以对企业产品成本计划和生产资金定额的执行情况进行经常的考核和监督，切实防止产品生产成本超支和生产资金积压等情况的发生。

在企业生产单一产品的情况下，这个账户所归集的生产费用，就是这一产品的成本，因而不需要另外设置明细账户。但是制造企业生产的产品往往不止一种。生产多种产品时，就需要把“生产成本”账户列为总分类账户，同时按产品类别设置各种产品的明细分类账户，根据明细分类账的资料，计算产品成本。在这些明细分类账户中通常要按照构成产品生产成本的各个项目（即成本项目）分别设置单独的金额栏，以便计算这些项目的金额。

（二）“制造费用”账户

企业生产产品登记生产费用时，需要把可以直接按产品归集的费用和不能直接按产品归集的费用区分开来，分别处理。凡可以直接按产品归集的生产费用，在费用发生时应该直接记入“生产成本”账户的借方。为组织和管理生产，为生产服务而由整个生产活动受益的那些费用，不能直接按产品归集，需要按适当标准在各种产品之间进行分配，通过分配才能归到各种产品名下。对于这类费用就需要设置“制造费用”账户。

“制造费用”账户是成本类账户，本科目核算企业生产车间、部门为生产产品和提供劳务而发生的各项间接费用。如车间行政人员、技术人员和服务人员的薪酬，车间使用的房屋和管理用具的折旧费，车间的照明费、取暖费、水电费、机物料消耗、劳动保护费、季节性和修理期间的停工损失，以及不能直接计入产品生产成本的与车间消耗有关其他费用。

该账户借方登记车间（分厂）发生的各项间接费用；贷方登记月末分配转入“生产成本”账户的间接费用；期末一般无余额。

在实际工作中，“制造费用”账户还可以根据需要，按车间（分厂）、部门分别设置明细分类账，并按费用项目设置专栏，用以记录和反映制造费用发生的详细情况，并使制造费用的分配更为合理。

（三）“管理费用”账户

管理费用是指企业行政管理部门为组织和管理生产经营活动而发生的各项费用，包括：企业在筹建期间内发生的开办费、董事会和行政管理部门在企业的经营管理中发生的或者应由企业统一负担的公司经费（包括行政管理部门职工工资及福利费、物料消耗、低值易耗品摊销、办公费和差旅费等）、工会经费、董事会费（包括董事会成员津贴、会议费和差旅费等）、聘请中介机构费、咨询费（含顾问费）、诉讼费、业务招待费、房产税、车船税、土地使用税、印花税、技术转让费、矿产资源补偿费、研究费用、排污费等。

该账户借方登记行政管理部门发生的各项管理费用；贷方登记期末转入“本年利润”账户的管理费用账户的余额；期末一般无余额。

管理费用应按费用项目设置明细账，进行明细核算。

（四）“财务费用”账户

财务费用是指企业为筹集生产经营所需资金等而发生的费用，包括应当作为期间费用的利息净支出、汇兑净损失以及相关的手续费、企业发生的现金折扣或收到的现金折扣等。企业发生财务费用时，借记“财务费用”科目，贷记“银行存款”、“未确认融资费用”等科目；发生利息收入、汇兑收益、现金折扣冲减财务费用时，借记“银行存款”、“应付账款”科目，贷记“财务费用”科目；期末结转财务费用时，借记“本年利润”科目，贷记“财务费用”科目，结转后，该科目期末无余额。

财务费用应按费用项目设置明细账，进行明细核算。

（五）“待摊费用”账户

“待摊费用”是一个资产类账户，虽然2006年《企业会计准则》将该科目取消，但企业根据需要也可以单独增设。本科目核算企业已经发生但应由本期和以后各期负担的分摊期限在1年以内（包括1年）的各项费用，包括预付保险费、经营租赁的预付租金、季节性生产企业在停工期内的费用以及其他应由本期和以后各期负担的其他费用。该账户的借方登记已发生的各项待摊费用；贷方登记摊销的由本期负担的费用；期末借方余额，反映企业各项已发生但尚未摊销完的费用金额。该账户应按费用项目设置明细分类账户，进行明细分类核算。

待摊费用是本期或前期已经支付入账，但因是后期会计期间受益，而应归属后续会计期间负担的费用。待摊费用要根据后续的受益期限平均摊销计入各期费用，并通过设置“待摊费用”账户予以反映。

现以大华工厂的预付保险费和预付报刊订阅费为例，说明待摊费用的会计处理。

大华工厂20××年1月份从银行存款中支付本年度全年厂房和机器设备保险费3 600元。预付的款项，除当月负担外，其余部分均为待摊费用。通常有两种处理方法。

第一种方法，预付时，分别以当月应负担的费用和应由以后月份负担的费用入账。当月应负担的费用记入有关的费用账户的借方，以后月份负担的费用则记入“待摊费用”账户的借方。因此，大华厂每月应负担300元的保险费，1月份预付全年保险费时，其会计分录如下：

借：制造费用　　300

　　待摊费用　　3 300

　贷：银行存款　　3 600

从2月份起，“待摊费用”按月摊销300元，即2月至12月每个月从“待摊费用”账户贷方将300元转入“制造费用”账户的借方。其会计分录为：

借：制造费用　　300

　贷：待摊费用　　300

第二种方法，预付时按全数记入“待摊费用”账户的借方。当月和以后各月月末，再进行费用的摊销，将当月应负担的部分，从“待摊费用”账户转入“制造费用”等账户的借方。假定大华工厂采用这第二种方法。它在1月份付出保险费时，其会计分录如下：

借：待摊费用　　3 600

　贷：银行存款　　3 600

在1月和以后各月月末，作摊销保险费的会计分录如下：

借：制造费用　　300

　贷：待摊费用　　300

（六）“预提费用”账户

预提费用是一个负债类账户，虽然2006年《企业会计准则》将该科目取消，但企业根据需要也可以单独增设。本科目是指应由本期负担，但本期尚未支付而预先提取的费用。例如，企业取得短期借款，如果在季末支付利息或在借款到期时支付利息，且利息数额较大，将其作为付息月的“财务费用”一次列支，势必造成付息月的利润下降过多。而该项借款是借款期内各月都受益。为了均衡各月费用，并与收入更好地配比，则每月应计提短期借款利息。

企业预提各种费用时，应设置“预提费用”账户。“预提费用”账户属于负债类账户，用来核算企业预先提取但尚未实际支出的各项费用，如预提的短期借款利息、租金、保险费等。其贷方登记预先提取的费用；借方登记实际支出的费用；期末贷方余额反映企业已经提取但尚未实际支出的费用。该账户应按费用的种类进行明细分类核算。

预提的费用实际发生时，应记入“预提费用”账户的借方，而不能再记入有关的费用账户，以免重复。如果按照计划进行预提的数额和实际支出的数额之间产生的差额，可在支出月份进行调整——预提数大于实际支出数的部分予以冲销；预提数小于实际支出数的部分可以补提，即将多支出的部分计入当期费用。

设置和运用“待摊费用”和“预提费用”账户，是为了正确地计算各期产品成本和各期损益。

（七）“库存商品”账户

为了记录和反映生产过程中已经完工验收入库的产成品，企业还应设置和运用“库存商品”账户。该账户是资产类账户，核算企业库存的各种商品的实际成本（或进价）或计划成本（或售价），包括库存产成品、外购商品、存放在门市部准备出售的商品、发出展览的商品以及寄存在外的商品等。接受来料加工制造的代制品和为外单位加工修理的代修品，在制造和修理完成验收入库后，视同企业的产成品，通过本科目核算。本科目借方登记已验收入库的库存商品的成本；贷方登记发出库存商品的成本；期末借方余额反映企业库存商品的实际成本（或进价）或计划成本（或售价）。“库存商品”账户应按库存商品的品种、规格设置明细账，进行明细分类核算。

（八）“应付职工薪酬”账户

该账户属于负债类账户，用于核算企业根据有关规定应付给职工的各种薪酬，包括工资、职工福利、社会保险费等。在职工薪酬中，职工工资、奖金、津贴和补贴是职工薪酬的主体，是企业职工的“工资”总额，包括①工资：包括计时工资、计件工资、加班加点工资、特殊情况下支付的工资（如工伤、产假、婚丧假、探亲假、病假、公假等支付的工资）；②奖金：包括生产奖、节约奖、劳动竞赛奖、其他奖金；③津贴和补贴：包括保健津贴、技术津贴、年功津贴、其他津贴和物价补贴。

本科目可按“工资”、“职工福利”等进行明细核算。其贷方登记应付而未付的各种职工薪酬；借方登记实际支付给职工的薪酬；贷方余额反映应收应付未付的职工薪酬。

（九）“累计折旧”账户

固定资产在生产过程中由于使用而损耗的价值叫做折旧，其价值逐渐地、部分地转移到成本费用中去，并随着产品的销售而得到补偿。

固定资产是企业的主要生产资料，它在使用期内始终保持其原有的实物形态不变（如果使用、维护得当，其生产效率也不会下降），而它的价值将逐渐减少。根据固定资产的这一特点，不仅要设置“固定资产”账户反映固定资产的原始价值，同时要设置“累计折旧”账户来反映固定资产价值的损耗。

“累计折旧”账户贷方登记按期计提的固定资产折旧，并相应计入各期成本费用；借方登记因报废、变卖及其他原因减少固定资产而转销的已计提的累计折旧额；余额在贷方，表示期末累计已计提的折旧额。

“累计折旧”账户是“固定资产”账户的抵减账户，“固定资产”账户的借方余额减去“累计折旧”账户的贷方余额，即可求得固定资产的净值。

二、生产过程的主要经济业务核算

下面举例说明生产过程经济业务的账务处理。

小企业恒兴工厂（小规模纳税人）20××年12月份生产过程中发生的经济业务如下。

例7：12月3日，车间为生产A产品领用甲材料5t，每吨1 500元，乙材料10t，每吨2 000元；为生产B产品领用丙材料4t，每吨2 500元；车间一般耗用甲材料1t，每吨1 500元；企业管理部门耗用乙材料0.5t，每吨2 000元。

这项经济业务的发生，涉及到“生产成本”、“制造费用”、“管理费用”和“原材料”等账户。本日领用材料，使库存材料减少40 000元，应在“原材料”账户和所属明细分类账户贷方登记；耗用的材料，应按材料用途归集，生产产品领用的37 500元，应直接记入“生产成本”账户及其所属明细分类账户的借方，车间一般耗用的甲材料1 500元应记入“制造费用”账户的借方，企业管理部门耗用的乙材料1 000元应记入“管理费用”账户的借方。该笔经济业务应编制如下会计分录：

借：生产成本——A产品	27 500	
——B产品	10 000	
制造费用	1 500	
管理费用	1 000	
贷：原材料——甲材料		9 000
——乙材料		21 000
——丙材料		10 000

例8：12月31日，计算、分配本月职工工资，其中：

生产A产品的生产工人工资	5 000
生产B产品的生产工人工资	4 500
车间管理人员的工资	2 000
企业管理部门人员的工资	3 500
合　计	15 000

这项经济业务的发生，涉及到“生产成本”、“制造费用”、“管理费用”和“应付职工薪酬”等账户。生产工人工资总额9 500元，直接记入“生产成本”及其所属明细分类账户借方，车间管理人员工资2 000元，应记入“制造费用”账户借方，企业管理部门人员工资3 500元，应记入“管理费用”账户借方；应

付职工工资 15 000 元是负债的增加，记入“应付职工薪酬”账户贷方。该笔经济业务应编制如下会计分录：

借：生产成本—A 产品	5 000
—B 产品	4 500
制造费用	2 000
管理费用	3 500
贷：应付职工薪酬——工资	15 000

例 9：12 月 31 日，按工资总额的 14% 提取职工福利费，其中：

生产 A 产品工人的福利费	5 000 × 14% = 700
生产 B 产品工人的福利费	4 500 × 14% = 630
车间管理人员的福利费	2 000 × 14% = 280
企业管理部门人员的福利费	3 500 × 14% = 490
合　计	15 000 × 14% = 2 100

这项经济业务的发生，涉及“生产成本”、“制造费用”、“管理费用”和“应付职工薪酬”等账户。职工福利费可以按工资总额的一定百分比（由企业自行确定）从成本费用中“先提后用”，也可以据实“直接列支”，用作职工医疗卫生、生活困难补助及其他福利支出。生产工人的福利费 1 330 元直接记入“生产成本”账户，在“生产成本”及其所属明细分类账户的借方登记，车间管理人员的福利费 280 元和企业管理部门人员的福利费 490 元，分别在“制造费用”和“管理费用”账户的借方登记；提取的职工福利费 2 100 元，形成企业对职工的负债，应在“应付职工薪酬”账户的贷方登记。该笔经济业务应作如下会计分录：

借：生产成本——A 产品	700
——B 产品	630
制造费用	280
管理费用	490
贷：应付职工薪酬——职工福利	2 100

例 10：12 月 31 日，按规定计提本月固定资产折旧，其中车间使用固定资产应提折旧 5 000 元，企业管理部门使用固定资产应提折旧 1 000 元。

企业使用固定资产发生磨损而减少的价值，即为固定资产的折旧费，是企业生产费用的组成部分，应按照使用固定资产的车间、部门不同分别记入有关的费用账户。车间用固定资产的折旧费 5 000 元属于间接费用，应记入“制造费用”账户的借方，企业管理部门使用固定资产的折旧费 1 000 元属于期间费用，应记入“管理费用”账户的借方；为了保持“固定资产”账户所反映的原始价值不变，每月计提的固定资产折旧费总数 6 000 元记入“累计折旧”账户的贷方。该笔经济业务编制的会计分录如下：

借：制造费用 5 000

管理费用 1 000

贷：累计折旧 6 000

例 11：12 月 31 日，摊销应由本月负担的预付仓库租金 400 元。

这项经济业务的发生，涉及到“待摊费用”和“管理费用”两个账户。摊销的预付仓库租金 400 元应记入“管理费用”账户的借方；同时应记入“待摊费用”账户的贷方。该笔经济业务作如下会计分录：

借：管理费用 400

贷：待摊费用 400

例 12：12 月 31 日，预提本月应负担的银行短期借款利息1 600元、财产保险费400 元。

这项经济业务表明，由本月负担的利息 1 600 元和财产保险费 400 元均属于期间费用，分别记入“财务费用”、“管理费用”账户的借方。利息和财产保险费在没有支付前，构成了企业的负债，应记入“预提费用”账户的贷方。该笔经济业务应编制如下会计分录：

借：财务费用 1 600

管理费用 400

贷：预提费用 2 000

需要说明的是，该企业向银行取得的一年期借款，于每季度末向银行付息一次。例 12 仅仅是预提第四季度最后一个月的短期借款利息支出，年末付息的会计分录见本章例 40。在实际工作中，例 12 和例 40 是合起来处理的。

例 13：12 月 31 日，将本月发生的制造费用总额 8 780 元分配计入 A、B 两种产品成本。

制造费用的发生额应按一定的标准分配计入产品成本，分配标准可按生产工时、生产工人工资等。分配方法如下：

$$\text{制造费用分配率}=\frac{\text{制造费用总额}}{\text{生产工时总额（或生产工人工资总额）}}$$

$$\text{某种产品应负担的制造费用}=\frac{\text{该种产品生产工时}}{\text{（或该种产品生产工人工资）}}\times\text{制造费用分配率}$$

本例制造费用总额为 8 780 元，生产工人工资总额为 9 500 元，其中：A 产品生产工人工资为 5 000 元，B 产品生产工人工资为 4 500 元，则：

$$\text{制造费用分配率}=\frac{8\ 780}{5\ 000+4\ 500}\approx 0.9242$$

实际工作中，对制造费用应编制“制造费用分配表”进行分配，如表4-1 所示。

根据“制造费用分配表”，编制结转制造费用的会计分录如下：

借：生产成本——A 产品　　　　4 621
　　　　　　——B 产品　　　　4 159
　贷：制造费用　　　　　　　　　8 780

表 4-1　制造费用分配表

20××年 12 月　　　　单位：元

产品名称	生产工人工资	分配率	分配金额
A 产品	5 000	0.9242	4 621
B 产品	4 500	0.9242	4 159
合　计	9 500		8 780

例 14：12 月 31 日，A、B 两种产品全部完工验收入库，计 A 产品 200 件，B 产品 300 件，结转完工 A 产品成本 42 000 元，B 产品成本 26 400 元（“生产成本”账户月初余额为 11 290 元，本月发生额为 57 110 元）。

这笔经济业务的发生，涉及到“库存商品”和“生产成本”两个账户。企业产品制造完工验收入库后，应将其实际生产成本 57 110 元，从“生产成本”及其所属明细账户贷方结转到“库存商品”及其所属明细账户借方。该笔经济业务应编制如下会计分录：

借：库存商品——A 产品　　　　42 000
　　　　　　——B 产品　　　　26 400
　贷：生产成本——A 产品　　　　42 000
　　　　　　　——B 产品　　　　26 400

生产过程的总分类核算如图 4-2 所示。

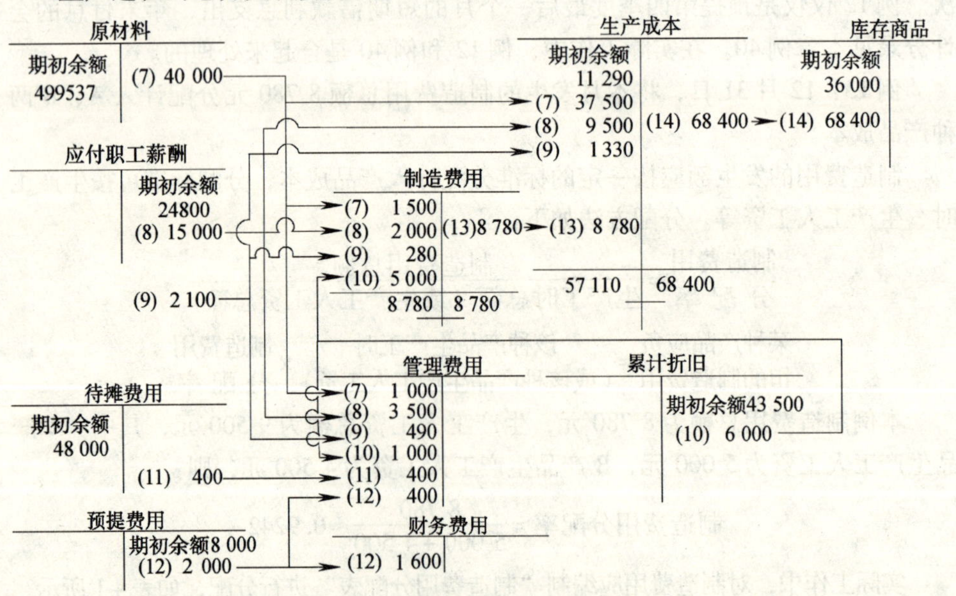

图 4-2　生产过程的总分类核算

第三节 销售过程的核算

销售过程是企业生产经营活动的最后阶段。企业通过销售产品，收回货币资金，以保证企业再生产的顺利进行。

企业的销售过程，就是指把生产过程中制造完工并合乎标准、规格和技术条件的产品，按照销售合同规定的条件送交订货单位或组织发运，并按照销售价格和结算制度规定，办理结算手续，及时收取价款，取得销售商品收入的过程。

在销售过程中，企业一方面取得了销售商品的收入，即主营业务收入，另一方面产品的主营业务成本（即产品销售成本），以及在销售过程中发生的运输、装卸、包装和广告等营业费用（即销售费用），都应该从主营业务收入中得到补偿。此外，企业还应当按照国家有关税法的规定，计算缴纳主营业务税金及附加。

企业销售商品取得的主营业务收入，扣除因销售商品而发生的主营业务成本即为企业的主营业务毛利润，这是企业利润总额的主要构成部分。

从会计角度看，销售阶段的主要业务是围绕着销售而发生的，如产品由仓库发出，支付产品包装、运输和广告等营业费用，销售货款的结算，营业税金及附加的计算等。通过有效地组织销售阶段经济业务的核算，可以提供下列信息：

(1) 库存商品和已发出销售商品的数量和占用额信息，借以考核销售计划的完成程度，了解企业能否及时提供市场需要的商品。进而言之，通过销售信息还可以为企业未来改进产品设计、更好地适应市场需求提供相关信息。

(2) 有关营业费用的信息，可以评价销售部门的业绩。

(3) 已取得销售货款和商品虽已发出、但尚未取得销售货款等信息。这对于加速销售、催收货款，从而加速资金周转，促进资金回收，具有重要意义。

(4) 各种营业税金及附加的应缴和实缴数信息。

因此，销售过程业务核算的任务，主要是确认和记录企业销售商品的收入，办理结算，收回货款；确定销售成本；支付销售费用；计算和缴纳主营业务税金及附加；以及反映营业利润或亏损的发生情况。

一、主营业务收入与主营业务成本的确认

（一）主营业务收入的确认

小企业的主营业务收入是指企业在销售商品、提供劳务等日常活动中所产生的收入。

为了及时、正确地核算企业销售商品的收入，企业应按权责发生制的要求，对销售商品的收入予以确认，主要解决何时入账和按多少金额入账的问题。

（1）小企业销售商品的收入应当在下列条件均能满足时予以确认：

1）企业已将商品所有权上的主要风险和报酬转移给购货方。

2）企业既没有保留通常与所有权相联系的继续管理权，也没有对已售出的商品实施控制。

3）与交易相关的经济利益能够流入企业。

4）相关的收入和成本能够可靠地计量。

（2）小企业提供劳务的收入，按以下规定予以确认：

1）在同一会计年度内开始并完成的劳务，应当在完成劳务时确认收入。

2）如果劳务的开始和完成分属不同的会计年度，可以按完工进度或完成的工作量确认收入。

（3）销售商品的收入应按小企业与购货方签订的合同或协议金额或双方接受的金额计量。

（二）主营业务成本的确认

主营业务成本是指与主营业务收入相关的销售成本，即为已销售商品或已提供劳务的实际成本。在工厂，它是已销售商品的制造成本，也称产品销售成本。对于销售商品而发生的销售费用，应当作为期间费用，直接计入当期损益，不构成主营业务成本的内容。

月度终了，小企业应当根据本月销售的各种商品、提供的各种劳务等的实际成本，计算应结转的主营业务成本。小企业销售商品的主营业务成本，是根据销售商品的数量乘以商品的单位成本计算确定的。

二、销售过程核算设置的账户

为了反映和监督企业主营业务收入的形成、销售货款的结算、主营业务成本和销售费用的发生以及营业税金及附加的应交和实交情况，应设置下列相应的账户。

（一）“主营业务收入”账户

该账户属于损益类账户，本科目核算企业根据收入准则确认的销售商品、提供劳务等主营业务的收入。

该账户的贷方登记主营业务收入的增加数；借方登记主营业务收入的结转数（结转至“本年利润”账户的贷方）；期末，应将本科目的余额转入“本年利润”科目，结转后本科目应无余额。

本科目应当按照主营业务的种类进行明细核算。

（二）“主营业务成本”账户

该账户属于损益类账户，本科目核算企业根据收入准则确认销售商品、提供劳务等主营业务收入时应结转的成本。

该账户的借方登记已销售商品或已提供劳务的实际成本；贷方登记主营业务成本的结转数（结转至“本年利润”账户的借方）；期末，应将本科目的余额转入“本年利润”科目，结转后本科目应无余额。

本科目应当按照主营业务的种类进行明细核算。

（三）“营业税金及附加”账户

该账户属于损益类账户，本科目核算企业经营活动发生的营业税、消费税、城市维护建设税、资源税和教育费附加等相关税费。房产税、车船税、城镇土地使用税、印花税在“管理费用”等科目核算，但与投资性房地产相关的房产税、土地使用税在本科目核算。

企业按规定计算确定的与经营活动相关的税费，借记本科目，贷记“应交税费”等科目。企业收到的返还的消费税、营业税等原记入本科目的各种税金，应按实际收到的金额，借记“银行存款”科目，贷记本科目。期末，应将本科目余额转入“本年利润”科目，结转后本科目应无余额。

（四）“应收账款”账户

该账户属于资产类账户，本科目核算企业因销售商品、产品、提供劳务等经营活动应收取的款项。

企业发生应收账款时，按应收金额，借记本科目，按实现的营业收入，贷记“主营业务收入”、“手续费收入”、“保费收入”、“其他业务收入”等科目，按专用发票上注明的增值税额，贷记“应交税费——应交增值税（销项税额）”科目。收回应收账款时，借记“银行存款”等科目，贷记本科目。本科目期末借方余额，反映企业尚未收回的应收账款；期末如为贷方余额，反映企业预收的账款。

不单独设置“预收账款”的小企业，向购货单位或接受劳务单位或个人收取的预收款项，也在本科目核算。

本科目应当按照债务人进行明细核算。

（五）“应交税费”账户

该账户属于负债类账户，本科目核算企业按照税法规定计算应交纳的各种税费，包括增值税、消费税、营业税、所得税、资源税、土地增值税、城市维护建设税、房产税、城镇土地使用税、车船税、教育费附加、矿产资源补偿费等。

企业代扣代交的个人所得税，也通过本科目核算。

企业按规定计算应交的消费税、营业税、资源税、城市维护建设税，借记“营业税金及附加”等科目，贷记本科目。

小规模纳税人以及购入材料不能取得增值税专用发票的，发生的增值税计入材料采购成本，借记“材料采购”、“在途物资”等科目，贷记本科目。实际交纳时，借记本科目，贷记“银行存款”等科目。

本科目期末贷方余额，反映企业尚未交纳的税费；期末如为借方余额，反映企业多交或尚未抵扣的税费。

本科目应当按照应交税费的税种进行明细核算。

三、销售过程主要经济业务的核算

下面举例说明销售过程经济业务的账务处理。

恒兴工厂（小规模纳税人）20××年12月份发生的销售业务如下：

例15：12月5日，向洋河公司销售A产品30件，每件不含税销售单价400元，共计12 000元，按规定计算应交增值税720元（12 000×6%）。货已发出，货款及税款共计12 720元均已收讫存入银行。

这项经济业务的发生，涉及到“银行存款”、“主营业务收入”和“应交税费”三个账户。收到货款及税款12 720元，应记入“银行存款”账户的借方；实现的销售收入12 000元，应记入“主营业务收入”及其明细分类账户贷方，应交税款720元应记入“应交税费——应交增值税”明细账户的贷方。该笔经济业务应编制会计分录如下：

借：银行存款　　12 720

　贷：主营业务收入——A产品　　12 000

　　　应交税费——应交增值税　　720

例16：12月10日，向三元公司销售B产品40件，每件不含税销售单价500元，货款20 000元，按规定计算应交增值税1 200元（20 000×6%），价税合计21 200元。货已发出，货款尚未收到。

这项经济业务的发生，涉及到“应收账款”、“主营业务收入”和“应交税费”三个账户。货已发出，货款及增值税21 200元尚未收到，应记入“应收账款”及其所属明细分类账户的借方；实现的销售收入20 000元，应记入“主营业务收入”及其所属明细分类账户的贷方；应交税款1 200元应记入“应交税费——应交增值税”明细账户的贷方。该笔经济业务应编制如下会计分录：

借：应收账款——三元公司　　21 200

　贷：主营业务收入——B产品　　20 000

　　　应交税费——应交增值税　　1 200

例17：12月13日，以银行存款支付产品包装、运输费300元。

这项经济业务的发生，涉及到“销售费用”和“银行存款”两个账户。产品包装、运输费300元属于销售费用，应记入“销售费用”账户的借方；支付银行存款300元，应记入“银行存款”账户的贷方。该笔经济业务应编制如下会计分录：

借：销售费用　　300

　贷：银行存款　　300

例18：12月20日，以银行存款支付广告费3 000元。

这项经济业务的发生，涉及到"销售费用"和"银行存款"两个账户。广告费3 000元属于销售费用，应记入"销售费用"账户的借方；同时，银行存款也减少了3 000元，应记入"银行存款"账户的贷方。该笔经济业务应编制如下会计分录：

借：销售费用　　3 000

　贷：银行存款　　3 000

例19：12月31日，计算本月应交城市维护建设税134.40元和教育费附加57.60元。

这项经济业务的发生，涉及到"营业税金及附加"、"应交税费"两个账户。应交的城市维护建设税134.40元和教育费附加57.60元，共计192元，应记入"营业税金及附加"账户的借方；尚未交纳的城市维护建设税和教育费附加，应记入"应交税费"及其明细分类账户的贷方。该笔经济业务应编制如下会计分录：

借：营业税金及附加　　192

　贷：应交税费——应交城市维护建设税　　134.40

　　　　　　——应交教育费附加　　57.60

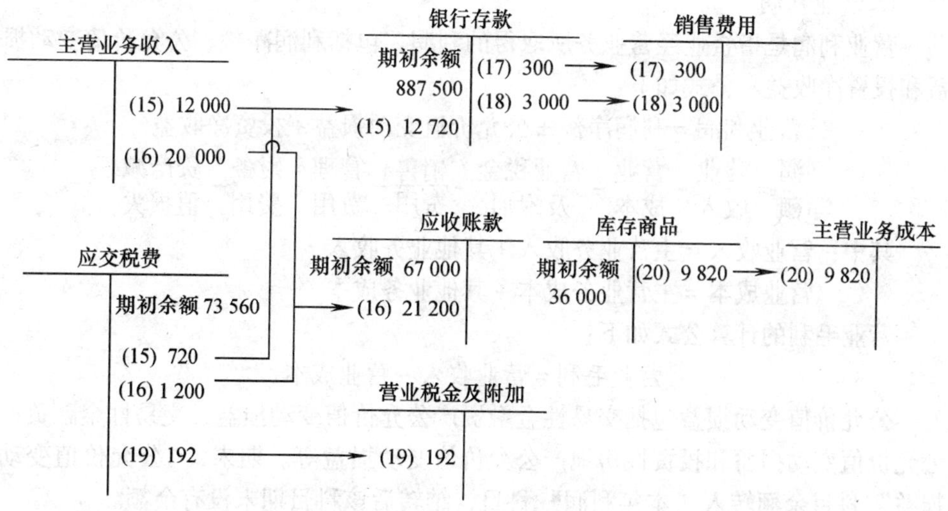

图4-3　销售过程的总分类核算

例 20：12 月 31 日，结转本月已销售 A 产品 30 件、B 产品 40 件的实际成本。A 产品每件实际成本 210 元，B 产品每件实际成本 88 元。

这项经济业务的发生，涉及到“主营业务成本”和“库存商品”两个账户。销售减少了库存商品 9 820 元(30×210+40×88)，应记入“库存商品”及其所属明细账户的贷方；已销售产品的实际成本 9 820 元，应记入“主营业务成本”及其所属明细分类账户借方。该笔经济业务应编制如下会计分录：

借：主营业务成本——A 产品　　6 300
　　　　　　　　——B 产品　　3 520
　贷：库存商品——A 产品　　6 300
　　　　　　　——B 产品　　3 520

销售过程的总分类核算如图 4-3 所示。

第四节　财务成果的核算

一、财务成果核算的主要任务

(一) 利润总额的构成

利润是指企业在一定会计期间的经营成果，包括营业利润、利润总额和净利润。利润总额的计算公式如下：

利润总额 = 营业利润 + 营业外收入 − 营业外支出

1. 营业利润

营业利润是指企业经营业务所取得的利润，包括利润净额、公允价值变动损益和投资净收益。公式如下：

营业利润 = 利润净额 ± 公允价值变动损益 + 投资净收益

利润净额 = 营业收入 − 营业成本 − 营业税金及附加 − 销售费用 − 管理费用 − 财务费用 − 资产减值损失

其中：营业收入 = 主营业务收入 + 其他业务收入

营业成本 = 主营业务成本 + 其他业务成本

营业毛利的计算公式如下：

营业毛利 = 营业收入 − 营业成本

公允价值变动损益包括交易性金融资产公允价值变动损益、交易性金融负债公允价值变动损益和投资性房地产公允价值变动损益等。期末，“公允价值变动损益”科目余额转入“本年利润”科目，结转后该科目期末没有余额。

投资净收益是指企业对外投资所取得的收益扣除投资损失后的净额。期末，结转投资净收益时，借记“投资收益”科目，贷记“本年利润”科目；若发生投资净损失，分录相反。结转后，“投资收益”科目期末无余额。

2. 营业外收入

营业外收入是指与企业日常营业无直接关系的各项收入，主要包括非流动资产处置利得、非货币性资产交换利得、债务重组利得、政府补助、盘盈利得、捐赠利得等。企业发生营业外收入时，借记“库存现金”、“银行存款”、“长期应收款”、“长期股权投资”、“递延收益”等科目；期末结转营业外收入时，借记“营业外收入”科目，贷记“本年利润”科目。结转后，“营业外收入”科目期末无余额。

3. 营业外支出

营业外支出是指与企业日常营业无直接关系的各项支出，包括非流动资产处置损失、非货币性资产交换损失、债务重组损失、公益性捐赠支出、非常损失、盘亏损失等。其中，非常损失是指企业由于自然灾害等不可抗拒的原因而发生的损失扣除回收残值和有关赔偿金后的净额。

企业发生营业外支出时，借记“营业外支出”科目，贷记“库存现金”、“银行存款”、“待处理财产损溢”、“固定资产清理”等科目；期末结转营业外支出时，借记“本年利润”科目，贷记“营业外支出”科目。结转后，“营业外支出”科目期末无余额。

（二）利润的分配

利润分配是对实现的净利润进行分配。其分配去向是：提取积累——公积金（法定公积金和任意公积金），以便扩大再生产，或以丰补欠等；向投资者分配利润或股利。为了稳健起见，企业一般不把利润分光，而是保留一部分利润，留在企业不作分配，以便以后年度弥补亏损，或以后年度分配。为了反映利润分配的情况，企业应设置“利润分配”一级科目，并在该科目下设置“提取法定盈余公积”、“提取任意盈余公积”、“应付现金股利或利润”、“未分配利润”等明细科目进行明细分类核算。

1. 结转“本年利润”科目

企业各月取得的收入（益）和发生的支出（包括成本、营业税金及附加、管理费用、财务费用、销售费用、营业外支出和损失以及所得税费用等）均分别转入“本年利润”科目贷方和借方。年终，该科目转账前贷方余额为全年净利润总额，借方余额为全年亏损总额，一律转入“利润分配”科目的贷方或借方，转账后，“本年利润”科目年终无余额。

2. 计提法定盈余公积

法定盈余公积是指按照法律、法规和规章制度规定的比例从税后利润中提取的公积金，其法定提取率为10%。

3. 计提任意盈余公积

任意盈余公积是指按照公司章程规定或股东会决议提取的公积金。提取率每年由股东会确定。

4. 向股东分利

向投资者分利是指企业按照利润分配方案应向投资者分配的红利或利润。

5. 结转“利润分配”科目

企业设置“利润分配——未分配利润”科目反映全年净利润（或亏损）的实现（或发生）和分配（或转销）。转入净利润时记入该科目贷方；转入亏损时记入该科目借方；结转利润分配其他各明细科目余额时，记入该科目借方。该科目年终贷方余额反映未分配的净利润；该科目年终借方余额反映未弥补的亏损。

财务成果核算主要包括利润形成和利润分配的核算。通过财务成果的核算，会计应能体现以下反映和监督职能：①正确计算企业实现的利润总额及其构成，为分析和考核企业经营情况提供必要的资料。②提供企业对利润进行分配的信息，包括企业资金积累和向投资者分配利润的情况等，以确保正确处理国家、企业、职工和投资者等不同利益方之间的关系。

二、财务成果核算设置的账户

为了反映和监督企业利润的形成和分配情况，需设置相应的账户。

（一）“本年利润”账户

该账户是所有者权益类账户，核算企业当年实现的净利润（或发生的净亏损）。

该账户的贷方登记期末从收入类账户转入的利润增加项目的金额，如主营业务收入、营业外收入、其他业务收入和投资收益等；借方登记期末从支出类账户转入的利润减少项目的金额，如主营业务成本、营业税金及附加、销售费用、管理费用、财务费用、营业外支出和所得税费用等；期末贷方余额，表示企业实现的累计净利润，期末借方余额，表示企业发生的累计亏损。年度终了，应将本年收入和支出相抵后结出的本年实现的净利润，转入“利润分配”科目，借记本科目，贷记“利润分配——未分配利润”科目；如为净亏损，作相反的会计分录。结转后本科目应无余额。

（二）“利润分配”账户

该账户是所有者权益类账户，用于核算企业利润的分配（或亏损的弥补）和历年分配（或弥补）后的积存余额。

该账户的借方登记利润的分配数，如提取盈余公积、向投资者分配利润等；贷方登记企业年终从“本年利润”账户转入的全年实现的净利润等内容。年度终了，企业应将全年实现的净利润，自“本年利润”科目转入本科目，借记“本年利润”科目，贷记本科目（未分配利润），为净亏损的，做相反的会计分录；同时，将“利润分配”科目所属其他明细科目的余额转入本科目的“未分配利润”明细科目。结转后，本科目除“未分配利润”明细科目外，其他明细科目应无余额。本科目年末余额，反映企业历年积存的未分配利润（或未弥补亏损）。

该账户应当分别对“提取法定盈余公积”、“提取任意盈余公积”、“应付现金股利或利润”、“未分配利润”等进行明细核算。各账户之间的关系如图4-4所示。

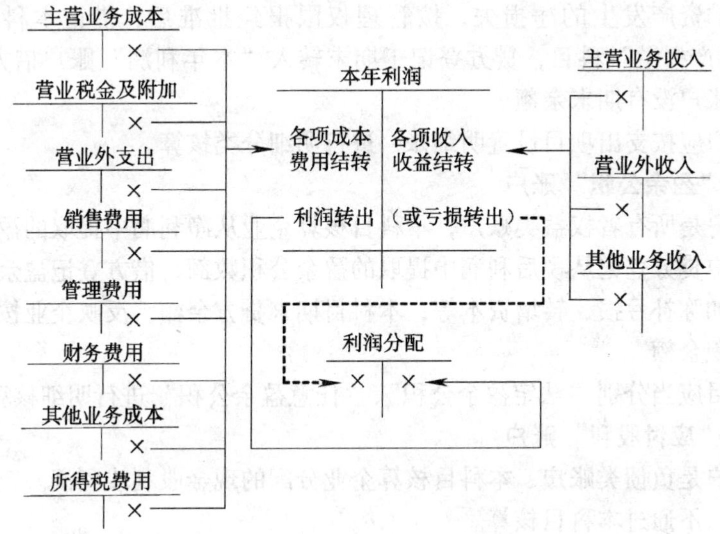

图4-4　损益类总分类账户之间的关系

(三)“所得税费用”账户

该账户是损益类账户，本科目核算企业确认的应从当期利润总额中扣除的所得税费用。

企业按照税法计算确定的应交所得税金额，借记本科目，贷记“应交税费——应交所得税”科目；贷方登记期末转入本年利润账户借方的金额；期末结转后无余额。

(四)“营业外收入”账户

该账户是损益类账户，本科目核算企业发生的各项营业外收入，主要包括处置非流动资产利得、非货币性资产交换利得、债务重组利得、政府补助、盘盈利得、捐赠利得等。

企业发生的营业外收入，借记“库存现金”、“银行存款”、“应付账款”、“待处理财产损溢”、“固定资产清理”等科目，贷记本科目。借方登记期末转入“本年利润”账户贷方的数额；结转后本账户没有期末余额。

该账户应按收入项目设置明细账，进行明细分类核算。

（五）“营业外支出”账户

该账户是损益类账户，本科目核算企业发生的各项营业外支出，包括处置非流动资产损失、非货币性资产交换损失、债务重组损失、公益性捐赠支出、非常损失、盘亏损失等。

该账户的借方登记企业发生的各项营业外支出，如固定资产盘亏、出售固定资产净损失、出售无形资产净损失、非常损失、对外捐赠支出和罚款支出等；盘亏、毁损的资产发生的净损失，按管理权限报经批准后，借记本科目，贷记“待处理财产损溢”科目，贷方登记于期末转入“本年利润”账户借方的数额；结转后本账户没有期末余额。

该账户应按支出项目设置明细账，进行明细分类核算。

（六）“盈余公积”账户

该账户是所有者权益类账户，本科目核算企业从净利润中提取的盈余公积。

该账户贷方登记从税后利润中提取的盈余公积数额；借方登记盈余公积的使用数额，如弥补亏损、转增资本等；本科目期末贷方余额，反映企业按规定提取的盈余公积余额。

本科目应当分别“法定盈余公积”、“任意盈余公积”进行明细核算。

（七）“应付股利”账户

该账户是负债类账户，本科目核算企业分配的现金股利或利润。企业分配的股票股利，不通过本科目核算。

企业应根据股东大会或类似机构通过的利润分配方案，按应支付的现金股利或利润，借记“利润分配”科目，贷记本科目。实际支付现金股利或利润，借记本科目，贷记“银行存款”、“库存现金”等科目；本科目期末贷方余额，反映企业尚未支付的现金股利或利润。

该账户应按投资者设置明细账，进行明细分类核算。

三、财务成果主要经济业务的核算

下面举例说明财务成果形成及分配的账务处理。

小企业恒兴工厂（小规模纳税人）20××年12月份有关财务成果形成及分配的业务如下：

例21：12月13日，因未履行购销合同有关条款规定被罚款5 000元，已用银行存款支付。

这笔经济业务的发生，涉及“营业外支出”和“银行存款”两个账户。被罚款支出5 000元，应在“营业外支出”账户借方登记，减少的银行存款5 000元应记入“银行存款”账户的贷方。该笔经济业务应作如下会计分录：

借：营业外支出——罚款支出　　5 000

　贷：银行存款　　5 000

例 22：12 月 20 日，将本月处理固定资产净收益 13 000 元转入营业外收入。

这笔经济业务的发生，涉及到“营业外收入”和“固定资产清理”两个账户。将固定资产净收益 13 000 元转入营业外收入，应登记在“固定资产清理”账户的借方，同时也要记入“营业外收入”账户的贷方。作会计分录如下：

借：固定资产清理　　13 000

　贷：营业外收入　　13 000

例 23：12 月 31 日，将各损益类账户的余额结转入“本年利润”账户。有关损益类账户的余额如下：

账户名称	借方余额	贷方余额
主营业务收入		32 000
营业外收入		13 000
主营业务成本	9 820	
营业税金及附加	192	
销售费用	3 300	
管理费用	6 790	
财务费用	1 600	
营业外支出	5 000	

根据损益类账户的记录，应编制如下两笔会计分录：

月末，将“主营业务收入”账户贷方余额 32 000 元、“营业外收入”账户贷方余额 13 000 元转入“本年利润”账户的贷方。会计分录如下：

借：主营业务收入　　32 000

　　营业外收入　　13 000

　贷：本年利润　　45 000

月末，将“主营业务成本”账户借方余额 9 820 元、“营业税金及附加”账户借方余额 192 元、“销售费用”账户借方余额 3 300 元、“管理费用”账户借方余额 6 790 元、“财务费用”账户借方余额 1 600 元、“营业外支出”账户借方余额 5 000 元转入“本年利润”账户的借方。会计分录如下：

借：本年利润　　26 702

　贷：主营业务成本　　9 820

　　　营业税金及附加　　192

　　　销售费用　　3 300

　　　管理费用　　6 790

　　　财务费用　　1 600

　　　营业外支出　　5 000

12 月份实现利润总额为 45 000 - 26 702 = 18 298（元）。

例 24：12 月 31 日，按规定计算本月应交所得税 6 038 元。

这项经济业务的发生，涉及到"所得税费用"和"应交税费"两个账户。上交所得税（18 298 × 25% ≈ 4 575）4 575 元是企业发生的一项费用，应记入"所得税费用"账户借方，应交所得税是企业一项负债，应记入"应交税费"及其所属明细账户贷方。会计分录如下：

借：所得税费用　　　　　　　　　　　　　　　　4 575

　贷：应交税费——应交所得税　　　　　　　　　　4 575

例 25：12 月 31 日，将上述所得税额结转至"本年利润"账户。

这笔经济业务的发生，涉及到"本年利润"和"所得税费用"两个账户。结转的所得税额 4 575 元，应在"本年利润"账户借方登记，同时在"所得税费用"账户的贷方登记 4 575 元。该笔经济业务应作如下会计分录：

借：本年利润　　　　　　　　　　　　　　　　　4 575

　贷：所得税费用　　　　　　　　　　　　　　　　4 575

12 月份实现净利润 = 18 298 - 4 575 = 13 723（元）

根据以上五笔会计分录登记总分类账户如图 4-5 所示。

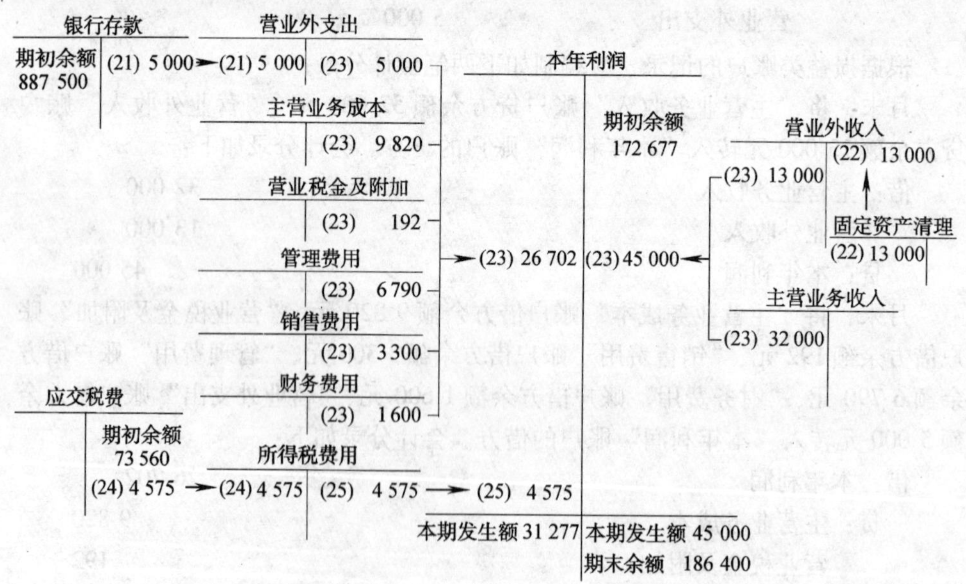

图 4-5　利润形成的总分类核算

例 26：年末将全年净利润 186 400 元结转至"利润分配"账户。

这笔经济业务的发生，涉及到“本年利润”和“利润分配”两个账户。年末将全年实现的净利润186 400元，除应在“本年利润”和“利润分配”总分类账户登记外，还应在“利润分配——未分配利润”明细分类账户中登记。会计分录如下：

借：本年利润　186 400

　贷：利润分配——未分配利润　186 400

例27：年末企业董事会决定提取法定盈余公积18 640元，分配给投资者利润60 000元。

这笔经济业务，涉及到“利润分配”、“盈余公积”和“应付股利”三个账户。

年末提取的法定盈余公积18 640元(186 400×10%)，除应在“利润分配”和“盈余公积”总分类账户登记外，还应在“利润分配——提取法定盈余公积”明细分类账户中登记。

分配给投资者的利润60 000元，除应在“利润分配”和“应付股利”总分类账户登记外，还应在“利润分配——应付现金股利或利润、明细分类账户中登记。这笔经济业务的会计分录如下：

借：利润分配——提取法定盈余公积　18 640

　　　　　　——应付现金股利或利润　60 000

　贷：盈余公积　18 640

　　　应付股利　60 000

例28：年末结转利润分配所属明细账户“提取法定盈余公积”和“应付股利”账户。

年终决算时，将“利润分配”账户所属的各明细分类账户的借方分配数合计78 640元（其中：提取法定盈余公积18 780. 30元、应付利润60 000元）结转到“利润分配——未分配利润”明细分类账户的借方。会计分录如下：

借：利润分配——未分配利润　78 640

　贷：利润分配——提取法定盈余公积　18 640

　　　　　　　——应付现金股利或利润　60 000

编制了以上三笔分录后，“本年利润”账户已结平，“利润分配”所属明细分类账除“未分配利润”账户外也已结平。

若假设该企业本年“利润分配”账户的年初余额为20 000元，则年终，该企业的未分配利润为127 760元(20 000+186 400－78 640)。

会计期末企业尚未分配的利润数127 760元，即为“利润分配”账户的明细分类账户“未分配利润”账户的贷方余额。

上例会计分录登记总分类账和明细分类账户如图4-6所示。

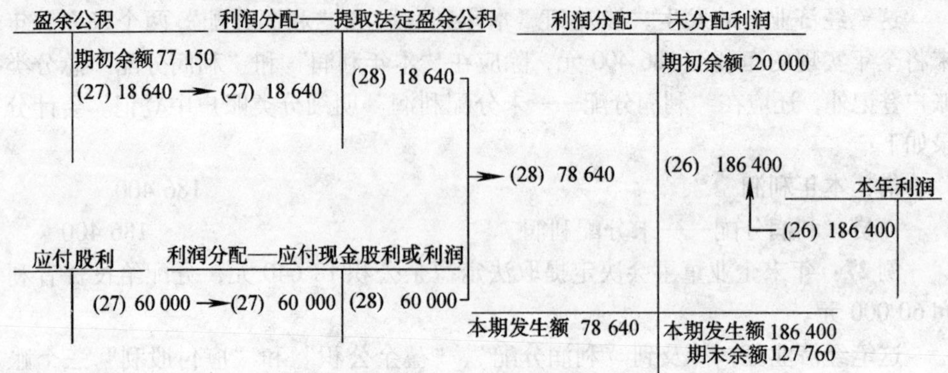

图 4-6 利润分配的总分类账和明细账的核算

第五节 其他经济业务的核算

工业企业的经济业务多种多样，除前述在供应过程、生产过程、销售过程和利润形成及利润分配过程中发生的主要经济业务以外，工业企业在其经营过程中还会发生其他经济业务，如投资者的资本投入、为维持其日常经营活动所需资金而向银行借款、企业的对外投资、债权债务业务的结算等业务。为了核算这些方面的经济业务，企业需要设置专门的账户，并运用这些账户对发生的经济业务作必要的会计处理。这部分内容将在后续课程中进一步阐述，本书只举一些简例。

一、接受投资业务的核算

企业创立时所有者投入的资金是设立企业必须拥有的资本金，即开办企业的本钱，也是企业进行生产经营活动的起动资金。资本金是指企业在工商行政管理部门登记的注册资金。随着企业规模的扩大，业务的发展，所有者初始投入的资金不够使用时，还可以由所有者追加投入资本金。企业所有者可以用现金、材料、固定资产等实物及无形资产等形式向企业投入资金。

为了正确反映所有者对企业的资本投入，必须设置“实收资本”账户。在该账户下可按投资主体分设“国家资本”、“法人资本”、“外商资本”和“个人资本”四个明细项目。

“实收资本”账户属于所有者权益类账户，其贷方登记所有者投入的资本总额；借方一般较少发生登记事项，除非减资、抽资或反映企业“关、停、并、转”时实收资本的减少数。企业如无特殊情况，一般不能随意抽减资本；该账户的余额在贷方。

下面举例说明小企业恒兴工厂（小规模纳税人）20××年12月份发生的接受资金投入业务的核算。

例29：12月2日，恒兴工厂收到国家投入资金80 000元，存入银行。

这项经济业务的发生，一方面表明企业银行存款增加了80 000元，另一方面表明国家投入资本增加了80 000元。因此，涉及到“银行存款”和“实收资本”两个账户。银行存款的增加应记入“银行存款”账户的借方，国家投入资本的增加应记入“实收资本”账户的贷方。其会计分录如下：

借：银行存款　　80 000

　贷：实收资本——国家资本　　80 000

企业的所有者经常以机器、设备等固定资产的形式向企业进行投资。因此，企业在接受此类投资时还要用到“固定资产”账户。

“固定资产”属于资产类账户，用来核算企业固定资产的增减变动情况。其借方登记增加的固定资产原始价值数；贷方登记减少的固定资产原始价值数；期末余额在借方表示期末结存固定资产原始价值数。为了详细地核算固定资产增减变动的具体情况，该账户应按固定资产的种类设置明细分类账，进行明细分类核算。

例30：12月6日，恒兴工厂收到甲企业投入的新设备一套，价值40 000元。

这项经济业务的发生，一方面使企业固定资产增加了40 000元，另一方面使法人（甲企业）投入资本增加了40 000元。因此，涉及到“固定资产”和“实收资本”两个账户。固定资产的增加应记入“固定资产”账户的借方，法人投入资本的增加应记入“实收资本”账户的贷方。其会计分录如下：

借：固定资产　　40000

　贷：实收资本——法人资本　　40 000

企业的所有者有时也以专利权、商标的使用权等无形资产的形式向企业进行投资。因此，企业在接受无形资产的投资时还要用到“无形资产”账户。

“无形资产”属于资产类账户，用来核算企业无形资产的增减变动情况。其借方登记无形资产的增加额；贷方登记无形资产的减少额（摊销额）；期末余额在借方，表示期末无形资产的实有价值额。为了详细地反映无形资产增减变化的具体情况，该账户应按无形资产的种类设置明细分类账户，进行明细分类核算。

例31：12月8日，恒兴工厂收到乙企业投入专利权一项，价值30 000元。

这项经济业务的发生，涉及到“无形资产”和“实收资本”两个账户。一方面使企业无形资产增加了30 000元，另一方面使法人（乙企业）投入资本增加了30 000元。无形资产的增加应记入“无形资产”账户的借方，法人投入资本的增加应记入“实收资本”账户的贷方。其会计分录如下：

借：无形资产——专利权　　30 000

　贷：实收资本——法人资本　　30 000

二、向银行借款业务的核算

资金是企业生存和发展的前提。它的来源渠道分为两大类：一是企业所有者投入；二是企业向债权人借入。后者有明确的还本付息期限，并受法律保护，通常称为负债。

为了保证日常生产经营活动的正常进行，企业往往需要向银行借入资金，以满足资金周转的需要。企业向银行借款时，其归还期在一年以内的，则应设置“短期借款”账户；若其归还期在一年以上的，则应设置“长期借款”账户。它们均属于负债类账户。

“短期借款”账户用以核算企业从银行或其他金融机构借入的期限在一年或短于一年的一个营业周期以内的各种借款的增减变动情况。其贷方登记取得的各种短期借款的本金额；借方登记到期偿还的各种短期借款的本金额；期末余额在贷方，表示期末尚未偿还的短期借款的本金额。为了详细地反映短期借款增减变动的具体情况，该账户应按短期借款的种类设置明细分类账户，进行明细分类核算。

“长期借款”账户用以核算企业从银行或其他金融机构借入的期限在一年或长于一年的一个营业周期以上的各种借款的增减变动情况。其贷方登记取得的各种长期借款的本金额及其应付而未付的利息额；借方登记到期偿还的各种长期借款的本息额；期末余额在贷方，表示期末尚未偿还的长期借款的本息额。为了详细地反映长期借款增减变动的具体情况，该账户应按长期借款的种类设置明细分类账户，进行明细分类核算。

例 32：12 月 11 日，恒兴工厂向开户银行借入 25 万元，存入银行，其中 5 万元的偿还期为半年，20 万元的偿还期为 3 年。

这项经济业务的发生，一方面使企业银行存款增加了 25 万元，另一方面使企业的短期借款增加了 5 万元，长期借款增加了 20 万元。因此，涉及到“银行存款”、“短期借款”和“长期借款”三个账户。银行存款的增加应记入“银行存款”账户的借方，短期借款的增加应记入“短期借款”账户的贷方，长期借款的增加应记入“长期借款”账户的贷方。其会计分录如下：

借：银行存款　　　　250 000

　贷：短期借款　　　　50 000

　　　长期借款　　　　200 000

三、固定资产增加、减少业务的核算

固定资产增加的情况有多种，如购置、建造、置换等；固定资产减少的情况也有多种，有出售、报废、盘亏、毁损、转出等，这方面的核算将在后续专业课中阐述。现以购进固定资产为例，说明核算的基本原理。

例33：12 月 12 日，恒兴工厂购入运输汽车一辆，计价17 000元，价款以银行存款支付。

这项经济业务的发生，一方面使企业银行存款减少了 17 000 元，另一方面使企业的固定资产增加了 17 000 元。银行存款的减少应记入“银行存款”账户的贷方，固定资产的增加应记入“固定资产”账户的借方。其会计分录如下：

借：固定资产　　17 000
　贷：银行存款　　17 000

四、货币资金和结算业务的核算

货币资金是工业企业进行生产经营活动所不可缺少的流动资金。企业的货币资金包括库存现金、各种银行存款和其他货币资金（如外埠存款、支票和银行汇票等）。在企业里，经常发生货币资金的收支业务。为了正确地反映货币资金的收支和结存情况，严格监督货币资金的妥善管理和现金管理制度的正确执行，需要设置和运用“库存现金”、“银行存款”等账户。

货币资金的收支业务以及结算业务往往是与流动资金借入、材料采购、产品生产、产品销售等业务同时发生的。在以上各节里，我们已经连带地说明了这些业务的核算内容。因此，这里只是简单地举例说明有关从银行提取现金、应收购买单位货款的收回、应付供应单位货款的偿付、应付职工薪酬、应交税费的支付等业务的核算。

例34：12 月 14 日，从银行提取现金 15 000 元，以备发放工资。

这项经济业务的发生，涉及到“库存现金”和“银行存款”两个账户。银行存款减少 15 000 元，应记入“银行存款”账户贷方；现金增加 15 000 元，应记入“库存现金”账户借方。该笔经济业务应编制如下会计分录：

借：库存现金　　15 000
　贷：银行存款　　15 000

例35：12 月 15 日，以现金支付本月职工工资 15 000 元。

这项经济业务的发生，涉及到“库存现金”和“应付职工薪酬”两个账户。现金减少 15 000 元，应记入“库存现金”账户贷方；支付职工工资，使企业负债减少 15 000 元，应记入“应付职工薪酬”账户借方。该笔经济业务应编制如下会计分录：

借：应付职工薪酬——工资　　15 000
　贷：库存现金　　15 000

例36：12 月 18 日，恒兴工厂采购员张华，因公出差暂借差旅费 1 000 元，以现金付讫。

采购员出差暂借的差旅费是一种暂付的备用金，回来报销时予以收回。这项经济业务的发生，涉及到“库存现金”和“其他应收款”两个账户。现金减少1 000元，应记入“库存现金”账户贷方；其他应收款增加了1 000元，应记入“其他应收款”账户及其明细账“张华”账户的借方。这笔业务应作会计分录如下：

借：其他应收款——张华　　1 000

　贷：库存现金　　1 000

差旅费报销的账务处理一般有两种情况：一种是有预借款的情况；一种是没有预借款的情况。

若在有预借款的情况下，即当采购员张华有预借款1 000元，回来报销差旅费800元，剩余的200元退回企业时，应作如下会计分录：

借：管理费用　　800

　　库存现金　　200

　贷：其他应收款——张华　　1 000

若在没有预借款的情况下，即假设采购员张华出差没有预借款，回来报销差旅费900元，企业应补给张华900元现金时，应作如下会计分录：

借：管理费用　　900

　贷：库存现金　　900

例37：12月20日，恒兴工厂开出支票，从银行存款中缴纳应付的职工医疗费540元。

这项经济业务的发生，涉及到“应付职工薪酬”和“银行存款”两个账户。缴纳应付的职工医疗费，使企业负债减少了540元，应记入“应付职工薪酬”账户借方；同时，银行存款减少了540元，应记入“银行存款”账户的贷方。这笔业务应作会计分录如下：

借：应付职工薪酬——职工福利　　540

　贷：银行存款　　540

例38：12月22日，用银行存款偿付振兴工厂欠款9 000元、新光工厂欠款10 800元，共计19 800元。

这项经济业务的发生，涉及到“应付账款”和“银行存款”两个账户。应付账款减少了19 800元，应记入“应付账款”账户及其明细账“振兴工厂”和“新光工厂”账户的借方；银行存款减少19 800元，应记入“银行存款”账户贷方。这笔业务应作会计分录如下：

借：应付账款——振兴工厂　　9 000

　　　　　——新光工厂　　10 800

　贷：银行存款　　19 800

例39：12月24日，恒兴工厂接到银行通知，收到东风工厂的偿还本厂的欠款4 200元，已存入银行存款。

这项经济业务的发生，涉及到“银行存款”和“应收账款”两个账户。银行存款增加 4 200 元，应记入“银行存款”账户借方；应收账款减少了 4 200 元，应记入“应收账款”账户及其明细账“东风工厂”账户的贷方。这笔业务应作会计分录如下：

借：银行存款　　4 200

　贷：应收账款——东风工厂　　4 200

例 40：12 月 30 日，恒兴工厂用银行存款归还银行长期借款 100 000 元，短期借款 300 000 元和短期银行借款利息 6 000 元（其中，第四季度三个月的预提利息 4 800 元，第三季度已预提尚未支付的利息 1 200 元）。

这项经济业务的发生，涉及到“银行存款”、“长期借款”、“短期借款”和“预提费用”四个账户。银行存款减少 406 000 元应记入“银行存款”账户的贷方；长期借款 100 000 元和短期借款 300 000 元的减少应记入“长期借款”和“短期借款”账户的借方，支付的三个月的短期银行借款利息 6 000 元应记入“预提费用”账户的借方。其会计分录如下：

借：长期借款　　100 000

　　短期借款　　300 000

　　预提费用　　6 000

　贷：银行存款　　406 000

第六节 成本计算

一、成本计算的意义

工业企业的生产经营过程，既是产品价值的创造过程，同时也是资金的耗费过程。企业在生产经营活动中必然要发生各种人力、物力和财力的耗费，这些耗费的货币表现称为费用。费用按照一定对象（如材料、产品等）进行归集和分配，即构成该对象的成本。

工业企业的生产经营过程一般可分为三个阶段即供应过程、生产过程和销售过程。在供应过程中所支付的材料买价和采购费用按各种材料进行归集，即构成各种材料的采购成本。在生产过程中所发生的与产品有关的直接费用和间接费用，按各种产品进行归集和分配，即构成各种产品的生产成本（或称制造成本）。在销售过程中，当产品销售出去，这部分已销产品的生产成本，就形成了产品的销售成本（又称为主营业务成本）。由此可见，成本计算作为会计核算的一种专门方法，主要是指按照一定的对象、采用一定的标准来归集和分配生产经营过程各阶段中发生的有关费用。

成本计算的目的是为了正确地计量资产的价值和合理确认收益，它是企业会计核算的一种专门方法。正确地计量资产的价值和合理确认收益，是会计核算的重要内容。通过前面的学习，我们知道，某种资产的账面实际成本，是为取得这种资产时所发生的全部必要的支出。一般情况下，应采用实际成本来计量某种资产的价值，即在资产的计价中遵循历史成本原则。某一会计期间的收入必须和为取得相应收入所发生的支出相配比，才能正确地确认和计量某一会计期间的损益，即在收益计算中遵循权责发生制原则和配比原则。

成本计算对于加强企业经营管理，提高经济效益具有重要意义：

（1）通过成本计算，可以取得企业的实际成本资料，并据以确定实际成本同计划成本的差异，考核成本计划的完成情况，分析成本升降的原因，进一步挖掘降低成本的潜力。

（2）通过成本计算，可以反映和监督企业各项费用的支出，揭露企业经营过程中存在的问题，奖优罚劣，及时采取有效措施，改善经营管理。

（3）通过成本计算，可以为企业进行下一期各项成本指标的预测和决策提供必要的参考数据。

总之，正确地进行成本计算，对不断地改进成本经营工作，争取以更少的资源耗费取得更大的经济效益，为社会增加更多的财富，具有重要的意义。

二、成本计算的基本要求和成本结转

（一）成本计算的基本要求

在企业的生产经营过程中，费用的发生、成本的形成，总是与生产经营过程紧密地联系在一起的。因此，如何正确地进行成本计算，应取决于不同企业生产类型的特点和经营要求。但是，不论哪一种类型的企业，也不论计算什么成本，成本计算的基本内容，以及进行成本计算的一般程序和应遵循的基本原则等方面都有共同之处。归纳起来，主要有以下五个方面：

1. 确定成本计算对象

一般而言，劳动耗费的受益物，应当作为成本归属的对象。例如，工业企业在供应过程中，为采购各种材料发生的各种费用，应当以采购的各种材料为成本计算对象来归集，从而计算各种材料的采购成本。在生产过程中，为生产各种产品所发生的各种费用，应当以生产的各种产品为成本计算对象来归集，从而计算各种产品的生产成本。销售过程中，为销售各种产品所发生的各种费用，应当按销售的各种产品为成本计算对象来归集，从而计算各种销售产品的成本。

2. 确定成本计算期

成本计算期，就是指每间隔多长时间计算一次成本。由于费用和成本是随同经营过程的各个阶段而发生和逐步积累形成的，因而从理论上讲，成本计算期应当同生产周期一致。但在确定成本计算期时，还必须考虑企业生产技术和生产组织的特点，以及分期考核经营成果的要求。例如，在工业企业中，对于大量大批生产的企业，虽然不断重复生产同一种产品，但为了计算和考核每月的经营成果，可确定成本计算期为一个月，即月末计算各种产品成本。而对于小批单件组织生产的企业，需待产品全部完工后，才计算成本。此时，成本计算期和生产周期是一致的。值得注意的是，成本计算期的长度可能是一个月，也可能是几个月，甚至一年。

3. 确定成本项目

成本项目，就是指各种费用按其经济用途所作的分类。至于具体到某个企业或生产经营过程的某个阶段，究竟应设置哪些成本项目较为恰当，这要根据不同企业生产特点和对成本管理的要求来确定。通常对于那些在成本中占的比重较大，又制定有定额或费用预算，在经营上要求单独予以反映和监督的费用，应单独确定成本项目进行核算。反之，可将费用合并确定一个成本项目予以反映和监督，以简化核算工作。如，工业企业中产品成本项目可设为：直接材料、直接人工、制造费用。

4. 正确归集和分配各种费用

成本计算过程，实际上就是按一定成本计算对象归集和分配费用的过程。为了正确归集和分配费用，做好成本计算工作，一般应做到以下几点：

（1）严格遵守国家规定的成本开支范围。根据国家有关的法规和制度，对企业的各项费用进行审核和控制，主要是看应不应该开支，已经开支的，应不应该计入产品成本等，按成本、费用开支范围确定计入产品成本和期间费用的界限。

（2）按权责发生制原则，划清费用的受益期限。

（3）按受益原则，划清费用的受益对象。成本计算就是要具体计算各个成本对象所应负担的费用。因此，在确定应由本期成本负担的费用之后，还必须按成本对象正确地归集各种费用。在会计上，各成本对象之间的费用界限，应按受益原则来划分。也就是说，发生的各种费用，要按照各个成本对象有无受益和受益程度大小来负担。

根据受益原则，凡能分清费用受益对象的，即应由某一成本计算对象负担的费用，就应采用直接分配法，直接计入该成本计算对象。凡不能分清费用受益对象，即应由两个或两个以上成本计算对象共同负担的费用，就应按一定的分配标准，采用间接分配法，间接分配计入各成本计算对象。能够直接计入成本计算对象的费用，叫做直接费用；不能直接计入成本计算对象的费用，叫做间接费用。应当着重指出，据以进行分配间接费用的标准是否恰当，对成本计算的正确性影响很大。因此，分配标准的选用必须慎重从事。费用分配标准一经确定，不得经常变更，以保持各期成本计算口径的一致性。

5. 建立和健全原始成本记录

原始成本记录是进行成本计算的首要条件。进行成本计算和成本分析，都要以数据可靠、内容齐全的原始记录和凭证为依据。

为了保证成本计算的质量，企业要重视建立和健全有关成本计算的原始记录和凭证。对于生产过程中材料的耗用、工时和动力的耗费、在产品和半成品的内部转移以及产品质量的检验结果等，均应做出真实健全的记录。原始成本记录对于劳动工资、设备动力、生产技术等方面经营，以及有关的计划统计工作也有重要意义。

在成本计算过程中，应按成本计算对象和成本项目分别设置成本、费用明细分类账。然后根据有关成本、费用账户中的资料，编制各种成本计算表，计算确定成本计算对象的总成本和单位成本，借以总括说明各种成本指标的经济构成和形成情况。

（二）成本结转

企业平时发生的现金收支业务，应在业务发生时日予以记录。企业有些费用往往在会计期末予以处理。例如，利息收入和利息费用在理论上讲是随着时间的推移而发生，但在实际上，企业不可能每天都将当天的利息收入及利息费用记录下来，企业为了减少工作量，往往在收到利息、支付利息、期末计息时才予以记录。又如，企业购置固定资产，固定资产的价值随着生产经营过程的进行和时间的推移而减少，固定资产价值应逐渐地转换为费用，同样，企业不可能每天记录此项费用。因此，企业一般在会计期末，应根据实际情况，计算并记录应结转的费用和应入账的收入，对账簿里已记录的账项进行调整。调整就是按照应予以归属这一标准，合理地反映会计期间应得的收入和应负担的费用，使各期的收入和费用能在相关的基础上进行配比，从而比较正确地算出各期的盈亏。企业需要调整的账项，应视企业规模的大小及经济业务发生的多少而定，通常需要调整的事项包括下面几项：①预收收入的分配。②应计收入的记录。③预付费用的摊销。④应计费用的记录。⑤期末的其他账项调整。

期末结账时，将某些账户余额或差额转入相对应的另一些账户的工作，称为结转。如：月终将“制造费用”账户的借方所归集的间接费用按一定标准分配后从其贷方转入“生产成本”账户的借方；将“主营业务收入”账户所确定的全部收入从其借方转入“本年利润”账户的贷方等。在实际工作中，每一账页记满将发生额合计和余额转至下页，以及年终将旧账余额转入新账的工作，亦称结转。

在采用权责发生制的情况下，经过期末账项调整，已把应当归属本期的收入和费用完全登记入账。接着，就需要进行成本结转。成本结转就是指在产品制造企业，计算本期材料采购成本，在本期所生产的各种产品之间分配制造费用，计算确定完工产品的制造成本和本期销售产品的成本，在有关账户之间进行转记的会计步骤。它包括材料采购成本的结转、产品制造成本的结转、产品销售成本的结转等，成本结转完成以后，才能进一步把本期的成本、费用和收入配合起来，进行对比，计算确定本期的利润或亏损。

三、成本计算的方法

成本计算对促进企业提高生产经营水平，不断降低成本起着重要的作用。要使成本计算发挥它应有的作用，成本计算必须力求正确和及时。同时也要注意成本计算方法的简化，避免繁琐复杂。现在简要说明材料采购成本、产品生产成本和产品销售成本的计算及成本结转的方法。

（一）材料采购成本的计算

材料采购成本的计算就是把企业在供应过程中所支付的材料买价和所发生的各项采购费用，按照材料的名称或类别，分别进行归集，从而计算出各种材料的采购总成本和单位成本。

材料采购成本计算是否正确，对于产品成本计算的正确性有很大影响，同时，节约采购费用，力争降低材料采购成本，也是降低成本的一个重要方面。为了降低材料采购成本，就应当严格控制材料的买价和采购费用，防止超支。

工业企业的材料采购成本是由下列各项支出组成：

（1）买价。

（2）运杂费（包括运输费、包装费、保险费、仓储费、装卸费、搬运费等）。

（3）运输途中合理损耗。

（4）入库前挑选整理费用。

（5）购入物资负担的税金（如关税等）和其他费用。小规模纳税人和购入材料不能取得增值税专用发票的小企业所支付的增值税计入材料采购成本，一般纳税人可以抵扣的增值税不计入材料采购成本。

计算材料采购成本时，凡是能直接计入某一材料的采购成本，应当直接计入某一种材料的采购成本，凡不能划分清楚的，应当采用合理的分配标准，如按材料的重量、买价等比例，分配计入各种材料的采购成本。

现举例说明材料采购成本的计算方法如下：

康佳工厂在20××年6月份采用先付款后入库的方式购入圆钢、生铁、铜皮三种材料，各项支出如下表4-2所示。

表4-2　各项支出表

材料名称	重量	单价	买价	税金	运输费	装卸费
圆钢	20t	450元	9 000元	1 530元	400元	
生铁	30t	500元	15 000元	2 550元	600元	420元
铜皮	10t	400元	4 000元	680元	200元	
共计	60t		28 000元	4 760元	1 200元	420元

根据上列资料，可将买价、税金和运输费直接计入各种材料的采购成本。至于装卸费则须采用适当的分配标准，分别计入各种材料的采购成本。现假设按照材料重量的比例进行分配，则每吨材料所应分配的装卸费为7元$\left(\frac{420\text{元}}{60\text{t}}=7.00\text{元/t}\right)$。这样，就可计算求得各种材料应分配的装卸费如下：

圆钢应分配的装卸费：$7\times20=140$（元）

生铁应分配的装卸费：$7\times30=210$（元）

铜皮应分配的装卸费：$7\times10=70$（元）

上列各种材料的买价、税金和运输费以及应分配的装卸费，应记入有关的“在途物资”明细分类账户，见表4-3、表4-4和表4-5。

表4-3　“在途物资”明细分类账户

材料名称或类别：圆钢

20××年		凭证字号	摘要	借方					贷方
月	日			买价	税金	运输费	装卸费	合计	
6	略	略	购入20t，每吨450元	9 000	1 530			10 530	
			支付运输费			400		400	
			分配装卸费				140	140	
			结转实际采购成本						11 070
6	30		本期发生额及期末余额	9 000	1 530	400	140	11 070	11 070

表4-4　“在途物资”明细分类账户

材料名称或类别：生铁

20××年		凭证字号	摘要	借方					贷方
月	日			买价	税金	运输费	装卸费	合计	
6	略	略	购入30t，每吨500元	15 000	2 550			17 550	
			支付运输费			600		600	
			分配装卸费				210	210	
			结转实际采购成本						18 360
6	30		本期发生额及期末余额	15 000	2 550	600	210	18 360	18 360

表 4-5　“在途物资”明细分类账户

材料名称或类别：铜皮

20××年		凭证字号	摘　要	借　方					贷　方
月	日			买价	税金	运输费	装卸费	合计	
6	略	略	购入10t，每吨400元	4 000	680			4 680	
			支付运输费			200		200	
			分配装卸费				70	70	
			结转实际采购成本						4 950
6	30		本期发生额及期末余额	4 000	680	200	70	4 950	4 950

根据上列“在途物资”明细分类账户的资料，就可计算各种材料的实际采购总成本和单位成本，如表4-6所示。

表 4-6　材料采购成本计算表

支出项目	圆　钢		生　铁		铜　皮	
	总成本(20t)	单位成本	总成本(30t)	单位成本	总成本(10t)	单位成本
买　价	9 000	450	15 000	500	4 000	400
税　金	1 530	76.50	2 550	85	680	68
运输费	400	20	600	20	200	20
装卸费	140	7	210	7	70	7
材料采购成本	11 070	553.50	18 360	612	4 950	495

在结转已验收入库材料的采购成本时，应编制如下会计分录：

借：原材料——圆钢　　11 070
　　　　——生铁　　18 360
　　　　——铜皮　　4 950
　贷：在途物资——圆钢　　11 070
　　　　　　——生铁　　18 360
　　　　　　——铜皮　　4 950

对于付款时入库以及入库时未付款而不通过“在途物资”科目核算的材料可以不设置“在途物资”明细分类账户核算，但需要编制“材料采购成本计算表”计算各种材料的采购总成本和单位采购成本。

（二）产品生产成本的计算

产品生产成本的计算就是把企业在生产过程中所发生的各项生产费用，根据它的性质和用途并按照产品的名称或类别，分别归集计算其生产总成本和单位成本。

产品制造成本的主要内容有：

（1）劳动资料耗费的费用，如厂房、建筑物、机器设备等固定资产折旧费。

（2）活劳动耗费的费用，如工资、福利费。

（3）其他费用支出，即其他为生产产品而发生的间接费用。

在进行产品成本计算时，应把上述各种生产费用归纳为三个成本项目：

（1）直接材料，是指企业生产经营过程中，实际消耗的原材料、燃料和动力以及其他直接材料。

（2）直接人工，是指企业直接从事产品生产人员的工资、福利及其他薪酬。

（3）制造费用，是指企业各个生产单位（分厂车间）为组织和经营生产所发生的费用。包括：生产车间管理人员的薪酬和办公费，生产厂房及机器设备的折旧费和修理费、水电费、劳动保护费等。

在计算产品生产成本时，应将生产过程中发生的各项费用，按产品的品种、规格或产品类别进行归集和分配，以便分别计算各种（类）产品生产总成本和单位成本。在不同的工业企业里，由于生产组织的性质有所不同，工艺技术过程各有其特点，应当采用不同的产品成本计算方法，如分步法、定单法、定额比例法、定额法等。关于这些产品成本计算方法，将在“成本会计”课程中加以阐述。

下面举例说明产品制造成本的一般计算方法。

康佳工厂在20××年6月份生产甲、乙两种产品所发生的各项生产费用按其用途整理，如表4-7所示。

表4-7　6月份发生的各项生产费用

产品名称	实际耗用的生产工时/工时	直接材料/元	直接人工/元	制造费用/元	产品数量/台
甲产品	1 180	30 400	1 596	3 000	50
乙产品	820	19 200	684		40
合　计	2 000	49 600	2 280	3 000	90

从表4-7资料中可以看出，直接材料费用49 600元和直接人工（生产工人工资和提取的福利费）2 280元是直接费用，可直接计入各种产品的生产成本；而制造费用3 000元是为生产A、B两种产品共同发生的间接费用，需要按一定标准在A、B产品之间进行分配，然后再分别计入各种产品的生产成本。

分配标准应能比较确切地表明各种产品对生产共同耗费受益的比例关系，也就是说受益大的产品应负担制造费用多些，而受益小的产品应负担少些。

分配制造费用，有多种可供选择的分配标准，如生产工人工资、生产工时、机器工时等。分配标准选择的是否合理恰当，直接影响分配的结果，影响产品成本计算的正确性，所以应当认真对待。各企业生产特点不同，制造费用的内容不同，分配标准也不同。企业在选择分配标准时，应当作具体的分析。

（1）该企业月末按甲、乙产品的实际生产工时比例，分摊共同发生的制造费用。

$$制造费用分配率=\frac{共同发生的制造费用合计}{各产品实际耗用的生产工时之和}$$

$$=\frac{3\ 000}{1\ 180+820}=1.5（元/工时）$$

甲产品应分摊的制造费用 = 1 180 × 1.5 = 1 770（元）

乙产品应分摊的制造费用 = 820 × 1.5 = 1 230（元）

编制制造费用分配表，如表 4-8 所示。

表 4-8　制造费用分配表

20××年6月份　　　　单位：元

分配对象	分配标准/工时	分配率	分配金额
甲产品	1 180	1.5	1 770
乙产品	820	1.5	1 230
合　计	2 000		3 000

根据上述计算，就可以按甲、乙产品的生产工时分配制造费用，从“制造费用”账户转入“生产成本”的有关明细账户中。其会计分录如下：

借：生产成本——甲产品　　1 770

　　　　　　——乙产品　　1 230

　贷：制造费用　　3 000

从账户的用途来说，“制造费用”账户的作用，就是将本期发生的制造费用汇集在这一账户的借方，然后按受益比例，分配到各个受益对象。经过分配结转后，“制造费用”账户期末结平，不留余额。

（2）本月完工产品制造成本的确定和结转。产品从原材料投入生产起，经过一定的加工工艺过程，制造完成并经检验合格，即成为企业可供销售的产成品。处在生产过程中尚未制造完成的产品，则称为在产品。月末应计算确定本月完工产品的制造成本，并将其从“生产成本”账户转入“库存商品”账户，以反映本期验收入库的产成品。

康佳工厂 6 月份发生的经济业务，说明本期发生的材料费用生产工人工资及福利费，已按产品归集到了“生产成本”账户的借方，月末按甲、乙两种产品分配结转了制造费用。在没有在产品的情况下，归集到某一产品上的生产费用，即为该产品的本月完工产品制造成本；在有在产品的情况下，则归集到某一产品上的全部生产费用，包括月初在产品成本在内，还需在本月完工产品和月末在产品之间进行分摊，才能确定本月完工产品成本和月末在产品的成本。其计算公式如下：

月初在产品成本 + 本月生产费用 = 本月完工产品成本 + 月末在产品成本

在公式中，需将当月的全部生产费用在本月完工产品和月末在产品之间进行分摊。比较简易的分摊办法，是先对月末在产品计价，确定月末在产品的成本，然后从全部生产费用中减去月末在产品成本，即为当月完工产品的成本。计算公式如下：

本月完工产品成本 = 月初在产品成本 + 本月生产费用 − 月末在产品成本

假设甲、乙两种产品是在6月份投产的，并在当月完工。也就是说6月份甲、乙产品没有月初在产品成本，也没有月末在产品成本。根据6月份发生的经济业务登记甲、乙产品生产成本明细分类账，如表4-9、表4-10所示。

表4-9 生产成本明细分类账

产品名称：甲产品

20××年		凭证字号	摘要	借方（成本项目）				贷方	借或贷	余额
月	日			直接材料	直接人工	制造费用	合计			
6			生产耗用材料	30 400			30 400		借	30 400
	略	略	分配工资等薪酬		1 596		1 596		借	31 996
			分配制造费用			1 770	1 770		借	33 766
			结转完工产品（50台）					33 766	平	0
	30		月 结	30 400	1 596	1 770	33 766	33 766	平	0

表4-10 生产成本明细分类账

产品名称：乙产品

20××年		凭证字号	摘要	借方（成本项目）				贷方	借或贷	余额
月	日			直接材料	直接人工	制造费用	合计			
6			生产耗用材料	19 200			19 200		借	19 200
	略	略	分配工资等薪酬		684		684		借	19 884
			分配制造费用			1 230	1 230		借	21 114
			结转完工产品（50台）					21 114	平	0
	30		月 结	19 200	684	1 230	21 114	21 114	平	0

最后，根据上列“生产成本”明细账户的资料，就可计算甲、乙两种产成品的实际生产总成本和单位成本，如表 4-11 所示。

表 4-11　产品制造成本计算表

20××年 6 月份　　单位：元

成本项目	甲产品		乙产品	
	总成本(50 台)	单位成本	总成本(40 台)	单位成本
直接材料	30 400	608.00	19 200	480.00
直接人工	1 596	31.92	684	17.10
制造费用	1 770	35.40	1 230	30.75
合　计	33 766	675.32	21 114	527.85

产品制造完成，验收入库。为了反映库存商品的增加，同时反映生产过程中在产品存货减少，需将本月完工产品制造成本从“生产成本”账户转入“库存商品”账户的借方。其结转的会计分录如下：

借：库存商品——甲产品　　33 766
　　　　　　——乙产品　　21 114
　贷：生产成本——甲产品　　33 766
　　　　　　　——乙产品　　21 114

（三）产品销售成本的计算

在销售过程，企业应通过计算结转产品的销售成本，将其与当期实现的销售收入相配比，从而计算出企业在一定时期内实现的产品销售利润或发生的亏损。

产品销售成本的计算对象是每一种已销售的产品。由于产品销售成本是已售产品的生产成本（或制造成本），因而，产品销售成本的计算，实质上是已售产品生产成本的结转。如前所述，产品制造完成，验收入库，应在“库存商品”账户的借方登记。销售发出的产成品，应计算确定其销售成本，记入“库存商品”账户的贷方，以示库存产成品的减少。

产成品验收入库，账上所记的金额，即本期完工产品的成本，销售发出的产成品成本，也要采用一定的计价方法予以计算确定。月份内收入、发出和结存的产成品成本，可用下列公式表示：

$$\text{月初产成品结存成本} + \text{本月完工产成品成本} = \text{本月产成品销售成本} + \text{月末产成品结存成本}$$

如果产成品销售成本是在月末先计价确定了产成品结存成本后计算的，则可采用下列公式：

$$\text{本月产成品销售成本} = \text{月初产成品结存成本} + \text{本月完工产成品成本} - \text{月末产成品结存成本}$$

如果产成品销售成本，在销售时，即在账上随时结转，则在“库存商品”

账户上就可随时结出结存成本。在这种情况下，月末产成品的结存成本就不需单独计算了。

计价确定了产成品销售成本，应在贷记“库存商品”账户的同时，把它记入“主营业务成本”账户的借方。

在通常情况下，各批完工产品的生产成本是不相同的，因而，计算结转产品销售成本的关键是如何确定已售产品的单位生产成本。

确定已售产品实际成本的方法有先进先出法、后进先出法、加权平均法及个别计价法等。方法一经确定，不得随意变更。如需变更，应当在会计报表附注中予以说明。通常可采用加权平均法计算确定已售产品的单位成本，其计算公式如下：

$$\text{加权平均单位成本}=\frac{\text{期初库存产品的实际成本}+\text{本期完工入库产品的实际成本}}{\text{期初库存产品的数量}+\text{本期完工入库产品的数量}}$$

在计算出已售产品的单位成本之后，就可据以算出当期的产品销售成本，其计算公式如下：

$$\text{产品销售成本}=\text{加权平均单位成本}\times\text{产品销售数量}$$

下面举例说明产品销售成本的计算方法。

康佳工厂20××年6月份甲、乙两种产品的月初库存产成品和本月完工产成品及销售情况如表4-12所示。

表4-12 资料表

产品名称	月初库存产成品		本月完工产成品		本月销售产成品	
	数量/台	单位成本/(元/台)	数量/台	单位成本/(元/台)	数量/台	单位成本/(元/台)
甲产品	30	620	50	660	65	
乙产品	20	513	40	510	45	

根据有关资料，计算甲、乙两种产品的加权平均单位成本、销售成本和月末结存成本如下：

康佳工厂采用加权平均法计算产品销售成本如下：

$$\text{甲产品的加权平均单位成本}=\frac{30\times620+50\times660}{30+50}=645\ (\text{元/台})$$

$$\text{甲产品的销售成本}=65\times645=41\ 925\ (\text{元})$$

$$\text{甲产品月末结存成本}=(30+50-65)\times645=9\ 675(\text{元})$$

$$\text{乙产品的加权平均单位成本}=\frac{20\times513+40\times510}{20+40}=511(\text{元/台})$$

$$\text{乙产品的销售成本}=45\times511=22\ 995(\text{元})$$

乙产品月末结存成本 =(20 +40 -45) ×511 =7 665(元)

结转产品销售成本时，应编制如下的会计分录：

借：主营业务成本——甲产品　　41 925

　　　　　　　　——乙产品　　22 995

　贷：库存商品——甲产品　　41 925

　　　　　　　——乙产品　　22 995

甲、乙两种库存商品的明细分类账，如表4-13 和表4-14 所示。

表4-13　库存商品明细分类账

产品名称：甲产品

20××年		凭证字号	摘要	收入			发出			结存		
月	日			数量	单位成本	金额	数量	单位成本	金额	数量	单位成本	金额
6	1		期初余额							30	620	18 600
	略	交123	完工入库	50						80		
		发212	销售发出				65			15		
	30		月　结	50	660	33 000	65	645	41 925	15	645	9 675

表4-14　库存商品明细分类账

产品名称：乙产品

20××年		凭证字号	摘要	收入			发出			结存		
月	日			数量	单位成本	金额	数量	单位成本	金额	数量	单位成本	金额
6	1		期初余额							20	513	10 260
	略	交127	完工入库	40						60		
		发213	销售发出				45			15		
	30		月　结	40	510	20 400	45	511	22 995	15	511	7 665

第五章 账户的分类

第一节 账户分类的概述

一、账户分类的意义

为了全面、系统地反映各企业事业等单位的经济活动，就必须设置和运用各种账户。在第四章中我们以小企业为例说明了小企业应设置和运用的账户。在本章中，我们要从理论上研究大中型企业在会计核算中应使用哪些账户，并在理论上对这些账户进行分类。

账户是会计账簿中账页的户头。账页的户头按会计科目进行设置。2006 年，财政部颁布了适合大中型企业使用的《企业会计准则》。《企业会计准则》对会计科目的编号、名称及其运用作了统一规定。企业在不影响会计核算要求和会计报表指标汇总，以及对外提供统一的财务会计报告的前提下，可以根据自身的实际情况自行增设、减少或合并某些会计科目。《企业会计准则——2006》中规定企业可以使用的会计科目如表 5-1 所示。

为了说明企业经济业务的核算，我们要应用各种各样的账户，这些账户虽然所反映的经济内容、结构和用途不同，但是它们之间客观上存在着不可分割的内在联系，共同组成一个完整而严密的账户体系。所谓账户体系，就是把全部账户按照其本身固有的特征和规律，分门别类地结合在一起，有机地组织起来，形成一个系统化、条例化、完整化的体系。

为了进一步认识和掌握账户的共同本质、一般规律、账户间的内在联系和差别，达到熟练、准确地运用每一个账户的目的，有必要在逐个认识账户的基础上，对账户进行分类。

研究账户体系的具体方法，就是根据账户的特征，加以归类。决定账户类别的特征，最主要的有两个：一是账户的经济内容，二是账户的用途结构。

所谓账户的经济内容，就是账户所反映和监督的会计对象的具体内容。通过账户按经济内容分类，可以确切地了解每一个账户所反映和监督的内容，以及全部账户的设置和运用能否适应企业、事业等单位经济活动的特点，能否提供各种资产、负债、所有者权益的增减变化及其结果等财务指标以满足经营管理的需要。

表 5-1　企业会计科目表

一、资产类

序　号	编　号	科 目 名 称	序　号	编　号	科 目 名 称
1	1001	库存现金	22	1501	持有至到期投资
2	1002	银行存款	23	1502	持有至到期投资减值准备
3	1012	其他货币资金	24	1503	可供出售金融资产
4	1101	交易性金融资产	25	1511	长期股权投资
5	1121	应收票据	26	1512	长期投资减值准备
6	1122	应收账款	27	1521	投资性房地产
7	1123	预付账款	28	1531	长期应收款
8	1131	应收股利	29	1532	未实现融资收益
9	1132	应收利息	30	1601	固定资产
10	1221	其他应收款	31	1602	累计折旧
11	1231	坏账准备	32	1603	固定资产减值准备
12	1401	材料采购	33	1604	在建工程
13	1402	在途物资	34	1605	工程物资
14	1403	原材料	35	1606	固定资产清理
15	1404	材料成本差异	36	1701	无形资产
16	1405	库存商品	37	1702	累计摊销
17	1406	发出商品	38	1703	无形资产减值准备
18	1407	商品进销差价	39	1711	商誉
19	1408	委托加工物资	40	1801	长期待摊费用
20	1411	周转材料	41	1811	递延所得税资产
21	1471	存货跌价准备	42	1901	待处理财产损溢

（续）

二、负债类

序号	编号	科目名称	序号	编号	科目名称
43	2001	短期借款	52	2241	其他应付款
44	2101	交易性金融负债	53	2401	递延收益
45	2201	应付票据	54	2501	长期借款
46	2202	应付账款	55	2502	应付债券
47	2203	预收账款	56	2701	长期应付款
48	2211	应付职工薪酬	57	2702	未确认融资费用
49	2221	应交税费	58	2711	专项应付款
50	2231	应付利息	59	2801	预计负债
51	2232	应付股利	60	2901	递延所得税负债

三、共同类

序号	编号	科目名称	序号	编号	科目名称
61	3101	衍生工具	63	3202	被套期项目
62	3201	套期工具			

四、所有者权益类

序号	编号	科目名称	序号	编号	科目名称
64	4001	实收资本	67	4103	本年利润
65	4002	资本公积	68	4104	利润分配
66	4101	盈余公积	69	4201	库存股

五、成本类

序号	编号	科目名称	序号	编号	科目名称
70	5001	生产成本	72	5201	劳务成本
71	5101	制造费用	73	5301	研发支出

（续）

六、损益类

序　号	编　号	科 目 名 称	序　号	编　号	科 目 名 称
74	6001	主营业务收入	82	6601	销售费用
75	6051	其他业务收入	83	6602	管理费用
76	6101	公允价值变动损益	84	6603	财务费用
77	6111	投资收益	85	6701	资产减值损失
78	6301	营业外收入	86	6711	营业外支出
79	6401	主营业务成本	87	6801	所得税费用
80	6402	其他业务成本	88	6901	以前年度损益调整
81	6403	营业税金及附加			

所谓账户的用途，是指账户的用途及其所提供的指标，也就是设置和运用账户的目的是什么，通过账户的记录能够提供什么样的指标。所谓账户的结构，就是账户如何提供所需的指标，即账户的借方、贷方登记什么内容，账户的余额在哪一方，表示什么。通过账户按用途和结构的分类，可以探索同类账户在结构和用途上的共同特点，进而明确各个账户的用途和结构，掌握账户使用的规律性。

账户的用途和结构都要受到账户经济内容制约，所以在进行账户分类时，应首先按经济内容分类。在此基础上，再按用途和结构分类。

正确了解账户的分类具有重要的意义，这主要表现在以下几个方面：

（1）账户的分类，有利于从理论上加深对账户的全面、系统认识，有助于加深理解账户体系的设置和运用在会计核算体系中的地位和作用，有助于正确运用设置账户这种会计核算的专门方法，建立起更加完善的会计核算体系。

（2）账户的分类，便于进一步了解账户体系中各类账户的共性和特性以及各个账户内容之间的联系与区别，从中揭示账户使用中的规律性，深入研究账户的不同用途和结构，提高运用技巧，从而做到正确、熟练地使用账户。

（3）账户的分类，能够使我们正确认识各个会计要素的经济内容。通过对数据按报表信息的要求进行分类，形成报表所需要揭示的财务信息和其他经济信息，为经济管理提供系统的、分门别类的会计资料。

（4）账户的分类，有利于揭示全部账户在反映会计内容上存在的分工协作的关系，根据经济管理的要求，并在同一会计制度许可的范围内，针对企业的实际情况增设或合并会计账户。

二、账户分类的标准

账户的分类，不仅要满足反映会计对象具体内容的要求，还要针对本行业、本单位的具体情况，适应宏观和微观管理的需要。为了适应我国市场经济发展的需要，可以采用如下几种标准对账户进行分类：

1. 账户按经济内容分类

一个单位所设置的全部账户能够综合反映和控制这个单位的会计内容，同样，会计核算和监督的具体内容又必须通过一个完整的账户体系实现。账户体系与会计具体内容（即会计要素）的一致性，决定了账户体系的分类与会计具体内容分类的一致性。按经济内容的要求将会计核算的内容所运用的账户分为五大类：①反映资产的账户；②反映负债的账户；③反映所有者权益的账户；④反映成本费用的账户；⑤反映收入成果的账户。

前三类账户，称为资产负债表账户，又称实账户，一般都有余额，都是据以编制资产负债表的账户；后两类账户，称为利润表账户，又称虚账户，期末结账后无余额，是据以编制利润表的账户。

2. 账户按基本性质分类

账户的基本性质是指以账户借方、贷方登记增加数还是登记减少数所作的定性归属。凡是账户借方登记增加数、贷方登记减少数的账户归为一类；凡是账户借方登记减少数、贷方登记增加数的账户归为一类。这样，账户就其基本性质而言分为以下两大类：

一类是资产类账户，含成本费用类账户。因为成本费用是资产的运用或耗费或价值转移，成本费用类账户同资产类账户性质相近、结构相似，都是在借方登记增加数，贷方登记减少数或转销数。因此，成本费用类账户按基本性质归类时就列入了资产类账户。

二是权益类账户，含收入收益类账户。负债是债主权益，所有者权益是业主权益，两者统称为权益。企业的收入和收益是企业资金的来源，最终要导致所有者权益的增加。因此，收入收益类账户和所有者权益账户的性质相同。我们将负债类账户、所有者权益类账户和收入收益类账户归入一类——权益类，因为这些账户的性质相近、结构相似，都是在借方登记减少数或转销数，贷方登记增加数。

3. 账户按用途和结构分类

由于账户使用的方法不同，账户分类在账户体系中起的作用也不同。会计核算与监督通过账户能够反映出不同的经济信息。因此，在经济内容分类基础上还可按用途、结构进行账户分类。账户按用途和结构分类，可以分为以下十类：①盘存账户；②结算账户；③调整账户；④集合分配账户；⑤成本计算账户；⑥摊提账户；⑦计价对比账户；⑧待处理账户；⑨所有者权益账户；⑩损益账户。

4. 账户的其他分类

账户的其他分类主要有以下两种：

（1）按账户控制和被控制的关系分类，账户分为统驭账户和从属账户两类。

（2）按账户与会计报表的关系分类，账户分为资产负债表账户和利润表账户。

第二节 账户按经济内容分类

经济内容是会计的客体。各种会计要素的增减变化就是会计核算和监督的具体内容。经济内容决定账户的本质和特征。它回答账户要核算什么、监督什么、提供哪些指标。账户按经济内容分类是账户分类的基础。熟练运用这种账户分类后，遇到任何一笔经济业务，都能准确地判断应当使用哪些账户，同时也能为经济管理提供分门别类的会计资料。

账户按经济内容分类，可分为资产、负债、所有者权益、成本费用、收入收益五大类。下面以大中型工业企业为例进行说明。

一、反映资产的账户

资产类账户是用来核算资产增减变动和结存情况的账户。它反映的内容既有货币的，又有非货币的，既有有形的，也有无形的，包括各种财产、债权和其他权利。按资产存在的不同形态，反映资产的账户又分为以下几类：

（一）反映流动资产的账户

流动资产类账户反映企业在一年或者超过一年的一个营业周期内变现或耗用的资产。按生产经营活动中所存在的形态和作用，流动资产账户可进一步划分为货币资金、交易性金融资产、应收款项、存货四个小类。

（1）反映货币资金的账户有："库存现金"、"银行存款"、"其他货币资金"账户。

（2）反映短期投资的账户有："交易性金融资产"账户。

（3）反映应收款项的账户有："应收账款"、"其他应收款"、"应收票据"、"应收股利"、"应收利息"、"预付账款"、"待摊费用"等账户。

（4）反映存货的账户有："原材料"、"库存商品"等账户。

（二）反映长期投资的账户

长期投资账户是反映投资回收期在一年以上的投资或在一年内不准备变现的长期投资增减变动情况的账户，如："长期股权投资"、"持有至到期投资"等账户。

（三）反映固定资产的账户

固定资产账户是用于核算使用年限较长、单位价值较高并具有实物形态的资产的账户。如:“固定资产”、“累计折旧”、“固定资产清理”、“在建工程”等账户。

(四)反映无形资产的账户

无形资产账户是反映无形资产的增减变动情况的账户。如:“无形资产”、“无形资产减值准备”等账户。

(五)反映其他长期资产的账户

其他长期资产账户是指反映除上述资产以外的其他长期资产的账户,如:“长期待摊费用”等账户。

二、反映负债的账户

负债是指企业所能承担的、能以货币计量的、需要以资产或劳务偿付的债务。负债类账户是用来核算企业债务发生与结算情况的账户。反映负债的账户按照偿债期限的长短及其流动性可相应地划分为:反映流动负债的账户和反映长期负债的账户。

(一)反映流动负债的账户

流动负债类账户是核算将在一年(含一年)或者超过一年的一个营业周期内偿还的债务的账户。反映流动负债的账户有:“短期借款”、“应付账款”、“应付票据”、“应付职工薪酬”、“应交税费”、“预提费用”、“应付股利”、“预收账款”等账户。

(二)反映非流动负债的账户

非流动负债类账户是核算偿还期在一年或者超过一年的一个营业周期以上的债务的账户。反映长期负债的账户有:“长期借款”、“应付债券”、“长期应付款”等账户。

三、反映所有者权益的账户

所有者权益类账户是用来核算企业所有者权益增减变动及结余的账户。所有者权益类账户按照其经济性质可分为以下三类:

(1)反映投入资本的账户,有“实收资本”账户。

(2)反映公积金的账户,有“资本公积”账户、“盈余公积”账户。

(3)反映利润和未分配利润的账户,有“本年利润”和“利润分配”账户。

四、反映成本费用的账户

成本费用是企业在生产经营过程中发生的各项耗费。工业企业、施工企业等都设置成本费用账户,商品流通企业则不设置反映生产成本的账户。就工业企业来说,成本费用类账户可分为以下几类:

(1)反映制造成本(费用)的账户,有“生产成本”、“制造费用”账户。

（2）反映销售成本（费用）的账户，有“主营业务成本”、“营业税金及附加”、“其他业务成本”等账户。

（3）反映期间成本（费用）的账户，有“管理费用”、“财务费用”、“销售费用”、“所得税费用”、“营业外支出”等账户。

（4）反映采购成本的账户，有“在途物资”账户。

（5）反映工程成本的账户，有“在建工程”账户。

五、反映收入收益的账户

（1）反映收入的账户，有“主营业务收入”、“其他业务收入”、“营业外收入”等账户。

（2）反映收益的账户，有“投资收益”账户。

现将企业一般应用的账户，按其经济内容进行分类，如图5-1所示。

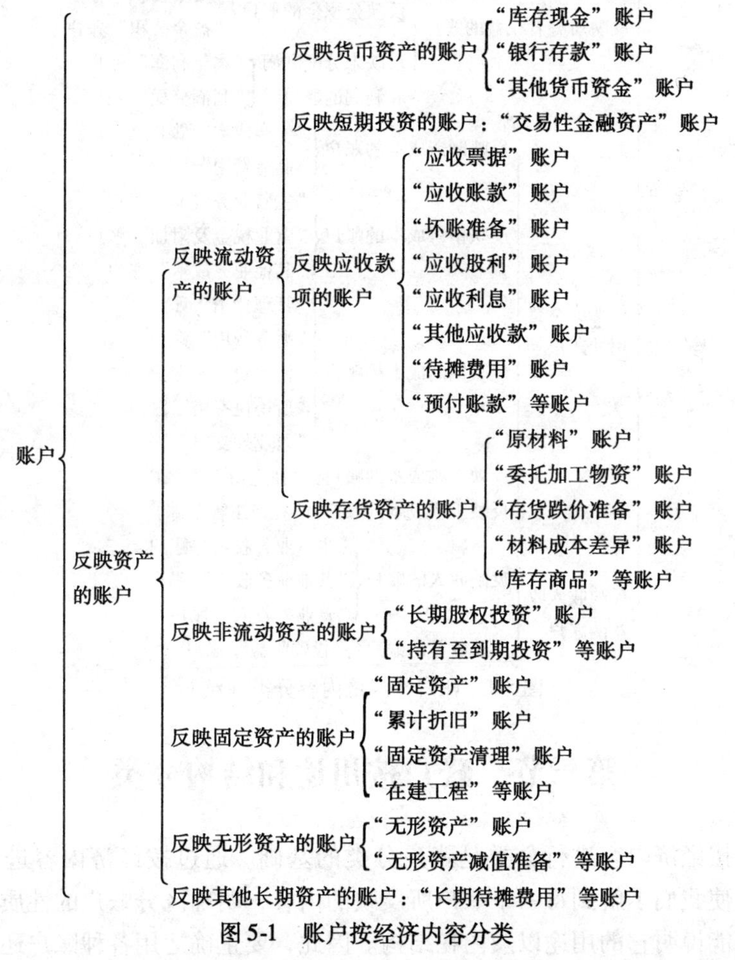

图5-1　账户按经济内容分类

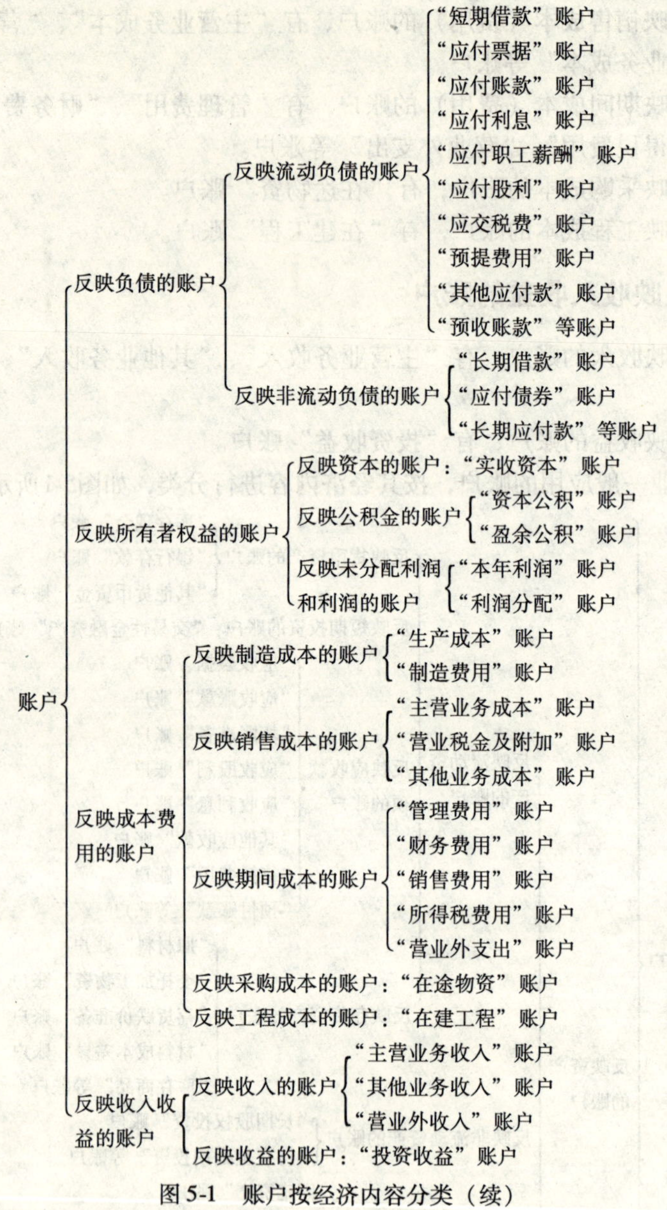

图 5-1 账户按经济内容分类（续）

第三节 账户按用途和结构分类

账户按经济内容进行分类是账户分类的基础。通过按经济内容进行账户分类，能够使我们了解到每一个账户所反映的内容，明确区分账户的性质，但是这种分类不能说明它的用途以及内在结构。因此，要正确运用各种账户还应掌握账户的用途及结构。

账户的用途，是指账户的记录能够提供什么样的核算信息，设置和运用账户的目的是什么。账户结构，是指账户中怎样记录经济业务，以取得各种必要的核算资料，也就是账户借方登记什么，贷方登记什么，余额在哪一方，表示什么。如“库存现金”账户的借方记录收入的现金，“库存现金”账户的贷方记录支出的现金，其余额借方，表示库存的现金。

由于账户的用途和结构是受账户的经济内容分类的制约，因此账户应当在按经济内容分类的基础上，再按用途和结构进行分类。账户按用途和结构可以分为盘存账户、结算账户、调整账户、集合分配账户、成本计算账户、摊提账户、计价对比账户、待处理账户、所有者权益账户、损益账户十大类。

研究账户按用途和结构的分类，目的在于理解和掌握各类账户提供指标及各类账户结构的规律性，以便更准确地运用账户，为经济管理提供有用的会计核算指标体系。

一、盘存账户

盘存账户是用来核算和监督各项财产物资和货币资金的增减变动及其实存数额的账户。属于盘存类账户的有“固定资产”、“原材料”、“库存商品”、“库存现金”、“银行存款”等账户。

盘存账户的结构为：借方登记各项财产物资和货币资金的增加数，贷方登记各项财产物资和货币资金的减少数，其余额总是在借方，表示期末各项财产物资和货币资金的结存数。这类账户的结构如表5-2所示。

表5-2

借方　　　　盘存账户	贷方
期初余额：期初财产物资和货币资金的结存数 发生额：本期财产物资和货币资金的增加数	发生额：本期财产物资和货币资金的减少数
期末余额：期末财产物资和货币资金的结存数	

盘存账户的特点是：

（1）可以通过财产清查的办法，即实地盘点或与银行对账的方法，来核对财产物资或货币资金的实存数同账面结存数是否相符。

（2）余额总是在借方。各项财产物资的账户，通过设置明细账，可以提供货币和实物两种指标。

二、结算账户

结算账户是用来核算和监督企业同其他单位或个人之间的债权（应收款项）、债务（应付款项）等结算业务的账户。由于结算业务的性质不同，决定了结算账户有着不同的用途和结构。按照具体的用途和结构，结算账户又可分为债权（资产）结算账户、债务（负债）结算账户和债权债务结算账户三类。

（一）债权结算账户

债权结算账户又称资产结算账户，是专门用来核算和监督企业同各个债务单位或个人之间的结算业务的账户。

债权结算账户主要包括："应收账款"、"应收票据"、"预付账款"、"其他应收款"等账户。

债权结算账户的结构为：借方登记债权（应收款项）的增加数，贷方登记债权（应收款项）的减少数，其余额一般在借方，表示期末尚未收回的债权（应收款项）的实有数。这类账户的结构如表5-3所示。

表5-3

借方　　　　　　　　**债务结算账户**　　　　　　　　贷方

期初余额：上期应收款项的结存额 发生额：本期应收款项的增加额	发生额：本期应收款项的减少额
期末余额：期末应收款项的实有额	

（二）债务结算账户

债务结算账户又称负债结算账户，是专门用来核算和监督企业同各债权单位或个人之间的结算业务的账户。

属于负债结算账户的有："应付账款"、"应付票据"、"应交税费"、"应付职工薪酬"、"短期借款"、"长期借款"等账户。

负债结算账户的结构特点是：贷方登记债务（应付款项）的增加数，借方登记债务（应付款项）的减少数，其余额一般在贷方，表示尚未偿还的债务（应付款项）的实有数。这类账户的结构如表5-4所示。

表5-4

借方　　　　　　　　**债务结算账户**　　　　　　　　贷方

发生额：各种应付款项减少额	期初余额：上期债务的结存额 发生额：各种应付款项的增加额
	期末余额：期末应付款项的实有额

（三）债权债务结算账户

债权债务结算账户，又称资产负债结算账户（也称为混合结算账户），是用来核算和监督企业同其他单位或个人往来结算业务的账户。

在采用借贷记账法的情况下，在实际工作中，有时为了简化，没有必要严格区分账户的债权、债务的性质。例如，本企业与其他单位或个人之间，以及企业内部各单位之间，频繁发生一般账款的往来结算业务，而且这种相互之间往来结算业务的性质经常发生变动，企业有时处于债权人的地位，有时又处于债务人的地位。为了能在同一账户中反映这种债权债务的增减变化，就需要设置具有债权债务双重性质的账户，如设置“购销往来”账户代替“应收账款”和“应付账款”账户，设置“其他往来”代替“其他应收款”和“其他应付款”账户，还可以根据需要设置“内部往来”、“上下级往来”等账户。

债权债务结算账户的结构特点是：借方登记债权的增加数或债务的减少数，贷方登记债务的增加数或债权的减少数。这类账户所属的各个明细分类账户，如果是借方余额，表示尚未收回的债权；如果是贷方余额，表示尚未偿还的债务。所有明细分类账户的借方余额之和与贷方余额之和的差额，应当同有关总分类账户的余额相等。这类账户的结构如表 5-5 所示。

表 5-5

借方　　　　债权债务结算账户	贷方
期初余额：期初尚未收回的应收款项 发生额：本期应收款项的增加数或应付款项的减少数	期初余额：期初尚未偿付的应付款项 发生额：本期应付款项的增加数或应收款项的减少数
期末余额：期末尚未收回的应收款项	期末余额：期末尚未偿付的应付款项

设置混合性账户的优点在于：减少账户的数量，尤其重要的是，可以避免同一个往来单位既在债权账户中又在债务结算账户中同时出现，从而避免记账和结账工作可能产生的混乱。

三、调整账户

调整账户是用来调整被调整账户的实际余额而开设的账户。在会计核算中，由于经营管理上的需要或其他原因，对某些项目，有时要用两种不同的数字进行核算，因此需要设置两个账户。

一个账户用来核算原始数字，另一个账户用来核算对原始数字的调整数字，将原始数字与调整数字相加或相减，即可求得调整后的实有数字。核算原始数字的账户，称为被调整账户或主体账户；核算调整数字的账户，称为调整账户。

根据调整的方式不同，调整账户又可分为备抵账户、附加账户和备抵附加账户三种。

（一）备抵账户

备抵账户又称为抵减账户，它是用来抵减被调整账户的余额，以求得被调整账户的实际余额的账户。其调整方式可用下列计算公式表示：

被调整账户余额 - 备抵账户余额 = 被调整账户的实际余额

备抵账户的结构与被调整账户的结构相反，余额方向也相反。如表 5-6、表 5-7 所示。

表 5-6

借方	被调整账户	贷方
期初余额 本期增加	本期减少	
期末余额 A		

借方	备抵账户	贷方
本期减少	期初余额 本期增加	
	期末余额 B	

被调整账户期末实有数 = A – B

表 5-7

借方	被调整账户	贷方
本期减少	期初余额 本期增加	
	期末余额 C	

借方	备抵账户	贷方
期初余额 本期增加	本期减少	
期末余额 D		

被调整账户期末实有数 = C – D

例如，"累计折旧"账户是"固定资产"账户的调整账户。我们根据"固定资产"账户（被调整账户）的记录，可以取得固定资产原始价值的数字，从"累计折旧"账户中，可以取得固定资产损耗价值的数字，将"固定资产"账户的借方余额减去"累计折旧"账户的贷方余额，其差额就是固定资产的实际价值（净值）。通过"累计折旧"账户和固定资产净值这个指标的核算分析，可以了解固定资产的新旧程度。

"固定资产"账户（被调整账户）与"累计折旧"账户（调整账户）的关系及其抵减方式如表 5-8 所示。

表 5-8

借方	固定资产	贷方
期初余额 82 000 本期增加 10 000	本期减少 20 000	
期末余额 72 000		

借方	累计折旧	贷方
本期报废减少2 000	期初余额 25 000 本期提取 7 000	
	期末余额 30 000	

固定资产的原始价值 72 000 − 固定资产的损耗价值 30 000 = 现有价值（净值）42 000

又如，"利润分配"账户是"本年利润"账户的调整账户。以盈利企业为例来说明"本年利润"账户（被调整账户）与"利润分配"账户（调整账户）的关系及其抵减方式如表 5-9 所示。

表 5-9

借方	利润分配	贷方
期末余额：分配的净利润 50 000		

借方	本年利润	贷方
	期末余额：实现的净利润原始数 90 000	

实现的净利润 90 000 − 分配的净利润 50 000 = 未分配的利润 40 000

通过上述两个例子，可以得出备抵账户有这样一个特点：被调整账户的余额同备抵账户的余额一定在不同（相反）的方向，如果被调整账户的余额在借方（或贷方），则备抵账户的余额一定在贷方（或借方）。

属于备抵账户的还有“坏账准备”、“存货跌价准备”等资产减值准备账户。

（二）附加账户

附加账户是用来增加被调整账户的余额，以求得被调整账户的实际余额的账户。其调整方式可用下列计算公式表示：

被调整账户余额 + 附加账户余额 = 被调整账户实际余额

因此，被调整账户的余额同附加账户的余额一定在相同的方向，也就是说，如果被调整账户的余额在借方，则附加账户的余额同样也在借方，反之亦然。例如，在“原材料”账户按供应单位的发票价格核算的情况下，对有关的采购运输费用可设一个“采购费用”账户，这个账户的余额与“原材料”账户的余额相加，其总数就是库存原材料的实际成本。在实际会计工作中，单纯设置附加账户的情况已很少见。

（三）备抵附加账户

备抵附加账户是根据调整账户的余额方向来判别调整账户是用来抵减被调整账户余额，还是用来增加被调整账户的余额，以求得被调整账户实际余额的账户。当其余额与被调整账户的余额方向相反时，即为备抵账户；反之，当其余额与被调整账户的余额方向相同时，则为附加账户。如工业企业材料核算采用计划成本核算时，所开设的“材料成本差异”账户就是备抵附加账户，用它来调整（抵减或增加）材料的计划成本与实际成本的差异，以求得库存材料的实际成本。有关“材料成本差异”账户的调整方法如表5-10所示。

表 5-10

借　　材料成本差异——A类	贷
本期发生额 6 000	本期发生额 4 000
期末余额 2 000	

借　　原材料	贷
本期发生额 A类 60 000 B类 70 000	本期发生额 A类 40 000 B类 10 000
期末余额 80 000	

借　　材料成本差异——B类	贷
	本期发生额 7 000
	期末余额　7 000

“原材料”账户的借方余额（计划成本）	80 000
加：“材料成本差异”账户的借方余额（超支差）	2 000
减：“材料成本差异”账户的贷方余额（节约差）	7 000
材料的实际成本	75 000

被调整账户的原有数额——A

加：调整账户的附加数——B

减：调整账户的抵减数——C

调整后的实有数 D = A + B − C

调整账户有如下特点：

（1）调整账户与被调整账户所反映的经济内容相同，被调整账户反映的是原始数字，而调整账户反映的是对原始数字的调整数字。

（2）调整的方式是将原始数字同调整数字相加或相减，就可以求得实有数字。

（3）调整账户不能离开被调整账户而独立存在，有调整账户必然就有被调整账户。

四、集合分配账户

集合分配账户是用来汇集和分配经营过程中某个阶段所发生的某种费用的账户，借以核算和监督有关费用计划的执行情况和费用的分配情况。集合分配账户的借方登记费用的发生数，贷方登记结转费用的分配数。在一般情况下，这类账户期末没有余额。因为本期发生的费用，期末应全部分配出去，由有关的成本计算对象负担。属于集合分配账户的有“制造费用”账户。集合分配账户的结构如表 5-11 所示。

表 5-11

借方　　　　　　集合分配账户	贷方
发生额：汇集经营过程中间接费用的本期发生额	发生额：本期分配到有关成本计算对象上的间接费用额

集合分配账户的特点是：具有明显的过渡性质的账户；平时用来归集那些不能直接计入某个成本计算对象的间接费用，一旦费用分配出去，该类账户的历史使命就算完成，期末一般无余额。

五、成本计算账户

成本计算账户是用来核算和监督经营过程中某一阶段所发生的全部费用，并据此计算该阶段各个成本计算对象实际成本的账户。这类账户的借方登记应计入成本的全部费用（包括直接费用和通过集合分配账户分配转来的间接费用），贷方登记转出已完成某个阶段的成本计算对象的实际成本，期末如有余额，一定在借方，表示尚未完成某个阶段成本计算对象的实际成本。如“生产成本”账户的借方期末余额，表示尚未完工的在产品的实际成本，属于资产类账户。属于成本计算账户的有：“在途物资”、“生产成本”、“在建工程”等账户。成本计算账户的结构如表 5-12 所示。

表 5-12

借方　　成本计算账户	贷方
期初余额：期初尚未完成某个阶段的成本计算对象的实际成本 发生额：归集经营过程中某个阶段所发生的全部费用额	发生额：结转已结束该阶段的成本计算对象的实际成本
期末余额：尚未结束该阶段的成本计算对象的实际成本	

成本计算账户的特点，除了设置总分类账户之外，还应按各个成本计算对象分别设置明细分类账户进行明细核算，既提供货币指标，又提供实物指标。

六、摊提账户

摊提账户，也称为跨期摊提账户，是用来核算和监督那些应由若干个相连的会计期间共同负担的费用，并将这些费用按照一定的分配标准，在各个成本计算期之间进行摊配的账户。

摊提账户按其性质的不同又分为待摊性质的摊提账户和预提性质的摊提账户。

在会计核算中，设置和运用这两类账户的目的，在于按照权责发生制的原则，严格划清费用的受益期限，以便正确计算各期的产品成本。两种类型的摊提账户，都具有不同的结构和内容，现分别叙述如下：

（一）待摊性质的摊提账户

待摊性质的摊提账户主要用于核算和监督某些费用已经发生但应由本期或以后各受益期分摊的待摊费用。待摊费用在时间和空间上跨越了几个会计计算期，因而从其性质和内容上看，它都属于资产类摊提账户。在借贷记账方法下，借方用于登记待摊费用发生的增加额，贷方登记待摊费用已经摊销的减少额，余额在借方，表示企业尚未摊销费用的实有额。属于这类账户的主要有：“待摊费用”、“长期待摊费用”等账户。其结构如表 5-13 所示。

表 5-13

借方　　待摊性质的摊提账户	贷方
期初余额：上期未摊销的结存额 本期发生额：本期发生的支出额	本期发生额：本期摊销额（按月摊销额）
期末余额：尚未摊销的实有额	

（二）预提性质的摊提账户

预提性质的摊提账户主要用于核算和监督某些费用已从成本中提取，等待未来支付的账户。预提费用在时间和空间上也跨越了几个会计计算期，因而无论从其性质和内容上看，它都属于负债性质的摊提账户，在借贷记账方法下，贷方用于登记从成本中提取费用的增加额，借方登记未来实际支出的减少额，余额在贷方表示尚未支付的实有额。属于这类账户的主要有“预提费用”账户。

摊提账户的主要特点是：

（1）摊提账户中无论是待摊还是预提，账户的借方都登记费用的实际支出，贷方登记费用的分摊或预提数。二者在结构上有相同之处，在反映内容的性质上却完全相反：待摊费用是先发生，后分期摊入成本费用；预提费用则是先分期记入成本费用，后支付。

（2）摊提账户中，当摊销或预提完毕时该账户无余额。

（3）摊提账户中的预提费用如出现借方余额时，该账户的性质则同资产类性质的摊提账户。该类账户的结构如表 5-14 所示。

表 5-14

借方　　　　预提性质的摊提账户　　　　贷方

借方	贷方
本期发生额：本期实际支付的发生额	期初余额：以前各期提取的结存额 本期发生额：本期发生的提取额（按月提取额）
	期末余额：已提尚未支付的实有额

七、计价对比账户

计价对比账户，又称业务成果账户。它是用以对某一经营过程中（供应、生产、销售）按照两种不同的计价进行对比，借以确定成果大小的账户。属于计价对比账户的有“本年利润”账户，如果“在途物资”账户和“生产成本”账户的借、贷方不是用同一种价格登记时，也属于这一类账户。

计价对比账户结构上的特点是：一方以第一种价格计价、另一方以第二种价格计价，双方相抵的差额就是成果。该类账户的结构如表 5-15 所示。

表 5-15

借方　　　　计价对比账户　　　　贷方

借方	贷方
同一对象按第二种价格计价数	同一对象按第一种价格计价数
期末余额：亏损或超支	期末余额：利润或节约

如本年利润账户的贷方按第一种价格，借方按第二种价格计价，其账户的结构如表 5-16 所示。

表 5-16

借方	本年利润 贷方
本期一切支出：(第二种价格) 主营业务成本 销售费用 ⋮	期初累计利润 本期一切收入：(按第一种价格) 主营业务收入 营业外收入 ⋮
	期末余额：本年累计利润

八、待处理账户

待处理账户是用来核算和监督企业财产物资的盘盈和盘亏、毁损数额以及转销情况的过渡性账户。

“待处理财产损溢”就是典型的待处理账户。该账户的结构如表 5-17 所示。

表 5-17

借方	待处理财产损溢账户 贷方
①财产物资的盘亏、毁损数 ②经批准盘盈财产物资的转销数	①财产物资的盘盈数 ②经批准盘亏、毁损财产物资的转销数
期末余额：尚待处理的各种财产物资的净损失	期末余额：尚待处理的各种盘盈物资的净收益

运用待处理账户，既能保证会计资料的相关性和可靠性。又能集中暴露矛盾，促使企业迅速解决矛盾。

待处理账户的特点是：

(1) 该账户是一个双重性质的账户，期末借方余额，表示尚未处理的各种财产物资的净损失；若期末有贷方余额，表示尚未批准转销的盘盈物资的净收益。

(2) 该账户具有明显的过渡性质，表现在盘盈、盘亏和毁损的财产物资在尚未批准处理之前，账户有余额；待报经批准转销后，账户不再有余额。

九、所有者权益账户

所有者权益类账户是用来核算和监督各种所有者权益的增减变动及其实有数的账户。在借贷记账方法下，所有者权益类账户中贷方登记各种所有者权益的增加额；借方登记各种所有者权益的减少额；余额在贷方，表示各种所有者权益的实有额。其结构如表 5-18 所示。

表 5-18

借方	所有者权益账户	贷方
本期各种所有者权益的减少	期初余额:期初所有者权益的实有额 发生额:本期各种所有者权益的增加	
	期末余额:各种所有者权益的实有额	

属于这类账户的有："实收资本"、"资本公积"、"盈余公积"。

所有者权益类账户的特点是：

(1) 所有者权益类账户无论总分类账户还是明细分类账户都以货币作为计量单位。

(2) 所有者权益类账户在企业经营期内其账户余额都在贷方。特殊情况下企业内部积累的所有者权益可能出现无余额的现象。但在正常经营下所有者权益类账户绝对不应出现借方余额，否则只能说明企业所有者权益受到了侵害或账务处理上存在错误。

十、损益账户

损益账户是用来汇集企业在某一会计期间内从事经营活动或其他活动的某种收入或支出，并如期结转该项收入或支出的账户。该类账户按照其汇集的性质和经济内容，又可以划分为收入账户和费用（支出）账户两类。

(一) 收入账户

收入账户是用来汇集和结转企业在某一会计期间内从事经营活动或其他活动的某种收入的账户。

属于收入账户有："主营业务收入"、"其他业务收入"和"营业外收入"等账户。

在借贷记账法下，收入账户的贷方登记收入的增加数，反映企业经营业务收入或其他收入的形成或确认；借方登记当期收入的减少数或转销数；该类账户当期收入结转到"本年利润"账户后，期末无余额。因此，收入账户也就成为一种过渡性的账户。这类账户的结构如表 5-19 所示。

表 5-19

借方	收入账户	贷方
发生额:本期因销售退回等原因发生的收入减少数及期末转入"本年利润"账户的净收入额	发生额:本期形成或确认的收入额	
	期末无余额	

收入账户的特点是：

(1) 所有收入账户的贷方都登记收入的增加数，借方登记收入的减少或结转数。

(2) 由于企业通过该类账户汇集某会计期间的收入，一般在当期要全额结转完毕，因此，收入结转后，本账户期末无余额。

(3) 为了考核收入的形成情况，收入账户一般要按商品类别等分项目进行明细分类核算。

(4) 该类账户在进行明细分类核算时，除了采用货币计量外，有时还兼用实物计量。

(二) 费用（支出）账户

费用（支出）账户是用来汇集和结转企业在某一会计期间内从事经营活动或其他活动的某种费用或支出的账户。

属于费用（支出）账户的有："销售费用"、"管理费用"、"财务费用"、"营业税金及附加"、"主营业务成本"、"所得税费用"、"营业外支出"等账户。

在借贷记账法下，费用（支出）账户的借方登记一定会计期间的费用数或支出数；贷方登记期末转入"本年利润"账户的费用或支出数；结转后，该账户期末一般无余额。这类账户的结构如表5-20所示。

表5-20

借方　　费用（支出）账户	贷方
发生额：费用（支出）的发生额	发生额：转入"本年利润"的费用（支出）额
期末无余额	

费用（支出）账户的特点是：

(1) 所有费用（支出）账户的借方都登记费用（支出）的增加，贷方都登记费用（支出）的结转数。

(2) 由于企业通过费用（支出）账户汇集的某会计期间的费用，一般当期要全额结转至"本年利润"账户，因此，当费用（支出）结转后，该账户无余额。

(3) 为了考核费用的发生情况，该类账户一般分项目进行明细分类核算。

(4) 该类账户所汇集的费用或支出，是反映耗费情况的综合性信息，因而这种账户只需提供货币信息。

第四节 账户的其他分类

一、按账户控制和被控制关系分类

按账户控制和被控制关系分类，账户分为统驭账户和从属账户两大类。

统驭账户，又称控制账户，它是对所属明细账户起控制作用的账户。总分类账户是所属二级账户的控制账户，而二级账户又是所属明细分类账户的控制账户。

从属账户，又称辅助账户或被控制账户或被统驭账户，它是对统驭账户起补充说明和具体化作用的账户。二级账户是其总分类账户的从属账户，而明细分类账户又是其二级账户从属账户。

账户的统驭与被统驭关系是对总分类账户和明细分类账户而言的。总分类账户根据一级科目设置，是对企业经济活动的具体内容进行总括核算的账户，它可以提供各种资产、负债、所有者权益，以及收入、费用和财务成果等方面的总括情况，并对所属明细分类账户进行控制。在我国，为了保证会计核算指标口径一致，并具有可比性，保证会计核算资料能够进行综合汇总，对总分类账户的名称、核算内容及具体使用方法目前是由财政部统一制定的。明细分类账户根据明细科目设置，是对企业某一经济业务进行明细核算的账户，它可以提供某一项资产、负债、所有者权益以及收入、费用和财务成果的具体详细的信息资料。对其总分类账户起着补充的作用，是总分类核算的具体化。在会计核算中，并非所有的总分类账户都需要开设明细分类账户。明细分类账户是依据企业经济业务的具体内容设置，它所提供的明细核算资料是为了满足企业内部经营管理的需要。少数分类账户如库存现金、银行存款、应付职工薪酬等一般不需要设置明细分类账户。

总分类账户和明细分类账户的关系是：总分类账户和明细分类账户所记录的经济业务内容是相同的，登记的原始依据一样，余额的方向一致，不同的只是提供的数据资料详细程度有别。因此，总分类账户提供的总括数据资料起着对明细分类账户的统驭作用，每一个总分类账户对其所属的明细分类账户进行综合和控制；而明细分类账户提供的详细信息资料，对总分类账户起着补充说明作用，每一个明细分类账户就是对其统驭账户核算内容的必要补充。二者相辅相成，密切联系，互为补充，既总括又详细地记录企业的各项生产经营活动，为企业决策提供可靠信息。

设置总分类账户和明细账户的目的在于：一方面，它能够满足经营管理的需要，为会计信息的使用者提供各种详略有别的有用信息；另一方面，它有利于会计人员运用平行登记的原理，通过不同层次的数据资料来加工处理同一会计信息，并依据不同层次会计资料之间的勾稽关系，进行账账核对，及时发现和纠正账簿记录的错误，从而保证会计信息资料的正确可靠。

二、按账户与会计报表的关系分类

账户以其与会计报表的关系为标志进行分类，可以分为资产负债表账户和利润表账户两类。

（一）资产负债表账户

资产负债表是反映企业期末全部资产、负债和所有者权益状况的报表，因此资产负债表的内容，就是资产、负债和所有者权益三类账户所反映的内容。三类据以编制资产负债表的账户，称为资产负债表账户。反映资产负债表的账户有如下两个特点：

（1）凡是有期末余额的资产负债表账户，其结余数都要反映在资产负债表中，期末无余额的账户，则不在资产负债表列示。

（2）账户的期末余额在资产负债表中的反映是：资产类账户的余额填列在该表的左方，负债类和所有者权益类账户的余额填列在资产负债表的右方，左右两方的余额总计完全相等。

（二）利润表账户

利润表是反映企业在一定期间内实现的经营成果的报表。因此，利润表的内容，就是成本费用和收益两类账户所反映的内容。它们是据以编制利润表的账户，称为利润表账户。利润表账户的特点是：发生额反映企业已经实现的收入或已经发生的成本、费用和支出，在每一会计期间末了，都要转至“本年利润”账户。因此，利润表账户一般无期末余额。

第六章 会 计 凭 证

第一节 会计凭证的意义

一、会计凭证的概念

会计凭证是记录经济业务，明确经济责任，据以登记账簿的书面证明。

任何企事业单位，每天都要发生大量的经济业务，为了保证会计核算资料的真实可靠，每一笔经济业务都必须由办理该项经济业务的有关人员填制适当的会计凭证，并在上面签字盖章，有的还要加盖公章，以对会计凭证内容的真实性和正确性负责。然后由会计人员对其进行审核，只有经过审核的会计凭证，才能作为记账的依据。

填制和审核会计凭证，是借助会计凭证去办理会计手续，以便及时反映和监督经济业务的发生和完成情况，保证会计记录真实、正确、合理、合法所采用的一种专门方法，是会计核算工作的起点和基础。

会计管理工作要求会计核算提供真实的会计资料，强调对记录的经济业务必须有根有据。因此，一切单位在处理任何一项经济业务时，都必须填制或取得会计凭证。同时，所有的会计凭证都要由会计部门审核，只有经过审核无误的会计凭证，才能作为经济业务已经发生或完成的证明和登记账簿的依据。

二、会计凭证的作用

认真做好填制和审核会计凭证工作，对于提高核算质量、完成会计任务、发挥会计核算和监督的职能具有重要作用。

（1）填制和审核会计凭证，是序时、连续、系统、全面记录各项发生的经济业务，传递经济信息的一项专门方法。

（2）填制和审核会计凭证，是监督和检查经济业务的依据。经济业务是否真实、正确、合法、合理，在记账前都要根据会计凭证逐笔审核。由于会计凭证是经济业务的真实写照，因此，通过对它的审核，可以检查该项经济业务是否正常，有无违反国家财经政策、法规、制度、计划和预算等的规定，有无铺张浪费和违纪等行为，从而起到会计监督和保护财产安全的作用。

（3）填制和审核会计凭证，是明确经济责任，具有法律效力的书面证明。

由于每一项经济业务都要填制或取得适当的会计凭证，有关经办人员都要在凭证上签字，以示负责，这就加强了有关部门和有关人员的责任感，促使他们严格按照政策、法规、制度、计划和预算办事。如有发生违法乱纪和铺张浪费的行为也易于分清责任，从而加强经济责任制。

(4) 会计凭证是登记账簿的依据。对发生的每笔经济业务，首先必须填制会计凭证，并且要经过严格审核，然后才能登记入账，没有凭证，不能记账。这就保证了会计记录的客观性、真实性和正确性，防止主观臆断和弄虚作假等行为。为日后的会计分析、会计检查提供可靠的原始资料。

每个企事业单位在经营过程中，都会发生大量的、各种各样的经济业务，只有通过会计凭证的填制汇总、归类整理，才能简化和便于记账工作，为登记账簿提供客观的、真实的依据。

(5) 会计凭证是检查经济合同、处理经济纠纷的依据。由于会计凭证是执行经济合同的原始记录，它可据以检查经济合同的执行情况，当出现经济纠纷时，它又是处理经济纠纷，具有法律效力的重要依据。

三、会计凭证的种类

由于不同的会计主体，经济业务的性质和管理上的要求不同，其会计凭证的种类也有所差异。为了了解各种不同的会计凭证，必须对会计凭证按照一定的分类标志进行区分，以便在日常会计核算中，正确使用会计凭证，充分发挥会计凭证应有的作用。

会计凭证按照其填制程序和用途的不同，可分为原始凭证和记账凭证两种。

原始凭证又称单据，是在经济业务发生时直接取得或填制的，用以记录经济业务的主要内容和完成情况，明确经济责任的书面证明，是编制记账凭证的依据，是进行会计核算的原始资料。例如，购入材料取得的发票，收入材料填制的收料单，付出现金取得的收据等都是原始凭证。

记账凭证是由会计人员根据审核无误的原始凭证或原始凭证汇总表填制，用以确定会计分录，作为记账依据的一种会计凭证。

原始凭证是具有法律效力的记账依据，但由于原始凭证内容和格式不一，种类繁多，数量庞大，如直接根据原始凭证记账，不仅工作量大，而且容易发生差错，因此在记账以前，一般都要根据原始凭证填制记账凭证。在记账凭证中简要说明经济业务的内容，确定应借应贷的账户名称和金额，然后才能据以记账。这样既便于记账，又可防止差错，保证账簿记录的正确性，但某些会计事项如更正错误、月终结账等，无须取得原始凭证，可由会计人员依据账簿提供的数据资料编制记账凭证。会计凭证的详细分类如图 6-1 所示。

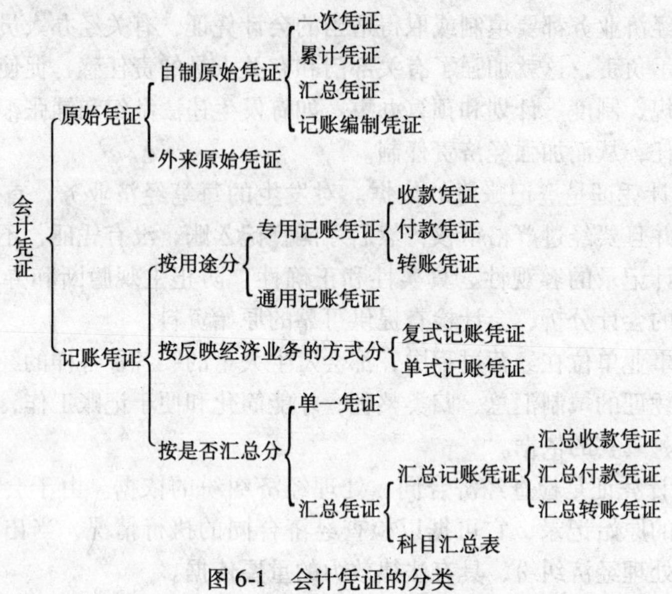

图 6-1 会计凭证的分类

第二节 原始凭证

原始凭证是在经济业务发生时取得和填制的，是用来记载经济业务的发生或完成情况、明确经济责任制的书面证明。原始凭证又称单据。例如：购买商品、材料等要由供货方开出发票；支出款项要由收款方开出收据；接收商品、材料入库要有入库单；发出商品要有发货单；发出材料要有领料单等。发票、收据、入库单、发货单、领料单等都是原始凭证。

一、原始凭证的内容

经济业务的内容是多种多样的，记录经济业务的原始凭证所包括的具体内容也各不相同，各有其不同的格式和特点。但是，各种原始凭证共同的一些要求，决定了每种原始凭证都必须具有下列基本内容，也叫原始凭证要素。

（1）原始凭证的名称。

（2）填制原始凭证的日期和原始凭证的编号。

（3）填制和接受原始凭证的单位名称。

（4）经济业务的基本内容（如发货票上购货品名、规格、数量、计量单位、单价和金额等）。

（5）填制单位和有关人员的签章。

此外，有些原始凭证为了满足计划、统计或其他业务管理的需要，还要列入有关的计划任务、合同号码、预算项目等等，使原始凭证发挥多方面的作用。

二、原始凭证的种类

原始凭证按其取得的来源不同，可以分为自制原始凭证和外来原始凭证两种。

（一）自制原始凭证

自制原始凭证是指由本单位经办业务的部门和人员，在执行和完成某项经济业务时自行填制的凭证。自制原始凭证按其填制手续和内容不同，又可分为一次凭证、累计凭证、汇总凭证和记账编制凭证四种。

（1）一次凭证。是一次只记录一项经济业务或同时记录若干项同类经济业务，填制手续一次完成的凭证。一切外来凭证都是一次凭证。例如，领料单、收料单等都是一次凭证，如表6-1、表6-2所示。

表6-1 一次凭证

（企业名称）

领料单位：二车间　　**领 料 单**　　凭证编号：0015

材料类别：钢 材　　20××年×月×日　　发料仓库：3号库

材料编号	材料名称及规格	计量单位	数量		单价/（元/kg）	金额/元
			请领	实领		
3015	8m/m圆钢	kg	300	300	1.20	360.00
合计				300		360.00

备注：

记账人：　　发料人：　　领料负责人：　　领料人：

表6-2 一次凭证

（企业名称）

供货单位：京钢　　**收 料 单**　　凭证编号：0064

发票号码：0025　　20××年×月×日　　收料仓库：3号库

材料类别	材料编号	材料名称及规格	计量单位	数量		金额/元			
				应收	实收	单价	买价	运杂费	合计
钢型	102011	30m/m圆钢	kg	2 000	2 000	4.00	8 000	400	8 400
备注：						合计			8 400

主管：　　会计：　　审核：　　记账：　　收料：

一次凭证能反映一笔经济业务的内容，使用方便灵活，但数量较多，核算较麻烦。

（2）累计凭证。是连续多次记录在一定时期内不断重复发生的若干项同类经济业务，这类凭证的填制手续是随着经济业务的发生而多次进行的，直到期末求出总数以后，才作为记账的原始凭证。如工业企业的限额领料单就是累计凭证，其一般格式如表6-3所示。

表6-3 累计凭证

<table>
<tr><td colspan="10">（企业名称）
限 额 领 料 单
20××年10月</td></tr>
<tr><td colspan="4"></td><td colspan="3"></td><td colspan="3">编　号：2407</td></tr>
<tr><td colspan="4">领料单位：一车间</td><td colspan="3">用　途：B产品</td><td colspan="3">计划产量：5 000台</td></tr>
<tr><td colspan="4">材料编号：102058</td><td colspan="3">名称规格：16m/m圆钢</td><td colspan="3">计划单位：kg</td></tr>
<tr><td colspan="4">单　价：4.00元</td><td colspan="3">消耗定量：0.2kg/台</td><td colspan="3">领用限额：1 000kg</td></tr>
<tr><td colspan="2">20××年</td><td colspan="2">请　领</td><td colspan="6">实　发</td></tr>
<tr><td>月</td><td>日</td><td>数量</td><td>领料单位负责人</td><td>数量</td><td>累计</td><td>发料人</td><td>领料人</td><td>限额节余</td><td></td></tr>
<tr><td>10</td><td>5</td><td>200</td><td>李明</td><td>200</td><td>200</td><td>顾月</td><td>周梅</td><td>800</td><td></td></tr>
<tr><td>10</td><td>15</td><td>500</td><td>李明</td><td>500</td><td>700</td><td>顾月</td><td>任华</td><td>300</td><td></td></tr>
<tr><td>10</td><td>23</td><td>300</td><td>李明</td><td>300</td><td>1 000</td><td>顾月</td><td>王英</td><td>0</td><td></td></tr>
<tr><td colspan="7">累计实发金额（大写）肆仟元整</td><td colspan="3">￥4 000.00元</td></tr>
<tr><td colspan="10">供应部门负责人（签章）　生产计划部门负责人（签章）　仓库负责人（签章）</td></tr>
</table>

累计凭证能减少凭证数量，简化凭证填制手续。其特点是：可以随时计算发生额累计数，便于同定额、计划、预算进行比较，借以达到节约费用支出的目的。

（3）汇总凭证（亦称原始凭证汇总表）。是根据许多同类经济业务的原始凭证定期加以汇总、整理编制而成的原始凭证。例如，工资汇总表、发料凭证汇总表等，都是汇总原始凭证。如表6-4所示。

表6-4 汇总原始凭证

<table>
<tr><td colspan="7">发料凭证汇总表
20××年×月30日　　金额单位:元</td></tr>
<tr><td rowspan="3">应借科目</td><td colspan="5">应贷科目:原材料</td><td rowspan="3">发料合计</td></tr>
<tr><td colspan="4">原料及主要材料</td><td rowspan="2">辅助材料</td></tr>
<tr><td>1－10日</td><td>11－20日</td><td>21－30日</td><td>小计</td></tr>
<tr><td>生产成本</td><td>15 000</td><td>22 000</td><td>20 000</td><td>57 000</td><td>3 000</td><td>60 000</td></tr>
<tr><td>制造费用</td><td>1 000</td><td></td><td></td><td>1 000</td><td>500</td><td>1 500</td></tr>
<tr><td>管理费用</td><td></td><td>2 000</td><td></td><td>2 000</td><td>1 500</td><td>3 500</td></tr>
<tr><td>合　计</td><td>16 000</td><td>24 000</td><td>20 000</td><td>60 000</td><td>5 000</td><td>65 000</td></tr>
</table>

会计负责人：　　复核：　　制表：

汇总原始凭证可以简化编制记账凭证的手续，但它本身不具备法律效力。汇总原始凭证在大中型企业中应用非常广泛，不但可以简化核算手续，提高工作效率，而且能够使核算资料更为系统化，使核算过程更为条理化，并能够直接提供经营管理所需要的某些质量指标。

（4）记账编制凭证。是指根据账簿记录的结果，对某些特定事项进行归类、整理而编制的原始凭证。例如，制造费用分配表，就属于记账编制凭证。如表6-5 所示。

表 6-5 记账编制凭证

<table>
<tr><td colspan="4">制造费用分配表
20××年×月　　　　金额单位:元</td></tr>
<tr><td>产 品 名 称</td><td>生 产 工 时</td><td>分 配 率</td><td>分 配 金 额</td></tr>
<tr><td>A 产品</td><td>2 000</td><td>2</td><td>4 000</td></tr>
<tr><td>B 产品</td><td>3 000</td><td>2</td><td>6 000</td></tr>
<tr><td>合　计</td><td>5 000</td><td></td><td>10 000</td></tr>
</table>

会计负责人:　　　　复核:　　　　制表:

（二）外来原始凭证

外来原始凭证是指在同外单位发生经济业务往来时，从外单位取得的原始凭证。如收款单位开出的收款收据，购进材料时从供货单位取得的发票，出差乘坐的车船票等，都是外来原始凭证。增值税专用发票的一般格式如表 6-6 所示。

表 6-6 外来原始凭证

<table>
<tr><td colspan="20">××市增值税专用发票
开票日期:　　　　年　月　日　　　　No:01828836</td></tr>
<tr><td rowspan="2">购货单位</td><td>名称</td><td colspan="3"></td><td colspan="6">纳税人登记号</td><td colspan="9"></td></tr>
<tr><td>地址
电话</td><td colspan="3"></td><td colspan="6">开户银行及账号</td><td colspan="9"></td></tr>
<tr><td colspan="2" rowspan="2">货物或应税
劳务名称</td><td rowspan="2">计量
单位</td><td rowspan="2">数
量</td><td rowspan="2">单
价</td><td colspan="7">金　额</td><td rowspan="2">税
率</td><td colspan="7">金　额</td></tr>
<tr><td>万</td><td>千</td><td>百</td><td>十</td><td>元</td><td>角</td><td>分</td><td>万</td><td>千</td><td>百</td><td>十</td><td>元</td><td>角</td><td>分</td></tr>
<tr><td colspan="2"></td><td></td><td></td><td></td><td></td><td></td><td></td><td></td><td></td><td></td><td></td><td></td><td></td><td></td><td></td><td></td><td></td><td></td><td></td></tr>
<tr><td colspan="2"></td><td></td><td></td><td></td><td></td><td></td><td></td><td></td><td></td><td></td><td></td><td></td><td></td><td></td><td></td><td></td><td></td><td></td><td></td></tr>
<tr><td colspan="2"></td><td></td><td></td><td></td><td></td><td></td><td></td><td></td><td></td><td></td><td></td><td></td><td></td><td></td><td></td><td></td><td></td><td></td><td></td></tr>
<tr><td colspan="2">合　计</td><td></td><td></td><td></td><td></td><td></td><td></td><td></td><td></td><td></td><td></td><td></td><td></td><td></td><td></td><td></td><td></td><td></td><td></td></tr>
<tr><td colspan="2">价税合计
（大写）</td><td colspan="18">万　仟　佰　拾　元　角　分　￥______</td></tr>
<tr><td rowspan="2">销货单位</td><td>名称</td><td colspan="3"></td><td colspan="7">纳税人登记号</td><td colspan="8"></td></tr>
<tr><td>地址
电话</td><td colspan="3"></td><td colspan="7">开户银行及账号</td><td colspan="8"></td></tr>
<tr><td>备注</td><td colspan="19"></td></tr>
</table>

收款人:　　　　　　　　开票单位（未盖章无效）

三、原始凭证的填制要求

为了能够保证原始凭证正确、及时、清晰地反映各项经济业务的真实情况，充分发挥其应有的作用，原始凭证的填制必须符合下列要求：

(1) 记录真实。凭证中记载的经济业务，必须与实际情况完全相符，不能弄虚作假、歪曲事实。实物的数量、金额，都要经过严格审核，做到内容真实准确，数字计算正确，不能凭估算填列。

(2) 内容完整。经济业务的完成情况要按规定的凭证格式和内容，逐项填写齐全，不得遗漏或省略，有关人员均应签章，以示对凭证的真实性和合法性负责。

(3) 填制及时。必须按经济业务的执行和完成情况，及时填制原始凭证，并按规定程序及时将凭证送交会计部门，这对于保证会计资料的时效性非常重要。

(4) 书写规范。原始凭证要用蓝色或黑色笔填写，文字、数字书写要规范，应符合下列要求：

①阿拉伯数字应当一个一个地写，不得连笔写。阿拉伯金额数字前面应当书写货币币种符号或者货币名称简写和币种符号，如人民币符号“¥”，美元符号“$”。币种符号与阿拉伯金额数字之前不得留有空白。凡阿拉伯数字前写有币种符号的，数字后面不再写货币单位。

②所有以元为单位（其他货币种类为货币基本单位同）的阿拉伯数字，除表示单价等情况外，一律填写到角分；无角分的，角位和分位可写“00”，或符号“—”；有角无分的，分位应当写“0”，不得用符号“—”代替。

③汉字大写数字金额如零、壹、贰、叁、肆、伍、陆、柒、捌、玖、拾、佰、仟、万、亿等，一律用正楷字或者行书体书写，不得用0、一、二、三、四、五、六、七、八、九、十等汉字代替，更不得任意自造简化字。大写金额数字到元或角为止的，在“元”或者“角”字之后应写“整”或者“正”字；大写金额数字有分的，分字后面不写“整”或者“正”字。

④大写金额数字前未印有货币名称的，应当加填货币名称，货币名称与金额数字之间不得留有空白。

⑤阿拉伯金额数字中间有“0”时，汉字大写金额要写“零”字；阿拉伯数字金额中间连续有几个“0”时，汉字大写金额中可以只写一个“零”字；阿拉伯金额数字元位是“0”，或者数字中间连续有几个“0”、元位也是“0”但角位不是“0”时，汉字大写金额可以只写一个“零”字，也可以不写“零”字。如“708.90”写成人民币柒佰零捌元玖角整；如“5 002.14”元，应写成人民币伍仟零贰元壹角肆分。

(5) 填写错误时，应按规定，将写坏作废的单据加盖“作废”戳记，连同存根一起保存，不得撕毁。各种凭证必须连续编号，以便查核。如果已先印好编号，凭证不得随意涂改、挖补，填写错误时应按规定方法改正或重新填写。提交银行的各种结算凭证的大小写一律不得更改，如果填写错误，应加盖“作废”戳记，重新填写。

(6) 一式几联的原始凭证、应当注明各联的用途，只能以一联作为报销凭证。一式几联的发票和收据，必须用双面复写纸（发票和收据本身具备复写纸功能的除外）套写，并连续编写。

(7) 发生销货退回的，除填制退货发票外，还必须有退货验收证明；退款的，必须取得对方的收款收据或者汇款银行的凭证，不得以退货发票代替收据。

(8) 职工出差借款凭据，必须附在记账凭证之后，收回借款时,应当另开收据或者退还借据副本，不得退还原借款收据。

(9) 经上级有关部门批准的经济业务，应当将批准文件作为原始凭证附件。如果批准文件需要单独归档的，应当在凭证上注明批准机关名称、日期和文件字号。

四、原始凭证的审核

各种原始凭证除由经办业务的有关部门审核外，最后要由会计部门进行审核。对原始凭证的审核主要包括以下两个方面：

(一) 外来原始凭证的审核

外来原始凭证，就是从外单位取得并由外单位填制的原始凭证。对外来原始凭证的审核包括真实性审核、完整性审核、合法性审核和正确性审核这四个方面的内容：

1. 真实性审核

审核外来原始凭证，首先要审核它的真实性，即看其是否真实。所谓真实，就是原始凭证上反映的应是经济业务的本来面貌，不得掩盖、歪曲和颠倒。

首先，经济业务的双方当事单位和当事人必须是真实的。包括开出原始凭证的单位，接受原始凭证的单位，填制原始凭证的责任人，取得原始凭证的责任人都要据实填写，不得冒他人、单位之名，也不得填写假名。

其次，经济业务发生的时间、地点和填制凭证的日期必须是真实的。不得把经济业务发生的真实时间改变为以前或以后的时间；不得把在甲地发生的经济业务改变为在乙地发生的经济业务；也不得把填制原始凭证的真实日期改变为以前或以后的日期。

再次，经济业务的内容必须是真实的。是购货业务，要标明货物的名称、规格、型号等；是住宿业务，要标明住宿的日期；乘坐交通工具业务，要标明乘坐何种交通工具及起止地点等。

最后，经济业务的“量”必须是真实的。这里说的“量”，指实物量和价值量。购货业务，要标明所购货物的重量、长度、体积、个数；其他经济业务也要标明计价所使用的量。另外单价、金额也必须是真实的。不得在原始凭证填写时抬高或压低单价，多开或少开金额。

2. 完整性审核

所谓完整，指的是原始凭证应具备的内容完整和手续齐全。原始凭证应具备的基本内容前面已作了介绍。缺了哪一项都是不完整的。审核时要检查这些应填项目是否都填写齐全。例如，从外单位取得的原始凭证必须盖有填制单位的公章。从个人取得的原始凭证，必须有填制人员的签名或盖章。发货票上应有销货单位的财务公章、税务专用章、本联发货票的用途、发货票的编号等内容。内容不完整的原始凭证，原则上应退回重填，特殊情况下需经旁证和领导批准才能作为编制记账凭证的依据。

审核外来原始凭证的手续是否齐全，包括：双方经办人是否签名或盖章，不需入库的物品，发货票上应有使用证明人的签名，需经领导签名批准的原始凭证，应有领导人的亲笔签名。手续不齐全的原始凭证，应退回补办手续后再受理。

3. 合法性审核

所谓合法，就是要按会计法规、会计制度和计划预算办事。这里所说的会计制度，包括本单位制定的正在使用的一些内部会计制度。

在审核时会计人员必须坚持原则，认真履行职责，对于违反制度、计划、预算和不符合原则的收支凭证，应拒绝办理，并报告领导人；对于不真实、不完整的外来原始凭证，发现后一定要退回重填或不予受理；虽真实完整，但不合法的外来原始凭证也不能受理。记账人员在登记账簿之前的审核中，如果发现了现行会计法规、会计制度不允许报销的外来原始凭证，也不能作为填制记账凭证的依据。

4. 正确性审核

审核原始凭证的摘要和数字是否填写清楚、正确，数量、金额的计算有无差错，大写和小写金额是否相符等等。填写有差错的凭证，应退还经办人员更正，才能据以入账。

（二）自制原始凭证的审核

自制原始凭证是本单位填制的、用来证明经济业务的发生，并据以编制记账凭证的那些原始凭证。在证明经济业务发生，据以编制记账凭证的作用方面，它与外来原始凭证具有同等的效力。在实际工作中，常见的自制原始凭证有以下几种：考勤表、工资表、本单位填制的销货发票、收款收据、材料入库单、领料

单、成本计算表、折旧计算表、盘点表、预提费用和待摊费用计提和摊销计算表等等。

自制原始凭证的名称、用途不同，其内容、格式也不相同。但是，作为经济业务发生的证明，作为填制记账凭证的依据，它们的基本内容和填制要求却是大致相同的。审核时，和外来原始凭证一样，也要对其进行真实性、完整性、合法性和正确性的审核。自制原始凭证必须有经办单位负责人或其指定人员的签名或盖章。对外开出的原始凭证，必须加盖本单位公章。

第三节 记账凭证

记账凭证是根据审核后的原始凭证或原始凭证汇总表，按照经济业务的内容加以归类，并据以确定会计分录而填制的、作为登记账簿依据的凭证。

一、记账凭证的基本内容

为了达到会计核算的基本要求，各种记账凭证必须具备下列基本内容：

（1）填制单位的名称。

（2）凭证的名称，如收款凭证、付款凭证、转账凭证等。

（3）记账凭证的填制日期。

（4）经济业务内容摘要。

（5）会计科目（包括一级科目、二级科目和明细科目）的名称、记账方向和金额。

（6）所附原始凭证的张数。

（7）会计主管、制单、审核、记账等有关人员的签名或盖章；收付款凭证还要有出纳人员的签名或盖章。

二、记账凭证的种类

（一）专用记账凭证和通用记账凭证

记账凭证按其用途可分为专用记账凭证和通用记账凭证。

1. 专用记账凭证

专用记账凭证是指适用于某类经济业务的记账凭证，按其所反映的经济业务是否与现金或银行存款的收付有联系，可以分为收款凭证、付款凭证和转账凭证三类。

（1）收款凭证。收款凭证是用来记录货币资金收入业务的凭证，它是根据有关现金或银行存款收入的原始凭证填制的。其格式如表6-7所示。收款凭证中所列的“借方科目”下的一级会计科目栏不外乎是填“库存现金”或“银行存款”两个固定的科目，而“借方科目”下的二级会计科目栏应填列具体的开户银行的账号；“贷方科目”栏则应根据不同的经济业务填列与“借方科目”相对应的会计科目；“金额”栏数字表示借贷双方的记账金额。

表 6-7 收款凭证

借方科目		记账
一级科目	二级科目	
银行存款		

20××年5月12日　　总字 16 号　　收字 3 号

摘要	贷方科目		记账	金额									
	一级科目	二级或明细科目		千	百	十	万	千	百	十	元	角	分
收回所售产品欠款	应收账款	华光厂					5	0	0	0	0	0	0
合计（大写）	伍万元整					¥	5	0	0	0	0	0	0

附件 1 张

主管　　审核　　记账　　制单　　出纳

（2）付款凭证。付款凭证是用来记录货币资金付出业务的凭证，它是根据有关现金或银行存款付出的原始凭证填制的。其格式如表6-8 所示。付款凭证中所列的“贷方科目”下的一级会计科目栏的填列也固定为“现金”或“银行存款”两个科目，而“贷方科目”下的二级会计科目栏应填列具体的开户银行的账号；“借方科目”栏则应填列与付出现金、银行存款相对应的会计科目。

表 6-8 付款凭证

贷方科目		记账
一级科目	二级科目	
银行存款		

20××年5月13日　　总字 17 号　　付字 6 号

摘要	借方科目		记账	金额									
	一级科目	二级或明细科目		千	百	十	万	千	百	十	元	角	分
李明借出差旅费	其他应收款	李明							5	0	0	0	0
合计（大写）	伍佰元整							¥	5	0	0	0	0

附件 1 张

主管　　审核　　记账　　制单　　出纳

收、付款凭证是登记现金日记账和银行存款日记账及有关账簿的依据，也是出纳人员收、付款项的依据。

（3）转账凭证。转账凭证是用来记录除现金、银行存款以外的其他经济业务的记账凭证。它是根据有关业务（即该项业务的发生不涉及现金或银行存款收、付的各项业务）的原始凭证填制的，其格式如表6-9所示。

表6-9 转账凭证

总字＿18＿号
转字＿9＿号
20××年5月13日

摘要	借方科目		贷方科目		记账	金额									
	一级科目	二级科目	一级科目	二级科目		千	百	十	万	千	百	十	元	角	分
结转营业成本	主营业务成本		库存商品						3	8	0	0	0	0	0
合计								¥	3	8	0	0	0	0	0

附件1张

主管　　审核　　记账　　制单

2. 通用记账凭证

实际工作中，也有企业、行政事业单位不分收款、付款和转账业务，统一使用一种凭证，这种记账凭证则称为通用记账凭证。在规模较小的单位里，为了减少凭证种类，可以采用通用记账凭证，通用记账凭证适用于所有的经济业务，其格式如表6-10所示。

表6-10 通用记账凭证

20××年5月13日　　记字＿9＿号

摘要	借方科目		贷方科目		记账	金额									
	一级科目	二级科目	一级科目	二级科目		千	百	十	万	千	百	十	元	角	分
收回欠款	银行存款		应收账款	华光厂					1	8	0	0	0	0	0
合计								¥	1	8	0	0	0	0	0

附件1张

主管　　审核　　记账　　制单

（二）复式记账凭证和单式记账凭证

记账凭证按其反映经济业务方式的不同，又可分为复式记账凭证和单式记账凭证。

1. 复式记账凭证

复式记账凭证，也称多项记账凭证，是把每项经济业务所涉及到的所有会计科目集中填制在一张记账凭证上。前面所讲到的收款凭证、付款凭证、转账凭证和通用记账凭证均属于复式记账凭证。

复式记账凭证的优点是可以将一笔经济业务完整地表现在一张凭证上，集中反映账户的对应关系，便于了解有关经济业务的全貌。因此，有利于对记账凭证进行审核和检查，同时还可以减少记账凭证的张数。所以，目前大多数企事业单位都采用复式记账凭证，但这种凭证在凭证传递和科学分工方面缺乏灵活性。

2. 单式记账凭证

单式记账凭证，也称单项记账凭证，是把每项经济业务所涉及的会计科目，分别登记在两张或两张以上的记账凭证上，每张记账凭证只登记一个会计科目，其对方科目只供参考，不凭以记账。登记借方科目的记账凭证，称为借项记账凭证；登记贷方科目的记账凭证，称为贷项记账凭证。举例如下：

某企业20××年10月15日售给A工厂甲产品一批，售价20000元，增值税3400元，收到价税款项存入银行。此项经济业务发生，出纳人员根据审核无误的原始凭证收款后，所编制的会计分录为：

借：银行存款　　23 400

　贷：主营业务收入——甲产品　　20 000

　　　应交税费——应交增值税　　3 400

以上会计分录涉及到一个借方会计科目，两个贷方会计科目，应分别填制一张“借项记账凭证”，其格式与内容如表6-11所示；两张“贷项记账凭证”，其格式与内容如表6-12、表6-13所示。

表6-11　单式记账凭证（一）

借项记账凭证

20××年10月15日　　　　记字25 $\frac{1}{3}$ 号

摘　要	总账科目	明细科目	记　账	金　额
销售给A工厂甲产品一批	银行存款			23 400
对应总账科目：主营业务收入 应交税费	合　计			23 400

会计主管　　记账　　审核　　制单

表6-12　单式记账凭证（二）

贷项记账凭证

20××年10月15日　　　　记字25 $\frac{2}{3}$ 号

摘　要	总账科目	明细科目	记　账	金　额
销售给A工厂甲产品一批	主营业务收入	甲产品		20 000
对应总账科目：银行存款	合　计			20 000

会计主管　　记账　　审核　　制单

表6-13 单式记账凭证（三）

贷项记账凭证

20××年10月15日　　　　记字25 $\frac{3}{3}$号

摘　要	总账科目	明细科目	记账	金额
销售给A工厂甲产品一批	应交税费	应交增值税		3 400
对应总账科目:银行存款	合　计			3 400

会计主管　　记账　　审核　　制单

单式记账凭证的优点是便于同类科目发生额的汇总，有利于分工记账，但编制的凭证数量多、工作量较大，若出现了差错不易查找，因为从一张凭证上不能反映经济业务的全貌及会计科目之间的对应关系。

（三）单一凭证和汇总凭证

记账凭证按其是否汇总分为单一凭证、汇总凭证。单一凭证即为单一记账凭证，是指只包括一笔会计分录的记账凭证。上述的专用记账凭证和通用记账凭证，均为单一记账凭证。汇总凭证，按其汇总的内容分为汇总记账凭证和科目汇总表。

汇总记账凭证是指根据一定时期内同类单一记账凭证，定期加以汇总而重新编制的记账凭证。其目的是为了简化总分类账的登记手续。汇总记账凭证是分类汇总凭证，又可以进一步分为汇总收款凭证、汇总付款凭证和汇总转账凭证。

科目汇总表是全部汇总凭证，是指根据一定时期内所有的记账凭证定期加以汇总而重新编制的记账凭证。其目的也是为了简化总分类账的登记手续。汇总记账凭证和科目汇总表的格式见第九章账务处理程序。

三、记账凭证的填制要求

记账凭证的填制工作，除了必须做到上述填制原始凭证的要求外，还应做到以下几点：

（1）必须根据审核无误的原始凭证或原始凭证汇总表填制记账凭证。

（2）确定采用何种记账凭证。会计人员在接到经过审核的原始凭证后，应根据经济业务的性质首先确定使用哪种记账凭证（收款凭证、付款凭证或转账凭证）。为了提高工作效率，便于识别各种记账凭证，三种空白凭证采用三种不同颜色印刷；收支不多的单位，可以采用一种通用的记账凭证来记录这项经济业务。

（3）填写记账凭证的日期。填写日期一般是会计人员填制记账凭证的当天日期，也可以根据管理需要，填写经济业务发生日期或月末日期。

（4）摘要简明。这是为了便于登记日记账或明细账，便于检查和分析经济业务，并为以后的查账提供资料。因此，摘要必须突出经济业务的重点和核心，文字要简明扼要，含义清楚。

（5）科目使用正确，对应关系清楚。并且要将二级和明细科目填补齐全，以便按会计科目归类汇总并登记有关明细账和总账。不得把不同类型的经济业务合并填列在一张记账凭证中，以防止科目对应关系混淆不清。

（6）填写金额时，应注意保持其平衡关系，金额登记的方向、数字必须正确。金额栏内多余的各行应划斜线注销。合计金额的第一位数字前应填写记账本位币符号(如：人民币符号￥)。

（7）注明所附原始凭证的张数和有关资料，以便将原始凭证同有关的记账凭证联系起来。这样，既便于随时抽查原始凭证，又不会重复和漏填记账凭证。

（8）记账凭证必须按顺序连续编号，如收字第×号，付字第×号，转字第×号。如果一项经济业务需要填制多张记账凭证，可采用分数编号法。比如，第10号转账凭证需要编制三张，这时，其编号为：转字第$10\frac{1}{3}$号、转字第$10\frac{2}{3}$号、转字第$10\frac{3}{3}$号。顺序号每月更换一次。每月最后一张凭证的编号旁边，可加注“全”字，以免凭证失散。

（9）如果某项经济业务只涉及现金和银行存款之间的相互划转，一般只编制付款凭证，不再编制收款凭证，以免产生混乱，并导致重复记账。

（10）当一项经济业务既涉及现金或银行存款的收付，又涉及转账业务时，应当分别编制收款（付款）凭证和转账凭证。

（11）“记账”栏，应注明记入有关账簿的页次，但一般只打“√”号，表示已经入账，以避免重记和漏记。

四、记账凭证的审核

为了保证记账凭证的正确性，监督款项的收付，必须建立记账凭证的填制审核制度，配备业务熟练、工作负责的会计人员，做好记账凭证的审核工作，没有经过审核的记账凭证，不能登记入账，审核内容主要包括以下几个方面：

（1）记账凭证是否附有合法的原始凭证，所附原始凭证的金额、内容与记账凭证是否相符。

（2）记账凭证所确定的会计分录的账户名称和对应关系是否正确，借方与贷方金额、一级账户与所属明细账户金额是否相等。

（3）记账凭证应填列的各项内容是否齐全，有关人员是否签名或盖章。

（4）在审核过程中，如发现记账凭证有错误，应由填制人员重新填制。只有经过审核人员严格审核签章，确认准确无误后，方可作为登记账簿的依据。

第四节　会计凭证的传递和保管

一、会计凭证的传递

会计凭证的传递，是指会计凭证从填制起，经审核、记账到装订保管的全过程。一项经济业务，往往要由企业内部若干个有关业务部门来分工完成，因此，会计凭证也随着经济业务的进程在各个有关部门之间进行传递。正确地组织会计凭证的传递，对于提高会计核算的及时性，正确地组织经济活动，加强经济责任制，实行会计监督都有重要的意义。

会计凭证的传递主要包括两个方面的内容，即凭证传递的路线和凭证在各个环节应停留及传递的时间。由于各种经济业务的内容不同，各种凭证的传递路线和时间也不尽相同。所以首先应当根据各个单位经济业务的特点，结合内部结构和人员分工情况以及会计核算的要求，规定会计凭证传递过程，明确经办人员，以便及时办理凭证传递手续，提高工作效率。其次应根据各环节办理经济业务所需要的时间，明确规定凭证在各业务部门停留的时间和传递交接时间。只有这样，才能保证会计核算的质量，提高办事效率。

正确组织会计凭证的传递，对及时处理业务和加强会计监督具有重要作用。

（1）正确组织凭证传递便于有关部门和人员及时沟通情况，加速业务处理过程。例如，批发商业对外地销售，要经过销售部门开单，仓储部门提货发运，会计部门结算货款等手续。如果凭证传递合理，能使各个环节协调配合，缩短销售过程，从而提高工作效率，加速资金周转。

（2）正确组织凭证传递，有利于实行会计监督。会计凭证的传递既体现了部门和人员之间的分工协作关系，又可发挥会计监督作用。例如，购进商品一般要经过采购、付款、收货三个环节。企业在收到供货方发票后，采购部门一方面要核对合同，签注意见，通知会计部门付款，另一方面要填制收货单，通知仓储部门准备仓位和收货。仓储部门验收商品后，要将收货单的一联转交会计部门记账。通过这一凭证传递程序，采购部门可以掌握购货合同的执行情况；仓储部门可以了解验收商品的数量和时间等；会计部门则可以对购进商品的付款和到货情况进行全面监督，保证付款既有根据，又有相应的商品验收入库，符合钱出去、货进来的原则。

在制定合理的凭证传递程序和时间时，通常要考虑下列几点：一是要根据经济业务的特点、企业内部的机构设置和人员分工情况，以及管理上的要求等，具体规定各种凭证的联数和传递程序，使有关部门既能按规定手续处理业务又能利用凭证资料掌握情况，提供数据，协调一致。同时还要注意流程合理，避免不必要的环节，以加快传递速度。二是要根据有关部门和人员办理业务的必要手续时间，确定凭证的传递时间。时间过紧会影响业务手续的完成，过松则影响工作效率。三是要通过调查研究和协商来制订会计凭证的传递程序和传递时间。原始凭证大多涉及本单位内部各个部门和经办人员，因此，会计部门应会同有关部门和人员共同协商其传递程序和时间。记账凭证是会计部门的内部凭证，可由会计主管会同制证、审核、出纳、记账等有关人员商定其传递程序和时间。

会计凭证的传递程序和传递时间确定后，可分别为若干主要业务制成流程图或流程表，督促有关人员遵守执行。执行中如有不合理的地方，可随时根据实际情况加以修改。

二、会计凭证的保管

会计凭证是一个单位的重要经济档案，必须妥善保管，以备日后查考。保管的方法和要求是：

（1）会计凭证在一定的会计期间记账完毕后，要按规定加以整理、检查有无缺号、附件是否齐全，然后定期按照类别和编号顺序装订，妥善保管，防止散乱丢失。

（2）会计凭证可根据需要每日、每旬或每月装订一次，为了便于事后查阅，应加具封面，在封面注明单位名称、所属的年度和月份或起讫日期以及记账凭证的种类、张数和起止号数，并由有关人员签名和盖章。会计凭证封面的格式如表6-14所示。

表6-14 会计凭证封面

年 月份 第 册	（企业名称） 年 月份 共 册 第 册 收款 付款 凭证 第 号至第 号 共 张 转账 附：原始凭证共 张 会计主管（签章） 保管（签章）

为了防止任意拆装，装订凭证应用线绳，打成死结、并在装订线上加贴封签，盖上有关人员戳记。记账凭证装订以后不得轻易拆封，抽取凭证，如果必须拆封，要得到会计主管人员的同意并签证。凭证数量如果在一个会计期间内过多，可分装若干册，在封面上加注共几册字样。

（3）依照一般实务，企业的财会部门对于所有的原始凭证，除了属于以下情况之一的另行保管外，都必须附在有关的记账凭证之后：

①各种契约、合同。

②各种应另行归档的上级命令和批准文件。

③另行装订成册的收料单、领料单、往来账单和通知的回单。

④保证金收据，应当递交其他单位的单据或文件。

凡是另行保管的原始凭证，都须于经济业务完成或记账以后才能抽出。抽出留存时，除了记账凭证上注明张数、号数和保管处所外，应当设置适当的记录，由负责保管人员按照存查时序予以编号登记，并注明原始凭证的存查日期、保管处所和根据该原始凭证所编制的记账凭证号数和日期。

（4）遇有特殊情况，如发生贪污盗窃等经济犯罪案件，需要某项凭证作证时，应予复制，避免抽出原凭证，致使原册残缺。

（5）会计人员必须做好会计凭证的保管工作，严格防止会计凭证错乱不全或丢失损坏。原始凭证不得外借，其他单位因特殊原因需要借阅原始凭证时，必须经本单位会计机构负责人、会计主管人员批准，必要时，可以提供复印件。向外单位提供原始凭证复印件时，应当专设登记簿登记，同时提供人员和收取人员要共同签名盖章。装订成册的会计凭证，应指定专人保管，年度终了，要移交财会档案室登记归档。

（6）从外单位取得的原始凭证如有遗失，应当取得原开出单位盖有公章的证明，并注明原来凭证的号码、金额和内容等，由经办单位会计机构负责人、会计主管人员和单位领导人批准后，才能代做原始凭证。如果确实无法取得证明的，如火车、轮船、飞机票等凭证，由当事人写出详细情况，由经办单位会计机构负责人、会计主管人员和单位领导人批准后，代作原始凭证。

（7）会计凭证的保管期限和销毁手续，必须严格执行会计制度的有关规定。对一般的会计凭证应分别规定保管期限，对重要的会计凭证，如涉及外事和重要业务资料，必须长期保存。未到规定保管期的会计凭证，任何人不得随意销毁。对保管期满需要销毁的会计凭证，必须开列清单，经本单位领导审核，报上级主管部门批准后，才能销毁。

第七章 会 计 账 簿

第一节 会计账簿的意义和种类

一、会计账簿的意义

会计账簿，亦称账册，是由许多具有专门格式而又相互联结在一起的账页所组成的，用以全面、连续、系统地登记经济业务的会计簿籍。簿籍是账簿的外表形式，账户记录则是账簿的内容。设置和登记账簿是会计核算工作的一种专门方法。

企业所发生的每一项经济业务，会计上都必须取得证明该项经济业务实际情况的书面证明作为原始凭证。但是原始凭证和根据原始凭证所编制的记账凭证虽然能提供比较详细、具体的信息资料，但它们却很分散，不能全面、系统、连续地反映会计主体在一定时期内的全部经济活动情况及资金的变化。要全面、系统、连续地反映企业的经济活动，只有通过设置会计账簿，将会计凭证所记录的经济业务，分门别类地，按照一定的程序和方法，登记到有专门格式的账页中去，才能系统地反映会计对象具体内容的增减变化情况，取得完整的会计核算资料。设置和登记账簿非常重要，其作用概括起来主要有以下几点：

1. 会计账簿可以为经营管理提供系统完整的会计资料

账簿把企业所发生的全部经济业务按照各个总分类账户和明细分类账户的不同性质加以归类，并连续不断地进行记录和反映，从而把会计凭证所反映的零星资料，分门别类地进行汇集，逐步条理化、系统化，形成系统而又完整的科学记录。

2. 会计账簿是进行会计分析和会计检查的基础

账簿可以反映各项资产、负债以及所有者权益的增减变动情况，可以为考核分析成本、收入、费用和经营成果提供依据等。通过会计账簿提供的资料可以正确评价工作，肯定成绩，提出问题的所在，从而促进经营管理工作的加强，提高企业的管理水平。

3. 会计账簿是编制会计报表的主要依据

会计报表中提供的会计信息是否可靠，它的编制和报送是否及时，都同账簿的设置和登记有着密切的关系。因此，账簿的设置和登记是会计核算工作中的一个十分重要的环节。

二、设置会计账簿的原则

会计账簿的设置，包括确定账簿的种类、内容和登记方法。一般来说，设置账簿应遵循如下原则：

1. 统一性原则

各单位应当按照国家统一会计制度的规定和会计业务的需要设置账簿，所设置的账簿应能全面反映经济活动情况，满足各方面了解企、事业单位财务状况和经营成果的需要，满足经济单位内部加强经济管理的需要。

2. 科学性原则

账簿的设置要组织严密、层次分明。账户之间要互相衔接、互相补充、互相制约，能清晰地反映账户的对应关系，以便能提供完整、系统的资料。

3. 实用性原则

账簿的设置要根据经济单位规模的大小、经济业务的繁简、会计人员的多少，从加强管理的实际需要和具体条件出发，既要防止账簿重叠，也要防止过于简化。一般来讲，业务复杂、规模大、会计人员多、分工较细的单位，账簿设置可以细一点；而业务简单、规模小、会计人员少的单位，账簿设置则相应简化一点。

三、会计账簿的基本内容

账簿记录的经济业务不同，其格式也不相同，但各种主要账簿应该具备以下内容：

（1）封面。它主要标明账簿名称，如总分类账、银行存款日记账、材料明细账等，此外还应标明记账单位的名称。

（2）扉页。它主要标明账簿的启用和截止日期、页数、册次、经管账簿人员一览表及其签章、会计主管人员签章等。

（3）账页。账页有不同的格式。其主要内容应包括：① 账户的名称（会计科目、明细科目）；② 登账日期栏；③ 凭证种类和号数；④ 摘要栏；⑤ 金额栏；⑥ 总页次和分户页次。

四、会计账簿的种类

在会计核算工作中，因经济业务和管理要求的不同，需要使用多种多样的账簿。一个会计主体拥有的账簿不是一本两本，而是功能各异、结构有别的一整套账簿，形成一个账簿体系。为了具体地认识各种账簿的特点，以便更好地运用和掌握账簿的使用方法，必须对账簿从不同的角度进行分类。

（一）按账簿的性质和用途分类

账簿按其性质和用途来分，可分为序时账簿、分类账簿和备查账簿三种。其分类如图 7-1 所示。

1. 序时账簿

序时账簿又称日记账，是根据经济业务发生或完成的先后顺序，逐日、逐笔连续地进行登记的账簿。

在会计实务中，序时账簿是按照会计部门收到记账凭证的先后顺序，亦即按照记账凭证号码的先后顺序进行登记的。在会计工作发展的早期阶段，就强调每天发生的经济业务必须逐日登记，以便记录当天发生的经济业务的金额。因而习惯地称序时账簿为日记账。

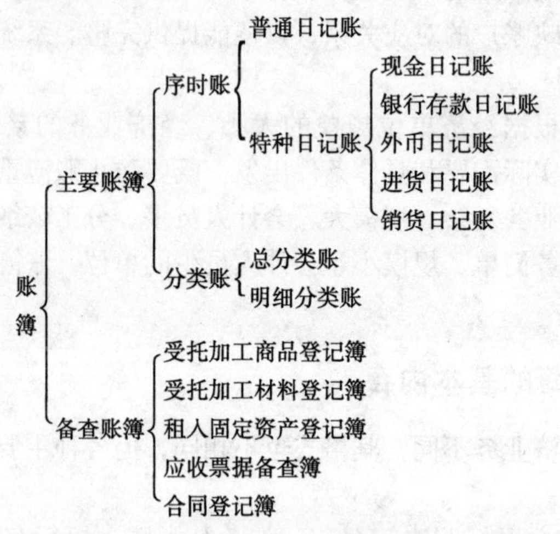

图 7-1　账簿按性质和用途的分类

日记账按其用途又可分为普通日记账和特种日记账等。

（1）普通日记账。是用来登记全部经济业务，即按记账凭证逐笔登记，故又称之为记账凭证登记簿。由于该账簿有两个金额栏，也称两栏式日记账。这种账簿的功能，是对所发生的所有经济业务，都需要在该账簿中确定应借、应贷账户名称及其金额，并予以全面连续地登记，所以也称为原始分录簿。

（2）特种日记账。是专门用来登记某一特定经济业务的日记账，如现金日记账、银行存款日记账、进货日记账、销货日记账等。

在实际工作中，由于经济业务的复杂性，所以现在很少应用一本账簿序时记录企业的全部经济业务。目前，应用比较广泛的，是记录某一类经济业务的序时账，如现金日记账和银行存款日记账等，以加强货币资金的管理，而普通日记账则很少采用。

2. 分类账簿

分类账簿是对发生的全部经济业务进行分类登记的账簿。分类账簿按其反映内容详细程度的不同，分为总分类账簿和明细分类账簿两种。

（1）总分类账簿。亦称总分类账，简称总账，是根据一级会计科目设置和登记的账簿。它用来分类登记全部经济业务，提供各项资产、负债、所有者权益、收入、费用和利润等总括性的核算指标。

（2）明细分类账簿。亦称明细分类账，简称明细账，是根据总分类账所属的二级或明细科目设置和登记的账簿。它用来分类登记某一类经济业务，提供明细核算指标，是总分类账簿不可缺少的详细补充记录。

总分类账簿和明细分类账簿包括了全部账户，整个企业的生产经营过程和财务情况都能在分类账簿中得到反映。在会计核算中，分类账簿是必须设置的主要账簿，它所提供的核算资料是编制会计报表的主要依据。

3. 备查账簿

备查账簿，亦称备查登记簿或辅助登记簿，是对某些在日记账和分类账等主要账簿中未能记载的事项或记载不全的经济业务进行补充登记的账簿。它可以为某些经济业务的内容提供必要的参考资料。如租入固定资产登记簿、应收票据备查簿、受托加工商品登记簿、受托加工材料登记簿、合同登记簿等。备查账簿，并非每个单位都应设置，而要根据各个单位的实际需要来确定是否设置以及应当设置哪些备查账簿。

（二）按账簿的外表形式分类

账簿按其外表形式来分，可分为订本式账簿、活页式账簿和卡片式账簿三种。

1. 订本式账簿

订本式账簿是在未启用前就把一定数量的账页装订成册的账簿。应用订本式账簿能防止账页的散失和抽换账页等舞弊行为的发生，因此，比较重要的账簿，如总分类账和日记账，都应使用订本式账簿。订本式账簿的缺点是账页固定，不能增减，应用时必须为每一个账户预留一定数量的空白账页，预留页太多，容易造成浪费，太少又会影响账簿记录的连续登记，另外订本式账簿在同一时间内只能由一人登记。不便于记账人员的分工。

2. 活页式账簿

活页式账簿是在启用之前，不把账页固定地装订成册，其优点是便于分工记账，便于使用机器记账，并可根据记账的实际需要，随时增添空白的账页，既避免了账页的浪费，又不会发生账页不足问题。

但是，正因为它们比较灵活，也就易于散失，或被蓄意抽换。为此，账页应预先连续编号，并由主管人员在账页上加盖章印，然后装入账夹内。这些账页一旦登记使用完毕，便应装订成册或予以封扎，妥善保管。

3. 卡片式账簿

卡片式账簿是用硬纸片印成专门格式的账卡，放置在特制的卡片箱内，便于添加新卡、改变分类方法及随时抽阅。

明细账一般采用活页式或卡片式，以便于分类汇总、分工记账，提高效率；有些单位的总账也采用活页式，但在年终要装订成册。由于活页式或卡片式的账页容易散失或被抽换，因此，应对账卡进行编号，由有关人员加盖印章，使用完毕或更换新账卡时，应装订成册，妥善保管。

在手工会计信息系统中，总分类账、现金日记账、银行存款日记账通常都采用订本式账簿。在电算化会计信息系统中，全部账簿记录信息都可存储于磁性介质上，账簿的外表形式发生了重大变化，当需要打印时，其形式相当于活页式账簿。

（三）按账簿的账页格式分类

账簿按其账页格式来分，可分为三栏式、多栏式及数量金额式三种。

1. 三栏式账簿

三栏式账簿是会计核算的一般通用格式。“三栏”是指格式的基本结构有“借方”、“贷方”及“余额”三个金额栏，其格式如表 7-1 所示。

表 7-1 三栏式

账户名称：________

年		凭证		摘要	借方	贷方	借或贷	余额
月	日	种类	号数					

2. 多栏式账簿

多栏式账簿是指在三栏式的基础上，在借方或贷方下分设多个金额栏，或在余额下设多栏，称为借项多栏式、贷项多栏式及余额多栏式，其格式如表 7-2、表 7-3、表 7-4 所示。

表 7-2 借项多栏式

账户名称：________

年		凭证		摘要	借方					贷方	余额
月	日	种类	号数						合计		

表 7-3 贷项多栏式

账户名称：________

年		凭证		摘要	借方	贷方					余额
月	日	种类	号数							合计	

表 7-4 余额多栏式

账户名称：________

年		凭证		摘要	借方	贷方	余额分析				
月	日	种类	号数								合计

3. 数量金额式账簿

数量金额式账簿是为了各类物资核算工作的需要而设计的特定格式的账簿，在三个金额栏内增设数量和单价专栏，在记录各类物资金额时，同时要登记数量和单价。其格式如表 7-5 所示。

表 7-5 数量金额式

账户名称：________

年		凭证		摘要	收入			发出			结存		
月	日	种类	号数		数量	单价	金额	数量	单价	金额	数量	单价	金额

第二节 会计账簿的设置和登记

每一个财务独立核算单位，都应设置一定种类和数量的账簿，这是组织会计工作的前提。但是，设置哪些账簿，取决于各单位的实际需要和具体条件。一般情况下，企业应设置日记账、总账和必要的明细账。

一、日记账的设置和登记

日记账，是按时间先后顺序登记经济业务的账簿，也称序时账簿。它是根据日常发生的经济业务所取得的原始凭证直接作会计分录，作为过入分类账依据的账簿，所以这种日记账起到了记账凭证的作用。日记账是随着经济业务的发展而发展的。经济业务繁多了，登记分类账的工作需要简化，记账需要分工，管理上要求提供更多的信息，这些因素都会促使日记账不断改进与发展。一般说来，它是沿着普通日记账、专栏日记账、特种日记账和多栏式特种日记账发展的。下面简单地举例说明。

（一）普通日记账

普通日记账是用来登记全部经济业务的日记账，也称分录簿。普通日记账的格式分为两栏式和多栏式两种。

1. 两栏式普通日记账的格式和登记

两栏式普通日记账分借方和贷方两个金额栏。其格式如表7-6所示。

表7-6 日 记 账 第 页

20××年		业务号	摘要	会计科目	借方金额	贷方金额	过账
月	日						

两栏式的普通日记账的登记步骤如下：

（1）将经济业务发生的日期记入日期栏，年度记入该栏的上端，月、日分两栏登记。

（2）在“摘要”栏内简要地记入经济业务的内容或编制会计分录的原因。

（3）将应借会计科目记入“会计科目”栏内，并将金额填写在“借方金额”栏内。

（4）将应贷会计科目记入“会计科目”栏内，紧接应借会计科目的下一行（缩进一格），并将金额填写在“贷方金额”栏内。

（5）根据日记账中应借、应贷账户及其金额过入分类账后，应将分类账中该账户的账页号数记入“过账”栏，或在“过账”栏内注明“√”符号，以示已经过账。

例1：东方公司20××年8月份发生以下经济业务：

①8月1日，国家增加投资20 000元，存入开户银行。

②8月5日，向民光厂购入材料取得增值税专用发票，货款5 000元，增值税850元，用银行存款全部付清。（增值税计入材料价值）

③8月10日，银行短期借款100 000元到期，用银行存款归还。

④8月15日，从银行存款中提取现金2 000，以备日常零星开支。

⑤8月20日，李红因公出差，借差旅费1 000元，用现金付给。

⑥8月30日，从银行存款中提取现金15 000元，以备发放职工工资。

⑦8月30日，用现金15 000元，支付职工当月工资。

⑧8月30日，向银行借入款项50 000元，存入存款。

以上经济业务，记入日记账，如表7-7所示。

表7-7 普通日记账（两栏式） 第35页

20××年		业务号	摘　要	会计科目	借方金额	贷方金额	过账
月	日						
8	1	1	国家追加投资	银行存款	20 000		✓
				实收资本		20 000	✓
	5	2	购入材料	原材料	5 850		✓
				银行存款		5 850	✓
	10	3	归还欠款	短期借款	100 000		✓
				银行存款		100 000	✓
	15	4	提现	库存现金	2 000		✓
				银行存款		2 000	✓
	20	5	预支差旅费	其他应收款	1 000		✓
				库存现金		1 000	✓
	30	6	提现	库存现金	15 000		✓
				银行存款		15 000	✓
	30	7	支付职工工资	应付职工薪酬	15 000		✓
				库存现金		15 000	✓
	30	8	向银行借款	银行存款	50 000		✓
				短期借款		50 000	✓

2. 分栏式普通日记账的格式和登记

用一本账集中地、序时地记录一个会计主体的全部经济业务，不便于记账分工，而且登记在日记账里的经济业务必须逐笔过入分类账，过账工作较大，于是便产生了分栏日记账。

分栏日记账也称多栏式日记账，是指把经常重复发生的经济业务，在日记账中分设专栏，把在专栏里汇总的发生额，一次过入分类账的一种日记账。设置专栏的目的，主要是起定期汇总发生额的作用，然后根据发生额合计数一次过账，可以减轻逐笔过账的工作量。实际工作中，对出现频率高的账户，如“库存现金”、“应收账款”、“应付账款”、“管理费用”、“主营业务收入”等，均可设置专栏。对出现频率低的账户，则可设置“其他”栏进行登记。分栏日记账的格式和登记方法如表7-8所示。

多栏式日记账的登记步骤如下：

（1）记入每一笔经济业务的发生日期（同两栏式普通日记账）。

表7-8 普通日记账（多栏式）

20××年		业务号	摘要	银行存款		库存现金		材料	其他			过账
月	日			借方	贷方	借方	贷方	借方	会计科目	借方	贷方	
8	1	1	国家追加投资	200 000					实收资本		200 000	√
	5	2	购入材料		5 850			5 850				√
	10	3	归还欠款		100 000				短期借款	100 000		√
	15	4	提现		2 000	2 000						√
	20	5	预支差旅费				1 000		其他应收款	1 000		√
	30	6	提现		15 000	15 000						√
	30	7	支付职工工资				15 000		应付职工薪酬	15 000		√
	30	8	向银行借款	50 000					短期借款		50 000	√
8	31		合计	250 000	122 850	17 000	16 000	5 850		11 600	250 000	

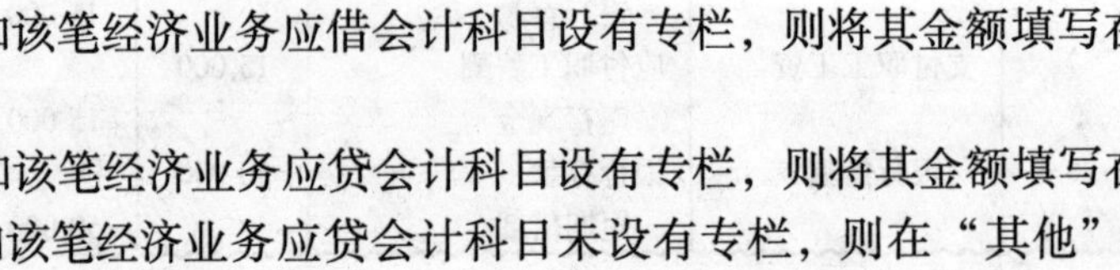

银行存款
250 000 | 122 850

库存现金
170 00 | 160 00

原材料
5 850 |

（2）记入每一笔经济业务的简要内容（同两栏式普通日记账）。

（3）如该笔经济业务应借会计科目设有专栏，则将其金额填写在该“借方”专栏内。

（4）如该笔经济业务应贷会计科目设有专栏，则将其金额填写在该“贷方”专栏内；如该笔经济业务应贷会计科目未设有专栏，则在“其他”栏的“账户名称”栏内填写该贷方会计科目，并将其金额填写在“其他”栏“贷方”金额栏内（应借会计科目以此类推）。

（5）过账完毕，在“过账”栏内注明（同两栏式普通日记账）。

（二）特种日记账

特种日记账就是专门用来登记某一类经济业务的日记账。常用的特种日记账有现金日记账、银行存款日记账以及购货日记账、销货日记账等。特种日记账的格式有三栏式和多栏式两种。为了加强货币资金的管理，各单位通常对现金和银行存款设置日记账，以进行序时核算。

1. 三栏式的特种日记账的格式和登记

（1）三栏式现金日记账。现金日记账是用来登记库存现金每天收入、支出和结存情况的账簿。其格式通常采用“收入”、“支出”和“结存”三栏式，由出纳员根据现金的收、付款凭证，按时间先后顺序逐日逐笔登记。登记时，应填明经济业务的发生日期、凭证号数、摘要、对方科目、收入和支出金额。对于从银行提取现金的业务，因习惯上只填制银行存款付款凭证，不填制现金收款凭证，所以此时的现金收入数，应根据银行存款的付款凭证进行登记。每天终了，应及时结出余额，并与库存现金的实有数额相核对。现金日记账一般采用订本式账簿，其具体格式和登记方法如表7-9所示。现举例说明现金日记账的格式和登记方法。

例2：以百惠工厂某年7月份的出纳业务为例：

①6月30日库存现金余额为1 720元。

②7月1日，开出现金支票从银行提取现金1 000元，以补足库存现金限额。编制1号银行存款付款凭证：

借：库存现金　　1 000

　贷：银行存款　　1 000

③7月2日，车间领取备用金1 200元，以现金支付。编制1号现金付款凭证：

借：其他应收款——备用金　　1 200

　贷：库存现金　　1 200

④7月10日，用现金支付单位机器的修理费480元。编制2号现金付款凭证：

借：制造费用　　480

　贷：库存现金　　480

⑤7月14日，从银行提取现金38 000元，备发工资。编制2号银行存款付款凭证：

借：库存现金　　38 000

贷：银行存款 38 000

⑥7月15日，实发工资38 000元。编制3号现金付款凭证：

借：应付职工薪酬 38 000

贷：库存现金 38 000

⑦7月18日，采购人员王华出差借款500元，出纳员以现金付讫。编制4号现金付款凭证：

借：其他应收款——王华 500

贷：库存现金 500

⑧7月20日，销售人员李梅出差回厂报销差旅费800元，交回余额现金300元。编制1号现金收款凭证和1号转账凭证：

借：库存现金 300

贷：其他应收款——李梅 300

借：管理费用 800

贷：其他应收款——李梅 800

⑨7月25日，门市部交来零星销货款2 800元。编制2号现金收款凭证：

借：库存现金 2 800

贷：主营业务收入 2 800

⑩7月30日，将超过库存限额的现金2 000元送存银行，编制5号现金付款凭证：

借：银行存款 2 000

贷：库存现金 2 000

根据以上经济业务登记现金日记账，如表7-9所示。

表7-9 现金日记账 第16页

××年		凭证		摘要	对方科目	收入	付出	结存
月	日	字	号					
7	1			期初余额				1 720
	1	银付	1	提取现金	银行存款	1 000		2 720
	2	现付	1	车间领用备用金	其他应收款		1 200	1 520
	10	现付	2	支付修理费	制造费用		480	1 040
	14	银付	2	提取现金	银行存款	38 000		39 040
	15	现付	3	发放工资	应付职工薪酬		38 000	1 040
	18	现付	4	王华出差借款	其他应收款		500	540
	20	现收	1	李梅交回余额	其他应收款	300		840
	25	现收	2	门市部交回销货款	主营业务收入	2 800		3 640
	30	现付	5	将现金存入银行	银行存款		2 000	1 640
7	31			本月合计		42 100	42 180	1 640

（2）三栏式银行存款日记账。银行存款日记账是用来登记银行存款的存入、取出以及结余情况的账簿。设置和登记银行存款日记账，可以加强对银行存款的日常监督和管理，便于同银行进行账项核对，以保证银行存款的安全。银行存款日记账的格式通常也采用“收入”、“支出”和“结存”三栏式，由出纳员根据银行存款的收、付款凭证，按时间先后顺序逐日逐笔登记。对于将现金存入银行的业务，因习惯上只填制现金付款凭证，不填制银行存款收款凭证，所以此时的银行存款收入数，应根据相关的现金付款凭证登记。每月终了，应结出账面余额，并定期（一般每月一次）与银行转来的对账单逐笔进行核对，如若不符，应及时查明原因，予以更正。银行存款日记账一般采用订本式的账簿，其格式和登记方法如表 7-10 所示（仍以例 1 为例）。

表 7-10 银行存款日记账 第 21 页

××年		凭证字号	摘　　要	对方科目	收入	付出	结余
月	日						
8	1		期初余额				2 000
	1		国家追加投资	实收资本	200 000		202 000
	5	略	购入材料	原材料		5 850	196 150
	10		归还欠款	短期借款		100 000	96 150
	15		提取现金	库存现金		2 000	94 150
	30		提取现金	库存现金		15 000	79 150
	30		向银行借款	短期借款	50 000		129 150
8	31		本期发生额及期末余额		250 000	122 850	129 150

在西方会计实务中，普通日记账使用广泛，所有企业都需要设置一本普通日记账。在我国会计实务中由于广泛采用记账凭证，故目前很少采用普通日记账，而采用特种日记账。

2. 多栏式特种日记账的格式和登记

多栏式日记账也有多种，最常见的有现金日记账、银行存款日记账、购货日记账、销货日记账等。其中，多栏式现金日记账与多栏式银行存款日记账的格式和登记方法基本相同；多栏式销货日记账与多栏式购货日记账的格式和登记方法相类似。

（1）多栏式现金日记账的格式和登记。现金收付业务种类较多的企业可采用多栏式现金日记账。多栏式现金日记账是在三栏式现金日记账的基础上，对现金收入按应贷科目设置专栏，现金支出按应借科目设置专栏。由于多栏式日记账是按照现金收、付的每一对应科目设专栏进行序时、分类地登记，则月末可以根据汇总后的各对应科目（专栏）的发生额，直接登记有关的总分类账户。多栏式现金日记账，既能全面、清晰地反映现金收支的来龙去脉，又能简化核算工作。多栏式现金日记账的格式如表 7-11 所示。

表 7-11 多栏式现金日记账 第 页

年		凭证		摘要	收入				支出				结余
月	日	种类	号数					合计				合计	

多栏式现金日记账的登记方法如下：

第一、日期栏、凭证字号栏和摘要栏登记方法如同三栏式现金日记账；

第二、借、贷方科目由各个单位根据实际需要自行设置；

第三、由出纳员根据审核后的记账凭证及其所属的原始凭证，登记现金实际收付的金额；

第四、每日终了，应将现金支出日记账中结计的当日支出合计数，转记入现金收入日记的当日支出合计栏内，并结算出当日账面余额；

第五、月末结出多栏式现金收入日记账和现金支出日记账各专栏的合计数，并据以分别登记有关总分类账。

会计人员平时要对多栏式现金日记账的记录加强检查，做到账款相符、日清月结。

如果现金借、贷对应科目（专栏）较多，多栏式现金日记账一般设置为现金收入日记账和现金支出日记账。

现金收入日记账和现金支出日记账，分别根据现金的收款凭证和付款凭证，按照对应科目逐日逐笔顺序登记。每月终了，将现金支出日记账的支出合计数抄列到现金收入日记账的“支出合计”栏，结出当月余额。多栏式现金收入（支出）日记账的格式如表 7-12 和表 7-13 所示。

表 7-12 多栏式现金收入日记账 第 页

年		凭证		摘要	贷方科目						支出和计	结余
月	日	种类	号数							收入合计		

表 7-13 多栏式现金支出日记账 第 页

年		凭证		摘要	借方科目							
月	日	种类	号数									支出合计

（2）多栏式银行存款日记账的格式和登记。银行存款收付业务种类较多的企业可采用多栏式银行存款日记账。多栏式银行存款账日记账是在三栏式银行存款日记账的基础上，对银行存款收入按应贷科目设置专栏，银行存款支出按应借科目设置专栏。由于多栏式银行存款日记账是按照银行存款收、付的每一对应科目，设专栏进行序时、分类地登记，因此，月末可以根据汇总后的，各对应科目（专栏）的发生额，直接登记有关的总分类账。多栏式银行存款日记账，既能全面、清晰地反映银行存款收支的来龙去脉，又能简化核算工作。如果银行存款借、贷对应科目（专栏）较多，也可将其分设为银行存款收入日记账和银行存款支出日记账两本账。格式如表 7-14、表 7-15 所示。

表 7-14 多栏式银行存款收入日记账 第 页

20××年		凭证字号	摘要	贷方科目						支出合计	节余
月	日			库存现金	应收账款	主营业务收入	应交税费	…	收入合计		
6	1	略	期初结存								34 000
	6		收回货款		8 000				8 000		
	15		销售产品			9 000	540		9 540		
			（下略）								
	31		合计		8 000	9 000	540	…	17 540	50 300	1 240

表 7-15 多栏式银行存款支出日记账 第 页

20××年		凭证字号	摘要	借方科目						支出合计
月	日			在途物资	应付账款	库存现金	制造费用	管理费用	…	
6	2	略	付材料运费	800						
	6		还应付账款		23 400					
	15		提取现金			12 000				
	19		支付电费				2 600	600		
	21		还应付账款		10 000					
	26		付修理费				900			
			（下略）							
160	30		合计	800	33 400	12 000	3 500	600		50 300

银行存款日记账应定期与银行对账单核对，至少每月核对一次。月份终了，单位银行存款的账面结余数与银行对账单的余额之间如有差额，必须逐笔查明原因进行处理，并按月编制“银行存款余额调节表”，以调整相符。

（3）多栏式购货日记账的格式和登记。购货日记账是一本专门用来登记商品购进业务的账簿，购货日记账一般采用多栏式日记账格式，凡与材料采购对应的账户以及其他有关账户均需设置专栏。其格式和登记如表 7-16 所示。

（4）多栏式销货日记账的格式和登记。销货日记账是一本用来登记商品或产品销售业务的账簿。在销货业务较多的情况下，可以设置销货日记账进行专门登记。销货日记账一般采用多栏式日记账格式，凡与“营业收入”对应的账户以及其他有关账户均需设置专栏，其格式如表 7-17 所示。

表 7-16　多栏式购货日记账　　第　页

20××年		凭证字号	摘要	供货方名称	在途物资借方	应交税费借方	应付账款贷方	库存现金贷方	银行存款贷方
月	日								
8	5	略	现购	民众厂	10 000	1 700			11 700
	6		赊购	大华厂	5 000	850	5 850		
	9		赊购	红星厂	20 000	3 400	23 400		
	18		现购	民众厂	8 000	1 360			9 360
	19		赊购	红星厂	12 000	2 040	14 040		
8	31		合计		55 000	9 350	43 290		21 060

表 7-17　多栏式销货日记账　　第　页

20××年		凭证字号	摘要	购货方名称	应收账款借方	银行存款借方	库存现金借方	主营业务收入贷方	应交税费方
月	日								

二、总分类账簿的设置和登记

总分类账簿是由各个总分类账户组成，用来登记全部经济业务，提供总括核算指标的分类账簿。总分类账簿登记的依据和方法，主要取决于所采用的核算形式，它可以直接根据每张记账凭证逐笔进行登记，也可以把各种记账凭证采用一定的方法进行汇总，根据汇总后的结果进行登记。每月终了应将当月已完成的经济业务全部登记入账，并结出总账各账户的本期发生额和期末余额，为编制会计报表提供依据。每个企业都必须设置总账。总账应采用订本式账簿，其格式多采用三栏式，也可采用多栏式。

1. 三栏式总分类账

采用三栏式账簿，在启用时应按照会计科目的编码顺序分设账户、并根据各会计科目业务量的多少预留账页。在实际工作中，三栏式总分类账的登记方法有两种，即根据记账凭证逐日逐笔的登记和根据汇总的凭证登记。其具体的格式及登记方法如表 7-18、表 7-19、表 7-20 所示。

表 7-18 总 分 类 账

会计科目：应付账款　　　　　　　　　　　　　　　　　　　　　　第×页

20××年		凭证		摘 要	对方科目	借方	贷方	借或贷	余额
月	日	字	号						
5	1			期初余额				贷	26 000
	4	转	2	购料款未付	原材料		23 400	贷	49 400
	11	付	3	偿还材料款	银行存款	23 400		贷	26 000
	18	转	9	购料款未付	原材料		11 700	贷	37 700
5	31			月 结		23 400	35 100	贷	37 700

表 7-18 的总分类账登记方法如下：

直接根据记账凭证逐笔登记。这种登记方法适合于规模小、经济活动单一、业务量少的单位。登记工作可分散在平时进行，能够减轻月末记账的工作量，但平时登账的工作量较大。

表 7-19 总 分 类 账

会计科目：原材料　　　　　　　　　　　　　　　　　　　　　　第 12 页

20××年		凭证		摘 要	借方	贷方	借或贷	余 额
月	日	字	号					
1	31			本月合计	20 000	15 000	借	18 000
2	10	科汇表	1	1～10 日发生额汇总	5 000	4 600	借	18 400
2	20	科汇表	2	11～20 日发生额汇总	7 000	8 800	借	16 600
2	28	科汇表	3	21～28 日发生额汇总	9 000	8 900	借	16 700
2	28			本月发生额及期末余额	21 000	22 300	借	16 700

表 7-19 的总分类账登记方法如下：

根据科目汇总表登记。目前根据科目汇总表登记总分类账应用较为广泛。这种方法汇总方便，登账工作量小，但不能揭示账户的对应关系，不便于进行会计分析。

表 7-20 总 分 类 账

会计科目：应收账款　　　　　　　　　　　　　　　　　　　　　　第 25 页

20××年		凭 证		摘 要	对应科目	借方	贷方	借或贷	余额
月	日	字	号						
6	1			月初余额				借	5 556
6	30	汇收	1	1～30 日汇总	银行存款		5 556	借	
6	30	汇转	15	1～30 日汇总	主营业务收入	40 000		借	40 000
6	30			本月发生额及期末余额		40 000	5 556	借	40 000

表 7-20 的总分类账登记方法如下：

根据汇总记账凭证登记总账。这种登记方法，既总括又分类地反映了企业全部的经济业务，并能揭示账户的对应关系，便于进行会计资料分析，提供进行经济预测和决策所需的会计信息。但人工编制汇总记账凭证工作量较大。随着会计电算化的普及，该方法无疑是一种较为科学的方法。

根据科目汇总表和汇总记账凭证登记总分类账的具体方法在后续的章节中讲解。

2. 多栏式总分类账

多栏式总分类账，是把所有总账科目合设在一张账页上，是把序时登记和分类登记结合在一起的账簿，通常称为日记总账。其格式如表 7-21 所示。

表 7-21 日 记 总 账

第 × 页

年		凭证	摘要	发生额	现金		银行存款		应收账款		管理费用		…	
月	日				借	贷	借	贷	借	贷	借	贷	借	贷

在经济业务比较简单、总分类账户为数不多的情况下，有些单位为简化记账工作，把序时账簿和总分类账簿记录结合起来成为一本账簿进行登记，这种账簿叫联合账簿。例如，日记总账就是兼有日记账和总分类账作用的联合账簿。

三、明细分类账簿的设置和登记

明细分类账簿简称明细账，它是将经济业务按照各个明细分类账户进行分户登记的账簿。通过明细分类登记，可以为某些总分类账户提供其增减变动的详细核算资料。

明细分类账是隶属于某些总分类账户的。例如，对应收、应付账款，除了在总分类账户中反映其概况外，还要反映其与每个往来客户的结算情况，这就要设置往来明细账，按每个客户进行分户核算，以便及时结算。有时候，一个总分类账户下所属的明细分类账户很多，如原材料账户下所属的明细账户成千上万，这时，就要按材料类别分设几本明细账簿进行核算。

明细分类账的具体格式取决于它所记录的经济内容，主要有以下三种：

1. 三栏式明细分类账簿

它的结构和总分类账簿相同，适用于只要求提供货币信息而不要求提供非货币信息的那些账户，如应收账款、应付账款等结算类账户和实收资本、资本公积等权益类账户。其具体格式及登记方法如表 7-22 所示。

表 7-22 其他应收款明细账

明细科目：张华 单位：元

20××年		凭证		摘要	借方	贷方	借或贷	余额
月	日	字	号					
3	5	×	×	出差借款	1000		借	1000
3	27	×	×	报销差旅费		1000	平	0
3	31			本月合计	1000	1000	平	0

2. 数量金额式明细分类账簿

它是在三栏式的基础上，将收、付、余各栏分别增设数量、单价和金额栏，适用于既要求提供货币信息又要求提供实物信息的财产物资类账户，如原材料、包装物、库存商品等账户。其具体格式及登记方法如表 7-23 所示。

表 7-23 原材料明细分类账

材料名称：甲材料 计量单位：t

金额单位：元

20××年		凭证字号	摘要	收入			发出			结存		
月	日			数量	单价	金额	数量	单价	金额	数量	单价	金额
5	1		期初结存							50	400	20 000
5	8	①	购入	60	400	24 000				110	400	44 000
5	12	②	购入	10	400	4 000				120	400	48 000
5	15	③	发出				80	400	32 000	40	400	16 000
5	31			70	400	28 000	80	400	32 000	40	400	16 000

3. 多栏式明细分类账簿

多栏式明细账，应根据各类经济业务的内容和管理的需要来设置，以便为经济管理提供详细资料。一般情况下，多栏式明细账应在“借方”和“贷方”栏下分别按照明细项目设专栏，其格式如表 7-24、表 7-25、表 7-26 所示。

表 7-24 生产成本明细账

品种：甲产品 单位：元

20××年		凭证		摘要	借方			
月	日	字	号		直接材料	直接人工	制造费用	合计
6	30	×	×	领用材料	5 000			5 000
		×	×	分配工资		2 000		2 000
		×	×	分配制造费用			3 000	3 000
6	30			本月合计	5 000	2 000	3 000	10 000
6	30			完工转出	4 000	1 600	2 400	80 000
6	30			月末在产品	1 000	400	600	2 000

表 7-25 本年利润明细账 第 页

年		凭证字号	摘要	借方				贷方				借或贷	余额
月	日			财务费用	管理费用	…	合计	主营业务收入	营业外收入	…	合计		

如果某明细账的贷方在月份内只登记一两项经济业务，这类明细账可只按借方分设专栏，发生贷方业务时，可在借方有关专栏内用红字登记。多栏式明细分类账适用于成本、费用类和收入类等账户的明细核算，如管理费用、生产成本、制造费用、营业外收入等账户。其格式如表 7-27、表 7-28 所示。

表 7-26 应交税费——应交增值税明细账 第 页

年		凭证字号	摘要	借方			贷方				借或贷	余额
月	日			进项税额	已交税金	合计	进项税额	出口退税	进项税额转出	合计		

表 7-27 制造费用明细账 第 页

年		凭证字号	摘要	借方							合计
月	日			工资	福利费	折旧	修理费	办公费	…	其他	

表 7-28 销售费用明细账 第 页

年		凭证字号	摘要	折旧	工资	福利费	办公费	修理费	业务招待费	…	其他
月	日										

除了上述三种常用格式外，明细账还有一些其他格式，如用于控制材料采购业务的横线登记式，用于有外币业务和固定资产明细账的专用格式等，我们将在后续章节中随着所举业务例子的出现而对它们加以说明。

明细账的登记方法有多种。有的直接根据原始凭证或原始凭证汇总表等进行登记，如材料、包装物等实物明细账；有的根据记账凭证进行登记，如应收、应付账款明细账等；如采用以日记账为基础的账务处理程序，则可根据日记账进行登记。

第三节 结账和对账

一、结账

企业的经济活动是不断发生、连续进行的，企业的资金运动循环往复，周而复始。会计上是以持续经营为假设，但为了总结了解一定会计期间内企业的经营活动和财务收支状况，必须在会计期末，即在月度、季度、年度终了时进行结账。

结账是指一定时期（月、季、年）终了计算和登记本期发生额及期末余额的过程。结账的目的是使下期的账目再继续记载下去。通过结账，一是可以反映某一会计期间（月度、季度和年度）经营情况的形成过程，即盈亏发生的原因，二是可以反映某一个会计期末财务状况。通常，结账工作包括：①要结算各种收入、费用账户，并据以计算确定本期的利润或亏损，把经营成果在账上揭示出来。②要结算各个资产、负债和所有者权益的总分类账户和明细分类账户，分别结出它们的本期发生额及期末余额。

（一）结账工作的程序

（1）查明在本会计期间内发生的各种经济业务是否已经全部登记入账，如有漏登应及时补记，不能提前结账或延至下期结账。

（2）本期内所有的转账业务都应编制记账凭证并登记有关账簿，对于各项费用、成本、收入等损益类账户，应及时在有关账户之间结转。

收入和费用的变化影响着所有者权益，收入增加所有者权益，费用减少所有者权益。收益、费用类账户被称为“临时账户”，因为它们累计的是一个会计期间的发生额，在会计期末时，这些账户的余额即累计的所有者权益变化额，转入所有者权益账户。这一程序有两个目标：一是在所有者权益的相关账户中体现本期发生的所有者权益变化额；二是将临时性账户的余额结清，以便计量下一个会计期间的收入与费用。所有者权益类账户和资产负债表中其他账户被称为“永久性”账户，因为这些账户的余额跨越一个会计期间持续存在。将各临时性账户的余额转入所有者权益类账户的过程，称为结清账户。结清临时性账户时，需要编制会计分录，并据以登记入账。为结清临时性账户而编制的会计分录称为结转分录。例如：

1）各项成本费用的余额按规定结转到“本年利润”账户的借方。

2）各项收入或收益的余额按规定结转到“本年利润”账户的贷方。

3）比较“本年利润”账户的借、贷方数，如果贷方大于借方，其差额为利润，应从“本年利润”账户的借方转入到“利润分配”账户的贷方；如果是借方大于贷方，其差额为亏损，则应从“本年利润”账户的贷方转入到“利润分配”账户的借方。

4）按规定计算并调整“利润分配”账户（提取盈余公积、分配股利等），编制相应会计分录。

（3）编制总账余额试算平衡表，检查总分类账户借方余额和贷方余额是否平衡相等。若试算不平衡，需要对账证、账账重新核对查证。

（4）在本期全部业务登记入账的基础上，试算平衡后，即可按照规定的结账方式着手结账，计算并记录所有账户的本期发生额和期末余额。但不得为赶编会计报表提前结账，也不得先编制会计报表后结账。

（二）结账方式

在实际工作中，一般采用划线结账方法进行结账。在我国，结账方式一般可分为月结、季结、年结三种。

1. 月结

办理月结时，应在各账户最后一笔记录下面划一道通栏红线，在红线下结算本月发生额和月末余额（如无余额，应在余额栏内注明“0”，并在借或贷栏内写上“平”字），并在摘要栏内注明“本月合计”或“本月发生额及余额”或“××月份月结”字样，然后在下面再划一条通栏红线。

2. 季结

需要采取季结方式的企业，要在月结完成的基础上进行季结。季末结账，应计算并填列“本季发生额”和“季末余额”，将其记录登记在该账页最后一个月月结的下一行内，如果没有余额应在账页的余额栏内写“0”，并在借或贷栏内写上“平”字，同时在同一行的摘要栏注明“×季度季结”字样，并在季结下划一道通栏红线。

3. 年结

年末结账，首先要完成月结和季结。随后再计算并填列“本年发生额”和“本年余额”，将其记录登记在该账页最后一个季结的下一行，如果没有余额应在账页的余额栏内写“0”，并在借或贷栏内写上“平”字，同时在同一行的摘要栏内注明“××年度年结”字样，并在年结下划两道红线。

下面以现金总分类账的月结、季结和年结为例来说明结账的方法，如表7-29所示。

表7-29 总 账

会计科目：库存现金　　　　单位：元

20××年		凭证		摘要	对方科目	借方	贷方	借或贷	余额
月	日	字	号						
1	1			上年结转				借	300
1	10	汇	1	1~10日汇总		5 800	4 840	借	1 260
1	20	汇	2	11~20日汇总		6 950	5 880	借	2 330
1	31	汇	3	21~31日汇总		7 600	5 910	借	4 020
1	31			1月份月结		20 350	16 630	借	4 020
2	10	汇	1	1~10日汇总		4 600	5 700	借	2 920
2	20	汇	2	11~20日汇总		6 850	5 400	借	4 370
2	31	汇	3	21~31日汇总		8 800	7 800	借	5 370
2	28			2月份月结		20 250	18 900	借	5 370
3	10	汇	1	1~10日汇总		11 200	7 780	借	8 790
⋮	⋮	⋮	⋮	⋮	⋮	⋮	⋮	⋮	⋮
3	31			3月份月结		19 800	20 000	借	5 170
3	31			1季度季结		60400	55530	借	5170
4	10	汇	1	1~10日汇总		6700	7980	借	3890
⋮	⋮	⋮	⋮	⋮	⋮	⋮	⋮	⋮	⋮
12	31			12月份月结		23 800	25 000	借	1 990
12	31			4季度季结		60 400	55 530	借	1 990
12	31			年结		256 180	254 490	借	1 990
				上年结余		300			
				结转下年			1 990		
				总计		256 480	256 480		

二、对账

由于种种原因，比如财产物资本身的自然属性和自然条件会引起升溢或损耗，或者由于人为原因造成记账、算账错误等都会引起账实不符。为了保证各种账簿记录的真实、正确和完整，必须在会计期末结账之前进行对账工作。所谓对账是指在结账之前，将账簿记录的有关数字与库存实物、货币资金、往来结算等进行的核对工作。对账的目的是为了保证账证、账账、账实相符，从而使期末编制会计报表的数据更真实、正确和完整。

对账包括日常核对和定期核对。日常核对是对日常编制的会计分录所作的审核。如发现有错，在记账之前就可查明更正。定期核对一般在月末、季末、年末于结账之前进行，以查验记账工作是否正确和账实是否相符。

1. 账证核对

它是指各种账簿的记录与有关会计凭证的核对。这是根据各种账簿记录与记账凭证及其所附的原始凭证进行核对的，这种核对除在日常记账过程中进行外，在期末如发现账账不符时，尚应溯本求源，进行账簿记录与会计凭证的检查与核对，以保证账证相符。

2. 账账核对

这是指各种账簿之间有关数字的核对，主要包括：

（1）总分类账各账户借方发生额合计与贷方发生额合计，借方余额合计与贷方余额合计核对相符；

（2）总分类账各账户余额与其有关明细账户余额合计数核对相符；

（3）现金日记账与银行存款日记账的余额与现金总分类账和银行存款总分类账的余额核对相符；

（4）会计部门的各种财产物资明细分类账期末余额应与财产保管和使用部门的有关财产物资明细分类账期末余额核对相符。

3. 账实核对

这是指账簿记录的财产物资余额与实际结存数字的核对，主要包括：

（1）现金日记账每日结存数与库存现金实有数核对相符，银行存款日记账的账面数额定期与银行送来的对账单核对相符；

（2）债权、债务的账面余额应与结算单位账面余额核对相符；

（3）财产物资明细账的账面余额应定期与实存数字核对相符，账实核对主要通过财产清查的方式进行；

（4）各种应收、应付账款的明细分类账的账面余额，应与有关债务、债权单位核对相符。

第四节 登记账簿的规则

根据审核无误的会计凭证，采用复式记账方法，将发生的经济业务分门别类地记入有关账簿内，这是会计核算的专门方法，也是会计核算的一项重要工作，这项工作必须严格按照会计制度认真执行。

一、账簿的启用规则

会计账簿是企业的重要经济档案，为了保证账簿记录的合法性、安全性，明确记账责任，保证会计资料完整，防止舞弊行为，在启用新账簿时，应认真填写置于账簿扉页的“账簿启用和经管人员一览表”（或称为“账簿启用及交接表”），其格式如表7-30所示。

表7-30 账簿启用和经管人员一览表

<table>
<tr><td colspan="2">机构名称</td><td colspan="5"></td><td colspan="4" rowspan="5">印鉴</td></tr>
<tr><td colspan="2">账簿名称</td><td colspan="5">（第 册）</td></tr>
<tr><td colspan="2">账簿编号</td><td colspan="5"></td></tr>
<tr><td colspan="2">账簿页数</td><td colspan="5">本账簿 共 页</td></tr>
<tr><td colspan="2">启用日期</td><td colspan="5">年 月 日</td></tr>
<tr><td rowspan="3">经管人员</td><td colspan="2">负责人</td><td colspan="3">主管会计</td><td colspan="2">复核</td><td colspan="3">记账</td></tr>
<tr><td>姓名</td><td>盖章</td><td>姓名</td><td colspan="2">盖章</td><td>姓名</td><td>盖章</td><td>姓名</td><td colspan="2">盖章</td></tr>
<tr><td></td><td></td><td></td><td colspan="2"></td><td></td><td></td><td></td><td colspan="2"></td></tr>
<tr><td rowspan="6">交接记录</td><td colspan="2">经管人员</td><td colspan="4">接管</td><td colspan="4">交出</td></tr>
<tr><td>职别</td><td>姓名</td><td>年</td><td>月</td><td>日</td><td>盖章</td><td>年</td><td>月</td><td>日</td><td>盖章</td></tr>
<tr><td></td><td></td><td></td><td></td><td></td><td></td><td></td><td></td><td></td><td></td></tr>
<tr><td></td><td></td><td></td><td></td><td></td><td></td><td></td><td></td><td></td><td></td></tr>
<tr><td></td><td></td><td></td><td></td><td></td><td></td><td></td><td></td><td></td><td></td></tr>
<tr><td></td><td></td><td></td><td></td><td></td><td></td><td></td><td></td><td></td><td></td></tr>
<tr><td>备注</td><td></td><td></td><td></td><td></td><td></td><td></td><td></td><td></td><td></td><td></td></tr>
</table>

调换记账人员时，应在经管人员交接记录中注明交接日期和交接人员的姓名及签章，同时需由会计主管人员监交。如果是再进行继续记载，还要把上年度账簿的各会计科目余额转记入新账簿内，并在摘要栏注明“年初余额”或“上年结转”字样。

持续经营的企业单位，在每个新的会计年度开始时，除固定资产明细分类账等少数账簿，可连续使用旧账外，其他分类账簿和日记账原则上应在新年度开始时开设新账，不能跨年度使用，以免造成账簿归档管理和日后查询的困难。

二、登记账簿的规则

登记账簿是会计核算的方法之一，为了保证会计核算的质量，完成会计工作任务，记账必须保证及时，做到登记正确、内容完整，不能漏记、错记和重记。登记账簿除了以审核无误的会计凭证为依据外，还应严格遵守以下规则：

（1）根据审核无误的会计凭证登记账簿时，应将会计凭证日期、凭证编号、经济业务的内容摘要、金额和其他有关资料逐项过入账内。做到数字准确、摘要清楚，登记及时。为了防止漏记和重复登记，便于查询，应在记账凭证上注明所记账簿页数或以“√”的符号表示已经记账。

（2）为使账簿记录清晰、耐久、防止涂改，记账时必须使用蓝、黑墨水钢笔书写，不得使用铅笔和圆珠笔，红色墨水只在结账、划线、改错和冲账时使用。红色墨水必须按制度规定使用。如：采用红字冲账的方法冲销错账；在不设借方或贷方的多栏式账页中，登记减少数；三栏式账户的余额栏前未标明记账方向，余额栏登记负数余额，以及制度规定红字登记的其他记录。除此之外不得红笔记账。

（3）记账时应按编定的页次逐页逐行连续登记，不得隔页、跳行登记。如果发生隔页、跳行等情形，应将空行、空页用红线对角划掉，并加盖“作废”戳记，由记账人员签章，不得撕毁、涂抹。

（4）记账要保持清晰、整洁，记账文字和数字都要端正、清楚，严禁刮擦、挖补、涂改或用药水消除字迹。

（5）账簿的数字记录应紧靠行格的底线书写，一般只占方格高度的1/2或2/3，并应适当向右倾斜，这样不但美观，而且也好采用划线更正法予以更正错误。

（6）每张账页登满后，需要办理“转页”手续。转页时，应在该账页的最后一行结出发生额合计数和余额，并在摘要栏注明“转次页”字样，然后再把这个合计数及余额移到下一页的第一行的相应栏内，并在该行摘要栏内注明“承前页”字样。

（7）各种账簿记录都应定期结账，结出账户的本期发生额和余额，结出余额后，应在“借或贷”栏写明“借”或“贷”字样，表示余额的方向；没有余额的账户，应在“借或贷”栏写“平”字。

三、错账的更正方法

（一）划线更正法

凡在记账当时发现有错或在结账前发现账簿记录中有文字或数字错误，但不影响其后数字的计算，可用此法更正。更正时，在错误的文字或数字上划一红线，以示注销。划线时，要划去错误数字的整个数码，不能只划其中个别数码，然后在红线上空白处填写正确的文字或数字，并由更正人在更正处盖章，以示负责。

例3：记账员张明把525.80元误记为528.50元，应作如下更正：

525.80 [张明]
~~528.50~~

这种方法只适用于记账凭证没有错误，只是账簿记录中发生的笔误或计算错误，只需要更正少数文字或数字错误的情况。（注：方框[ ]表示红字）

（二）红字更正法

红字更正法又称赤字冲账法，是用红字记账凭证来冲销错误的账簿记录的方法。这种方法适用于两种情况的错账。

（1）记账后发现记账凭证中会计科目使用错误，包括科目名称、记账方向及对应关系方面的错误，而造成账簿记录发生错误，其更正方法是：

记账凭证应借、应贷会计科目发生错误，并已登记入账，可先用红字填制一张与错误凭证内容完全相同的凭证，冲销原有账簿记录的错误，再用蓝字填制一张正确的记账凭证，重新登记入账。

例4：某厂通过银行收回一笔应收销货款8 000元，正确的记账凭证为：

借：银行存款　　8 000

　贷：应收账款　　8 000

核对时发现将贷方科目“应收账款”错记为“主营业务收入”。

更正时，用红字填制一张与错误内容相同的记账凭证，以便将原错误记录冲销。

借：银行存款　　[8 000]

　贷：主营业务收入　　[8 000]

然后用蓝字填制一张正确的记账凭证。

借：银行存款　　8 000

　贷：应收账款　　8 000

上述分录过账后，有关账户中的记录就如下所示：

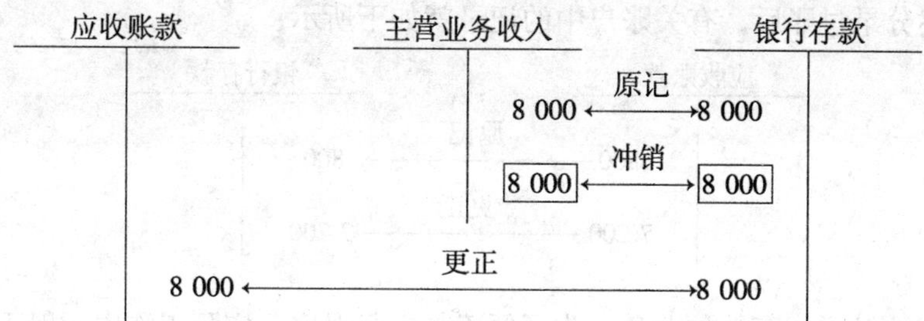

（2）记账后发现记账凭证科目使用没错，但所记金额大于应记金额，据此过账，造成多记的错误，其更正方法，可采用红字冲销法。

例5：如上例将金额8 000元误记为80 000元，可将多记的金额填制一张红字的记账凭证，据以登记入账，同时在记账凭证和账簿的摘要栏注明“冲销×月×日×号多记金额”。按上例可作如下更正：

借：银行存款　　72 000

　贷：应收账款　　72 000

上述分录过账后，有关账户中的记录就如下所示：

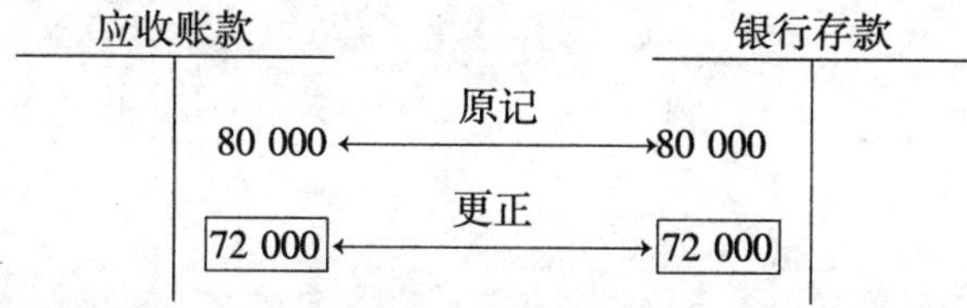

红字更正方法适用于由于记账凭证错误而引起的登账错误，是目前应用最为广泛的更正错账的方法。

（三）补充登记法

补充登记法是指对少记金额予以补充登记来更正错误账簿记录的方法。

如果在账簿记录中所记的会计科目没有错，只是登记的金额小于应记的金额；应按正确数字与错误数字之间的差额补填一张蓝字记账凭证，并据以登账，补充登记少记的金额。

例6：上例收回应收账款为8 000元错记为800元，会计科目没有错，可采用补充登记法。

借：银行存款　　7 200

　贷：应收账款　　7 200

上述分录过账后，有关账户中的记录就如下所示：

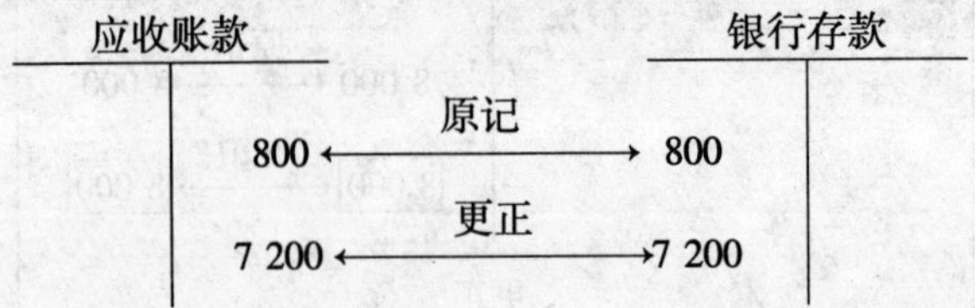

对于涉及银行存款的业务，为了便于与银行对账，实际工作中一般不采用补充登记法予以更正，而采用红字更正法。因为补充登记法把一笔发生额变成了两笔，不便于对账。

第八章 财产清查

第一节 财产清查的意义

一、财产清查的意义

财产清查，亦称盘存，就是通过对财产物资、库存现金进行实地盘点，对各项银行存款和债权、债务进行询证核对，确定各项财产物资、货币资金及债权债务的实存数，并查明实存数与账存数是否相符的会计核算方法。

会计核算的任务之一，是反映和监督财产物资的保管和使用情况，保护企业财产物资的安全完整，提高各项财产物资的使用效果。各经济单位应通过账簿记录来反映和监督各项财产的增减变动及结存情况。为了保证账簿记录的正确，应加强会计凭证的日常审核，定期地核对账簿，做到账证相符，账账相符。但是，在会计实际工作中，账簿记录的资料往往与各项财产物资实有数不一致。造成这种差异的原因是多方面的。有时是由于工作上的差错，有时是由于外界的影响；有些是可以避免的，有些是不能完全避免的。一般说来，造成账实不符的原因主要有以下几方面：

（1）在财产物资收发过程中，由于计量、检验不准确而发生了品种上、数量上或质量上的差错。

（2）由于管理不善或工作人员失职造成财产破损、变质、短缺。

（3）财产物资在保管或运输过程中发生自然损耗。

（4）由于火灾、水灾等意外事故造成非常损失。

（5）由于不法分子营私舞弊、贪污盗窃等行为造成财产的损失和账目上的混乱。

（6）由于会计人员业务素质差，在账簿中错记、漏记、重记或计算错误，或者人为编造假账等。

为了维护会计核算的客观性，企业无论对哪一种原因造成的账实不符，都需通过财产清查，及时发现问题，调整账簿记录。财产清查的意义主要有以下几个方面：

（一）保证会计核算资料的真实可靠

会计核算经过填制会计凭证，严格审核凭证，然后登记入账的程序，按理说账簿资料能反映企业财产物资的实有数，账实应该是相符的。但在实际工作中由于各种人为的或自然的原因，都会使财产物资的实际结存数与账面结存数发生差异。通过财产清查，可以确定各项财产的实存数，将实存数与账存数进行对比，确定盘盈、盘亏数额，及时调整账簿记录，做到账实相符，以保证账簿记录的真实正确，提高会计资料的质量，为经济管理提供可靠的数据资料。

（二）健全财产物资的管理制度，挖掘各项财产的潜力，加速资金周转

不断地挖掘内部潜力，充分地利用各种财产物资，是提高经济效益的一个重要方面。充分利用各种财产物资，必须经常了解各项财产物资的使用情况。通过财产清查，查明各项财产盘盈、盘亏的原因和责任，从而找出财产管理中存在的问题，改善经营管理；还可以查明各项财产物资的储备情况、查明各项财产物资占用资金的合理性和利用情况，以便挖掘各财产物资的潜力，提高其使用效能。

（三）保证各项财产物资的安全完整

财产清查既是会计核算的一项专门方法，又是一项行之有效的会计监督活动。通过财产清查，不仅可以查明各项财产物资的实际结存数，以及实际结存数与账面结存数的差异，而且还可以进一步分析产生差异的原因，检查各项财产物资有无毁损、变质，是否被贪污盗窃。同时，通过财产清查，还可以检查各项财产物资的增减、收支是否按照规定的制度办理了必要的手续，各种物资的保管是否安全妥善等等。总之，通过财产清查，可以及时发现问题，建立健全财产物资保管的岗位责任制，保证各项财产物资的安全完整。

（四）保证结算制度的贯彻执行

在财产清查中，对于债权债务等往来结算账款，也要与对方逐一核对清楚。对于各种应收及应付款项应及时结算，已确认的坏账应按规定处理，避免长期拖欠和常年挂账；已确认的确实无法支付的应付款项，应转作“营业外收入”处理。通过财产清查，可促使经办人员自觉遵守结算纪律和国家财政、信贷的有关规定，及时结清债权债务，共同维护结算纪律和商业信用。

二、财产清查的种类

财产清查的对象和范围往往是不同的，在时间上也有区别，一般可有以下分类：

（一）按清查的对象和范围分为全面清查和局部清查两种

1. 全面清查

全面清查是对企业所有的财产物资、货币资金和债权债务进行盘点和核对。以小工业企业为例，全面清查的对象一般包括：

（1）库存现金、银行存款和银行借款等货币资金。

（2）所有的固定资产、原材料、在产品、库存商品及其他物资。

（3）各项在途材料、在途商品和在途物资。

（4）各项债权、债务。

（5）各项其他单位加工或保管的材料、商品及物资等等。

（6）受其他单位委托保管的财产。

全面清查范围广，参加的部门人员多，一般来说，在以下情况下需进行全面清查：

（1）年终决算前，为了确保年终决算会计资料真实、正确，需进行一次全面清查。

（2）单位撤销、合并或改变隶属关系，需进行全面清查，以明确经济责任。

（3）中外合资、国内联营，需进行全面清查。

（4）开展清产核资，需进行全面清查。

（5）单位主要负责人调离，需进行全面清查。

2. 局部清查

局部清查是指根据需要对一部分财产物资进行的清查，其清查的主要对象是流动性较大的财产，如库存现金、原材料、在产品和库存商品等。

局部清查范围小，内容少，涉及的人也少，但专业性较强，一般有：

（1）对于库存现金应由出纳员在每日业务终了时点清，做到日清月结。

（2）对于银行存款和银行借款，应由出纳员每月至少与银行核对一次。

（3）对于原材料、在产品和库存商品除年度清查外，应有计划地每月重点抽查。对于贵重的财产物资，应每月抽查盘点一次。

（4）对于债权、债务，应在年度内至少核对一至两次，有问题应及时解决。

（二）按照财产清查的时间划分，有定期清查和不定期清查两种

1. 定期清查

定期清查是指根据管理制度的规定或预先计划安排的时间对财产所进行的清查。这种清查的对象不定，可以是全面清查也可以是局部清查。清查的目的在于保证会计核算资料的真实正确，一般是在年末、季末或月度末结账时进行。

2. 不定期清查

不定期清查是指根据需要所进行的临时清查。其清查对象是局部清查，如更换出纳员时对库存现金、银行存款所进行的清查；更换仓库保管员时对其所保管的财产所进行的清查等等。其目的在于分清责任，查明情况。

第二节 财产清查的方法

财产清查是一项涉及面广，工作量比较大，既复杂又细致的工作。它不仅是会计部门的一项重要任务，而且是各项财产物资经管部门的一项重要职责。为了保证财产清查工作的顺利进行，在财产清查前，必须有计划有组织地进行各项准备工作。

一、财产清查的一般程序

不同目的的财产清查，应按不同的程序进行，但就其一般程序来说，主要包括以下三个步骤：

1. 成立清查组织

财产清查，尤其是进行全面清查，涉及面广，工作量较大，必须专门成立清查组织，具体负责财产清查的组织和管理。清查组织应由会计、业务、仓库有关部门人员组成，并委派专人负责清查组织的各项工作。

2. 业务准备工作

为做好财产清查工作，会计部门和有关业务部门要在清查组织的指导下，做好各项业务准备工作。主要有以下几点：

(1) 会计部门应在进行财产清查之前，将有关账簿登记齐全，结出余额，认真地进行核对，保证账账和账证之间相互一致，做好账簿准备，为账实核对提供正确的账簿资料。

(2) 财产物资保管和使用等业务部门应登记好所经管的各种财产物资明细账，结出余额，并与会计部门的有关总分类账核对相符。同时财产物资管理人员应将所保管和使用的各种财产物资整理好，挂上标签，标明品种、规格和结存数量，以便盘点核对。

(3) 财产清查小组应组织有关部门准备好各种计量器具，并对它们进行详细的检查，以保证计量的准确性。同时，还应印制好有关清查登记用的表册，例如"盘存表"、"实存账存对比表"、"库存现金盘点报告表"等。

3. 实施财产清查

在做好各项准备工作以后，应由清查人员根据清查对象的特点，依据清查的目的，采用相应的清查方法，实施财产清查。

由于各类财产物资的置存状态不同，在实际进行财产清查时，不同形态的资产应分别采用相应的清查方法。

二、实物的清查方法

财产清查的重要环节是盘点财产物资的实存数量，为使盘点工作顺利进行，应建立一定的盘存制度。一般说来，财产物资的盘存制度或称盘存方法有两种，即永续盘存制和实地盘存制。

（一）确定财产物资账面结存的方法

1. 永续盘存制

永续盘存制亦称账面盘存制，是通过账面记录，随时反映各项财产物资的增加、减少以及结存数量和金额，并通过财产清查，将账存数与实存数进行核对。这种盘存制度可用公式表示如下：

账面期末余额 = 账面期初余额 + 本期增加额 − 本期减少额

这种盘存制度要求财产物资的进出都有严密的手续，便于加强会计监督。在有关账簿中对财产物资的进出进行连续登记，且随时结出账面结存数，便于随时掌握财产物资的占用情况和动态，有利于加强对财产物资的管理。其不足之处在于会增加平时财产物资明细账的工作量。在一般情况下，企业均采用永续盘存制。

2. 实地盘存制

实地盘存制是指对各项财产物资进行日常核算时，只根据会计凭证在明细账簿中登记财产物资增加的数量和金额，不登记减少的数量和金额，到月末，对各项财产物资进行盘点，根据实地盘点所确定的实存数，倒推出本月各项财产物资的减少数，即：

本月减少数 = 账面期初余额 + 本期增加数 − 期末实际结存数

根据以上的计算倒推出的本期减少数，再登记有关账簿，所以每月月末，对各项财产物资进行实地盘点的结果，是计算、确定本月财产物资减少数的依据。

这种盘存制度平时不需要计算、记录财产物资的减少数和结存数，可以大大简化日常核算工作量。但是由于各项财产物资的减少数没有手续，不便于实行会计监督，倒推出的各项财产物资减少数中成分复杂，除了正常耗用外，可能还有毁损和丢失的；而且，由于每个会计期末必须花大量的人力、物力对财产物资进行盘点和计价，加大了期末会计核算工作量。所以非特殊原因，企业一般情况不宜采用这种盘存制度。只有那些平时确实无法记录财产物资减少数的单位才采用这种方法，如零售商店、持续投料的生产企业等。

（二）清查财产物资的技术方法

不同品种的财产物资，由于其实物形态、体积重量、堆放方式不同，而采用不同的清查方法，一般采用的有实地盘点和推算盘点两种。

1. 实地盘点

实地盘点是指在财产物资堆放现场进行逐一清点数量或用计量仪器确定实存数的一种方法。这种方法适用范围广，要求严格，数字准确可靠，清查质量高，但工作量大，如事先按财产物资的实物形态进行科学的码放，如五五排列，三三制码放等，都有利于提高清查的速度。

2. 推算盘点

推算盘点是利用技术方法，如量方计尺对财产物资的实存数进行推算的一种方法。这种方法适用于大量成堆，难以逐一清点的财产物资。

为了明确经济责任，进行财产物资盘点时，有关保管人员必须在场，并参加盘点工作。对各项财产物资的盘点结果，应逐一如实地登记在“盘存单”上，并由参加盘点的人员和实物保管人员同时签章生效。“盘存单”是记录各项财产物资实物盘点结果的书面证明，也是用来编制“实存账存对比表”的依据，是财产清查工作的原始凭证之一。“盘存单”至少要填制一式两份，一份交实物保管人保存，一份交会计部门与账面记录相核对。“盘存单”一般格式如表8-1所示。

表8-1　盘存单

单位名称：　　　　财产类别：　　　　编号：

盘点时间：　年　月　日　　　　存放地点：

<table>
<tr><th>序号</th><th>名称</th><th>规格型号</th><th>计量单位</th><th>实存数量</th><th>单价</th><th>金额</th><th>备注</th></tr>
<tr><td></td><td></td><td></td><td></td><td></td><td></td><td></td><td></td></tr>
<tr><td colspan="6">盘点人签章：</td><td colspan="2">实物保管人签章：</td></tr>
</table>

盘点完毕，将“盘存单”中所记录的实存数额与账面结存数额相比，填制“实存账存对比表”。通过对比，揭示账面结存数和实际结存数之间的差异，并做出适当的处理。实际工作中，为了简化编表工作，实存账存对比表上通常只编列账实不符的物资，确定财产物资盘盈盘亏的数额。在清查工作中，也可以不编制“盘存单”，根据盘点结果和账簿记录直接编制“实存账存对比表”。该表是财产清查的重要报表，是调整账面记录的原始凭证，也是分析盈亏原因明确经济责任的重要依据。“实存账存对比表”一般格式如表8-2所示。

表8-2　实存账存对比表

单位名称：______　　　　存放地点：______

财产类别：______　　　　清查时间：______

<table>
<tr><th rowspan="3">序号</th><th rowspan="3">名称</th><th rowspan="3">计量单位</th><th rowspan="3">单价</th><th colspan="2">实存</th><th colspan="2">账存</th><th colspan="4">实存与账存对比</th><th rowspan="3">备注</th></tr>
<tr><th rowspan="2">数量</th><th rowspan="2">金额</th><th rowspan="2">数量</th><th rowspan="2">金额</th><th colspan="2">盘盈</th><th colspan="2">盘亏</th></tr>
<tr><th>数量</th><th>金额</th><th>数量</th><th>金额</th></tr>
<tr><td></td><td></td><td></td><td></td><td></td><td></td><td></td><td></td><td></td><td></td><td></td><td></td><td></td></tr>
<tr><td></td><td>金额合计</td><td></td><td></td><td></td><td></td><td></td><td></td><td></td><td></td><td></td><td></td><td></td></tr>
</table>

盘点人签章：　　　　会计签章：

三、货币资金的清查方法

（一）库存现金的清查

库存现金的清查，是通过实地盘点库存现金的实存数，然后与库存现金日记账的余额相核对，确定账实是否相符。盘点时，为了明确经济责任，出纳员必须在场，且不允许白条顶库，也就是不能用不具有法律效力的借条、收据等抵充库存现金。盘点结束后，应根据盘点的结果及与库存现金日记账核对的情况，填制“库存现金盘点报告表”。“库存现金盘点报告表”是用来调整账簿记录的重要原始凭证，它既起“盘存单”的作用，又起“实存账存对比表”的作用。“库存现金盘点报告表”是分析产生差异原因，明确经济责任的依据，应由盘点人和出纳员共同签章才能生效。“库存现金盘点报告表”的一般格式如表8-3所示。

表8-3 库存现金盘点报告表

单位名称： 年 月 日

实存金额	日记账余额	实存与账存对比		备 注
		盘 盈	盘 亏	

盘点人： 现金出纳：

（二）银行存款的清查

银行存款的清查，是采用与开户银行核对账目的方法进行的，即将本单位的银行存款日记账与开户银行转来的对账单逐笔进行核对，以查明账实是否相符。一般情况下，银行存款日记账余额与银行对账单余额往往不一致。这种不一致可能由于一方或双方记账有误，也可能由于企业与银行间的未达账项造成的。所谓未达账项是指由于取得凭证的时间不同，导致企业与银行之间对于同一项业务记账时间不一致，而发生的一方已登记入账，而另一方由于未取得结算凭证而尚未入账的款项。未达账项有两类，一类是企业已经入账而银行尚未入账的款项，另一类是银行已经入账而企业尚未入账的款项。具体又可分为以下四种：

（1）企业已收，银行未收款。例如企业销售产品收到支票，送存银行后即可根据银行盖章退回的“进账单”回单登记银行存款的增加，而银行要等到款项收妥后再记增加，如果此时对账，则形成企业已收，银行未收款。

（2）企业已付，银行未付款。例如企业开出一张支票支付购料款，企业可根据支票存根、发货票及收料单等凭证，记银行存款的减少，而此时银行由于未收到支付款项的凭证尚未记减少，如果此时对账，则形成企业已付，银行未付款。

（3）银行已收，企业未收款。例如外地某单位给企业汇来款项，银行收到汇款单后，马上登记存款增加，企业由于未收到汇款凭证尚未记银行存款增加，如果此时对账，则形成银行已收，企业未收款。

(4) 银行已付，企业未付款。例如银行代企业支付款项，银行已取得支付款项的凭证已记存款减少，企业由于未收到凭证尚未记银行存款减少，如果此时对账，则形成银行已付，企业未付款。

上述任何一种未达账项存在，都会使企业日记账余额与银行转来的对账单余额不符。为了查明银行存款的实有数，检查账簿记录是否正确，必须将银行存款日记账的发生额与银行对账单上的发生额，逐笔核对，找出未达账项，并据此编制“银行存款余额调节表”。对未达账项调整后，再确定企业与银行双方对账是否一致，双方的账面余额是否相等。

现举例说明“银行存款余额调节表”的具体编制方法。

例：某企业12月31日银行存款日记账的余额为56 000元，银行转来对账单的余额为74 000元，经逐笔核对有如下未达账项：

(1) 企业月末收到其他单位的转账支票，金额2 000元已记存款增加，但银行尚未记增加；

(2) 企业月末开出转账支票，金额18 000元，已记存款减少，但持票人尚未到银行办理入账手续，故银行尚未记减少；

(3) 企业委托银行代收货款10 000元，银行已登记增加，但收款通知尚未送给企业，故企业尚未记增加；

(4) 自来水公司委托银行扣企业用水费8 000元，银行已划账，并登记企业存款减少，但转账通知书企业尚未收到，故企业尚未记存款减少。

根据以上资料编制“银行存款余额调节表”，调整双方余额。“银行存款余额调节表”的编制方法是，企业与银行双方都在本身余额的基础上补记上对方已记账，本身未记账的未达账项（包括增加额和减少额）。采用这种方法进行调整，双方调整后的余额相等，说明双方记账相符，否则说明记账有错误应给予更正；调节后的余额是企业实际可以动用的款项。“银行存款余额调节表”的格式如表8-4所示。

表8-4 银行存款余额调节表

20××年12月31日　　　　单位：元

项　目	金　额	项　目	金　额
企业日记账余额	56 000	银行对账单余额	74 000
加：银行已收 企业未收款	10 000	加：企业已收 银行未收款	2 000
减：银行已付 企业未付款	8 000	减：企业已付 银行未付款	18 000
调节后的存款余额	58 000	调节后的存款余额	58 000

需要指出的是，“银行存款余额调节表”只起到对账的作用，不能作为调节账面余额的凭证。对于未达账项的会计处理，一般在取得原始凭证后再进行。对于长期挂账的未达账项，可能是错账，则应及时查询。

上述银行存款清查方法，也适用于银行借款的清查。

四、结算往来款项的清查方法

各种往来结算款项也应采取与对方单位核对账目的方法，一般采用“函证核对法”进行清查。清查单位在保证本单位账目正确完整的基础上，按每一个经济往来单位编制“往来款项对账单”（一式两份，其中一份作为回单联）送往对方单位，请对方协助核对。对方经过核对相符后，盖上公章退回；如果核对不相符，对方应在回单联上注明情况，或另抄对账单退回本单位，进一步查明原因，再行核对，直到相符为止。“往来款项对账单”的格式和内容见表8-5。在清查过程中，如果发现未达账项，清查单位也应编制未达账项调节表予以调节。

表8-5 往来款项对账单

××单位：

你单位××年××月××日到我厂购甲产品1 000件已付货款4 000元，尚有4 000元货款未付，请核对后将回联单寄回。

清查单位：（盖章）

××年××月××日

沿此虚线裁开，将以下回单联寄回！

往来款项对账单（回联）

××清查单位：

你单位寄的“往来款项对账单”已收到，经核对相符无误。

单位（盖章）

××年××月××日

对各种结算往来款项的清查，除了查明账实是否相符外，还应注意往来款项的账龄，以便及时处理，减少坏账损失。

第三节 财产清查结果的处理

财产清查的结果，必须按国家有关政策、法令和制度的规定，妥善给予处理。财产清查中发现的盘盈、盘亏、毁损和其他损失，应认真核准数字，调查分析产生差异的原因，按规定的程序再行处理；对于各种变质或超储积压物资等问题，应查明原因及时清理；对长期不清或有争执的债权、债务，也应核准数字加以处理；对于财产清查中发现的问题和漏洞，应吸取教训，提出改进工作的措施，建立健全必要的管理制度和内部控制制度。其具体步骤如下：

(1) 核准数字，查明原因。根据清查情况，编制全部清查结果的“实存账存对比表”(亦称“财产盈亏报告单”)，核准货币资金、财产物资及债权债务的盈亏数字，对各项差异产生的原因进行分析，明确经济责任，据实提出处理意见。对于债权债务在核对过程中出现的争议问题，应及时组织清理；对于超储积压物资应同时提出处理方案。

(2) 调整账簿，做到账实相符。根据“财产盈亏报告单”和《小企业会计制度》的规定处理方法编制记账凭证，并据以登记账簿，使各项财产物资做到账实相符。对于确实无法收回的应收款项，制度规定采用备抵法处理。

下面举例说明财产清查结果的账务处理。

一、财产物资盘盈的核算

在各项财产物资、货币资金的保管过程中，由于管理制度不健全、计量不准等原因发生实物数额大于账面余额的情况为盘盈。

(一) 存货盘盈的核算

例 1：某企业 12 月份在财产清查过程中盘盈原材料一批，估计价值为 400 元。

财政部《小企业会计制度》规定，盘盈的各种材料，按该材料的市价或同类、类似材料的市场价值，冲减当期管理费用（注：财政部《企业会计准则讲解》规定，盘盈或盘亏各种材料的价值先通过“待处理财产损溢”科目核算，待报批处理后转入“管理费用”科目，该内容将在《中级财务会计》课程中阐述）。根据“实存账存对比表”所确定的材料盘盈数字，编制如下会计分录：

借：原材料　　400

　贷：管理费用　　400

并根据以上所编会计分录登记入账，调整原有账面数字，做到账实相符。

(二) 现金溢余的核算

在库存现金清查中发现的库存现金溢余，应设法查明原因，根据“库存现金盘点报告表”进行账务处理。库存现金溢余时，应按实际溢余的金额借记“库存现金”科目，属于应支付给有关单位和个人的，贷记“其他应付款”科目，库存现金溢余金额超过应付给有关单位或人员的部分，贷记“营业外收入”科目。

例 2：库存现金清查中发现现金溢余 200 元，其中应付给张三 50 元，其余作营业外收入处理。则：

借：库存现金 200
  贷：其他应付款——张三 50
    营业外收入 150

（三）固定资产盘盈的核算

例3：某企业12月份在财产清查过程中盘盈设备一台，重置价值20 000元，八成新。

根据“实存账存对比表”所确定的盘盈的固定资产，按其市价或同类、类似固定资产的市场价格，减去按该项资产的新旧程度估计的价值损耗后的余额，借记“固定资产”科目，贷记“营业外收入”科目。编制会计分录如下：

借：固定资产 16 000
  贷：营业外收入 16 000

二、财产物资盘亏的核算

在财产清查过程中发现，各项财产物资由于管理不善、非常损失等原因发生实物数额小于账面余额的情况为盘亏。

（一）存货盘亏的核算

例4：某企业12月份在财产清查过程中发现盘亏原材料1 000元，盘亏库存商品2 000元。经查：

（1）盘亏及毁损财产物资中有1 000元属于自然灾害造成的非常损失。

（2）盘亏及毁损财产物资中属于责任者个人赔偿的有500元。

（3）盘亏及毁损财产物资中属于管理不善造成的有1 500元。

根据“实存账存对比表”所确定的原材料和库存商品盘亏数额，其相关成本及不可抵扣的增值税进项税额（对于一般纳税人），在减去过失人或保险公司等赔款和残料价值之后，属于自然灾害造成的，计入当期营业外支出，属于其他情况的，计入当期管理费用。

借：管理费用 1 500
  其他应收款 500
  营业外支出 1 000
  贷：原材料 1 000
    库存商品 2 000

（二）库存现金短缺的核算

在库存现金清查中发现的库存现金短缺，应设法查明原因，根据“库存现金盘点报告表”进行账务处理。如果库存现金短缺是由于工作失职造成的，属于应由责任人赔偿的部分，借记“其他应收款”科目，按实际短缺的金额扣除应由责任人赔偿部分后的余额，借记“管理费用”科目，贷记“库存现金”科目。如果是单据丢失或记账产生的差错，则应补办手续或更正错账。

例5：库存现金清查中发现库存现金短缺180元。经查明，应由出纳人员负责赔偿。

借：其他应收款　　　　180

　贷：库存现金　　　　180

（三）固定资产盘亏的核算

例6：某企业12月份在财产清查过程中盘亏机器一台，账面原值10 000元，已提折旧7 000元。

根据“实存账存对比表”所确定的机器盘亏数字，按其账面净值，借记“营业外支出”科目，按已提折旧，借记“累计折旧”科目，按固定资产原价，贷记“固定资产”科目。编制如下会计分录：

借：营业外支出　　　　3 000

　　累计折旧　　　　7 000

　贷：固定资产　　　　10 000

三、坏账损失的账务处理

坏账损失是指应收而收不回的款项。在财产清查过程中，如果是长期不清的往来款项，应及时处理。由于对方单位撤销或债务人不存在等原因造成确实收不回的应收款项，经批准作为坏账损失予以转销。坏账损失的账务处理方法有两种：一种是直接转销法，即在坏账损失发生时，按实际损失数记入当期的管理费用；另一种是备抵法，即企业按有关制度规定，计提坏账准备，实际发生坏账时，冲减坏账准备。《小企业会计制度》规定，采用备抵法核算坏账损失。

小企业应当定期或者至少于每年年度终了，对应收款项进行检查，预计各项应收款项可能发生的坏账，对于没有把握能够收回的应收款项，计提有关的坏账准备。小企业持有的未到期应收票据，如有确切证据表明不能够收回或收回的可能性不大时，应将其余额转入应收账款，并按规定计提相应的坏账准备。

计提坏账准备的方法有应收款项余额百分比法、账龄分析法、销货百分比法和个别认定法，具体采用何种方法由企业自行确定。提取坏账准备时，借记“资产减值损失”科目，贷记“坏账准备”科目。对于确实不能收回的应收款项，经批准作为坏账损失时，应冲销提取的坏账准备，借记“坏账准备”科目，贷记“应收账款”科目或“其他应收款”科目。已确认并转销的坏账以后又收回时，应按实际收回的金额，借记“应收账款”、“其他应收款”科目，贷记

“坏账准备”科目；同时借记“银行存款”科目，贷记“应收账款”、“其他应收款”科目。

例7：某企业在财产清查中，发现华阳公司欠款600元确实无法收回，经批准，作坏账损失处理。其会计分录为：

借：坏账准备　　600

　贷：应收账款——华阳公司　　600

第九章　账务处理程序

第一节　账务处理程序的意义和种类

账簿、会计凭证和会计报表是会计核算的工具，而会计凭证、账簿和会计报表又不是彼此孤立的，它们以一定的形式结合，构成一个完整的工作体系，这就决定了各种账务处理程序。

所谓账务处理程序，也称会计核算形式，就是指凭证组织、账簿组织、记账程序和记账方法相互结合的方式。凭证组织是指会计凭证种类、格式和各种凭证之间的关系；账簿组织是指账簿的种类、格式和各种账簿之间的相互关系；记账程序是指运用一定的记账方法，从填制、审核会计凭证，登记账簿直到编制会计报表这一整个过程的工作程序和方法；记账方法是指整个核算过程中所使用的方式方法，是手工记账还是机器记账方式，是采用借贷记账法还是其他记账方法。不同的账务处理程序规定了填制会计凭证、登记账簿、编制会计报表的不同步骤和方法。

一、账务处理程序的意义

为了更好地反映和监督企业和行政、事业等单位的经济活动，为经济管理提供系统的会计信息，必须相互联系地运用会计核算的专门方法，采用一定的组织程序，规定设置会计凭证、账簿及会计报表的种类和格式；规定各种凭证之间、各种账簿之间、各种报表之间的相互关系；规定各种凭证、账簿及各种报表之间的相互关系、填制方法和登记程序，这是会计制度设计的一个重要内容。合理、科学的账务处理程序对于提高会计工作的质量和效率，提供全面、连续、系统、清晰的会计核算资料，满足企业内外会计信息使用者的需要具有重要意义。

采用一定的账务处理程序，通过规定会计凭证、账簿和会计报表之间的登记、传递程序，将各企业和行政、事业等单位的会计核算工作有机地组织成为既有分工又有协作的整体，对于减少会计人员的工作量，节约人力和物力有着重要的意义。

二、设计账务处理程序的要求

合理的、适用的账务处理程序，一般应符合以下三个要求：

（1）要适应本单位的经济活动特点、规模的大小和业务的繁简情况，有利于会计人员的分工和协作，建立岗位责任制。

（2）要能够正确、及时和完整地提供会计资料，以满足本单位经济管理的需要，同时也能够为国家和有关部门提供必要的会计信息。

（3）要在保证核算资料正确、及时和完整的前提条件下，尽可能地简化会计核算手续，提高会计工作效率；节约人力物力，节约核算费用。

三、账务处理程序的种类

根据上述账务处理程序最基本的要求，结合我国会计工作的实际情况，我国各经济单位采用的账务处理程序一般有以下五种：

（1）记账凭证账务处理程序。

（2）科目汇总表账务处理程序。

（3）汇总记账凭证账务处理程序。

（4）多栏式日记账账务处理程序。

（5）凭单日记账账务处理程序。

以上五种账务处理程序有许多相同点，但也有区别。其主要区别表现在登记总账的依据和方法不同。下面分别介绍这五种账务处理程序的基本内容、特点和适用范围。

第二节　记账凭证账务处理程序

一、记账凭证账务处理程序的特点

记账凭证账务处理程序的特点是：直接根据记账凭证，逐笔登记总分类账。它是最基本的账务处理程序，其他各种账务处理程序都是在此基础上，根据经济管理的需要发展而形成的。

二、记账凭证账务处理程序设置的会计凭证和账簿

（一）记账凭证账务处理程序设置的会计凭证

在记账凭证账务处理程序下，一般需设置收款凭证、付款凭证和转账凭证，也可采用一种通用记账凭证，作为登记总分类账的依据。

（二）记账凭证账务处理程序设置的账簿

在记账凭证账务处理程序下，需设置库存现金日记账、银行存款日记账、总分类账和明细分类账。

（1）库存现金日记账和银行存款日记账一般都采用三栏式，具体格式见第

七章有关内容。

(2) 总分类账采用三栏式，并按每一总分类账科目开设账页，具体格式见第七章有关内容。

(3) 明细分类账则可根据管理的需要，采用三栏式、数量金额式或者多栏式，具体格式见第七章有关内容。

三、记账凭证账务处理程序的基本步骤

(1) 根据原始凭证编制原始凭证汇总表。

(2) 根据各种原始凭证或原始凭证汇总表，编制记账凭证（包括收款凭证、付款凭证和转账凭证）。

(3) 根据收款凭证、付款凭证逐笔序时地登记库存现金日记账和银行存款日记账。

(4) 根据原始凭证、原始凭证汇总表和记账凭证，登记各种明细分类账。

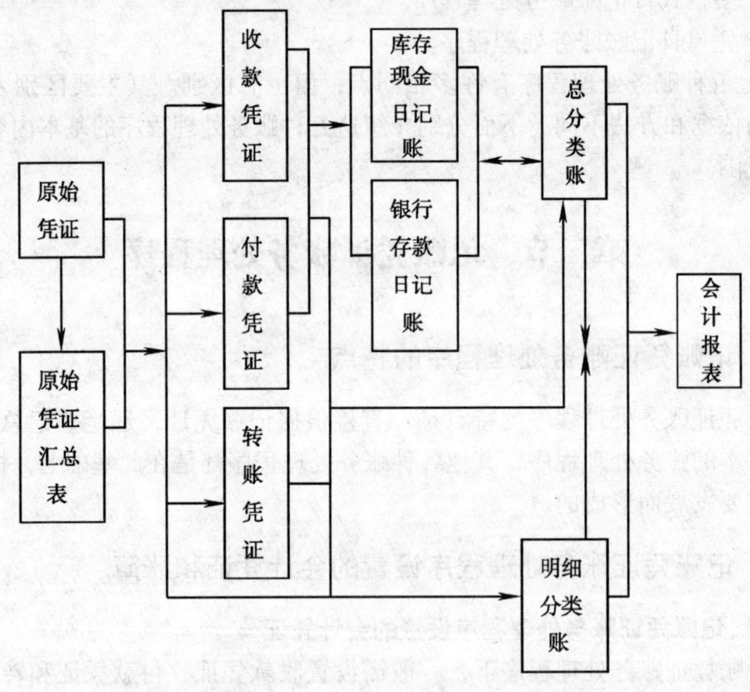

→表示填制、登账或编表

→←表示核对，下同

图 9-1 记账凭证账务处理程序的基本步骤

（5）根据各种记账凭证逐笔登记总分类账。

（6）月末，根据对账的要求，将库存现金日记账、银行存款日记账的余额，以及各种明细分类账户的余额合计数，分别与总分类账中有关科目的余额核对相符。

（7）月终，根据核对无误的总分类账和各种明细分类账的记录，编制会计报表。

上述步骤可用图 9-1 表示。

四、记账凭证账务处理程序的优缺点和适用范围

记账凭证账务处理程序比较简单明了，易于理解，总分类账较详细地记录和反映了经济业务的发生情况，来龙去脉清楚，便于了解经济业务动态和查对账目。其不足之处是登记总分类账的工作量很大，而且有一部分内容与明细分类账基本上是重复登记的，所以这种账务处理程序一般适用于规模小且经济业务较少的经济单位。

五、记账凭证账务处理程序举例

（一）恒兴工厂 20××年 12 月份的期初余额（见表 9-1）

表 9-1 恒兴工厂账户期初余额表 （单位：元）

账户名称	借方余额	账户名称	贷方余额
库存现金	3 500	短期借款	300 000
银行存款	887 500	应付账款	373 000
应收账款	67 000	应付职工薪酬	24 800
其他应收款	4 700		
在途物资	0	应交税费	73 560
原材料	499 537	预提费用	8 000
生产成本	11 290		
库存商品	36 000	长期借款	100 000
待摊费用	48 000	实收资本	1 000 000
固定资产	560 160	利润分配	20 000
无形资产	88 000	盈余公积	77 150
固定资产清理	-13 000	本年利润	172 677
		累计折旧	43 500
合计	2 192 687	合计	2 192 687

（二）编制记账凭证

记账凭证是以第四章恒星工厂12月份发生的40笔经济业务的时间先后顺序为例编制的。编制的记账凭证如表9-2至表9-43所示。

表9-2 收款凭证 总字第1号

借方科目：银行存款 20××年12月2日 收字第1号

摘要	贷方科目		金额	过账
	一级科目	二级或明细科目		
收到国家投入资金	实收资本	国家资本	80 000.00	√
合计（大写）	捌万元整		￥80 000.00	√

会计主管 记账 制单 出纳 审核

表9-3 转账凭证 总字第2号

20××年12月3日 转字第1号

摘要	借方科目		贷方科目		记账	金额
	一级科目	二级科目	一级科目	二级科目		
生产	生产成本	A产品	原材料	甲	√	7 500.00
领料	生产成本	A产品	原材料	乙	√	20 000.00
	生产成本	B产品	原材料	丙	√	10 000.00
	制造费用		原材料	甲	√	1 500.00
	管理费用		原材料	乙	√	1 000.00
合计						￥40 000.00

会计主管 审核 记账 制单

表9-4 付款凭证 总字第3号

贷方科目：银行存款 20××年12月4日 付字第1号

摘要	借方科目		金额	过账
	一级科目	二级或明细科目		
购料付款	原材料	甲材料	18 150.00	√
合计（大写）	壹万捌仟壹佰伍拾元整		￥18 150.00	√

会计主管 记账 制单 出纳 审核

表 9-5　收款凭证　　总字第 4 号

借方科目：银行存款　　20××年 12 月 5 日　　收字第 2 号

摘　要	贷方科目		金　额	过账
	一级科目	二级或明细科目		
销售商品收款	主营业务收入	A 产品	12 000.00	√
	应交税费	应交增值税	720.00	√
合计（大写）	壹万贰仟柒佰贰拾元整		￥12 720.00	√

会计主管　　记账　　制单　　出纳　　审核

表 9-6　付款凭证　　总字第 5 号

贷方科目：银行存款　　20××年 12 月 6 日　　付字第 2 号

摘　要	借方科目		金　额	过账
	一级科目	二级或明细科目		
购料付款，料未入库	在途物资	甲材料	36 100.00	√
合计（大写）	叁万陆仟壹佰元整		￥36 100.00	√

会计主管　　记账　　制单　　出纳　　审核

表 9-7　转账凭证　　总字第 6 号

20××年 12 月 6 日　　转字第 2 号

摘　要	借方科目		贷方科目		记账	金　额
	一级科目	二级科目	一级科目	二级科目		
收到甲企业投入设备	固定资产		实收资本		√	40 000.00
合　计						￥40 000.00

主管　　审核　　记账　　制单

表 9-8　转账凭证

总字第 7 号

20××年 12 月 8 日

转字第 3 号

摘　要	借方科目		贷方科目		记账	金　额
	一级科目	二级科目	一级科目	二级科目		
收到乙企业投入专利权一项	无形资产	专利权	实收资本		√	30 000.00
合　计						¥30 000.00

主管　　审核　　记账　　制单

表 9-9　转账凭证

总字第 8 号

20××年 12 月 10 日

转字第 4 号

摘　要	借方科目		贷方科目		记账	金　额
	一级科目	二级科目	一级科目	二级科目		
销售 B 产品款未收	应收账款	三元公司	主营业务收入	B 产品	√	20 000.00
	应收账款	三元公司	应交税费	应交增值税	√	1 200.00
合　计						¥21 200.00

主管　　审核　　记账　　制单

表 9-10　收款凭证

总字第 9 号

借方科目：银行存款　　20××年 12 月 11 日

收字第 3 号

摘　要	贷方科目		金　额	过　账
	一级科目	二级或明细科目		
向开户银行借入资金	短期借款		50 000.00	√
	长期借款		200 000.00	√
合计（大写）	贰拾伍万元整		¥250 000.00	√

会计主管　　记账　　制单　　出纳　　审核

表 9-11 付款凭证 总字第 10 号

贷方科目：银行存款 20××年 12 月 12 日 付字第 3 号

摘要	借方科目		金额	过账
	一级科目	二级或明细科目		
购汽车付款	固定资产		17 000.00	√
合计（大写）	壹万柒仟元整		￥17 000.00	√

会计主管 记账 制单 出纳 审核

表 9-12 付款凭证 总字第 11 号

贷方科目：银行存款 20××年 12 月 13 日 付字第 4 号

摘要	借方科目		金额	过账
	一级科目	二级或明细科目		
付产品包装、运输费	销售费用		300.00	√
合计（大写）	叁佰元整		￥300.00	√

会计主管 记账 制单 出纳 审核

表 9-13 付款凭证 总字第 12 号

贷方科目：银行存款 20××年 12 月 13 日 付字第 5 号

摘要	借方科目		金额	过账
	一级科目	二级或明细科目		
因未履行购销合同条款付罚款	营业外支出	罚款支出	5 000.00	√
合计（大写）	伍仟元整		￥5 000.00	√

会计主管 记账 制单 出纳 审核

表 9-14 付款凭证

总字第 13 号

贷方科目：银行存款　　20××年 12 月 14 日　　付字第 6 号

摘　　要	借方科目		金　　额	过账
	一级科目	二级或明细科目		
提现，备发工资	库存现金		15 000.00	√
合计（大写）	壹万伍仟元整		¥15 000.00	√

会计主管　　记账　　制单　　出纳　　审核

表 9-15 付款凭证

总字第 14 号

贷方科目：库存现金　　20××年 12 月 15 日　　付字第 7 号

摘　　要	借方科目		金　　额	过账
	一级科目	二级或明细科目		
发放工资	应付职工薪酬		15 000.00	√
合计（大写）	壹万伍仟元整		¥15 000.00	√

会计主管　　记账　　制单　　出纳　　审核

表 9-16 付款凭证

总字第 15 号

贷方科目：银行存款　　20××年 12 月 15 日　　付字第 8 号

摘　　要	借方科目		金　　额	过账
	一级科目	二级或明细科目		
购料未入库款已付	在途物资	乙材料	96 100.00	√
合计（大写）	玖万陆仟壹佰元整		¥96 100.00	√

会计主管　　记账　　制单　　出纳　　审核

表 9-17　付款凭证

总字第 16 号

贷方科目：库存现金　　20××年 12 月 18 日　　付字第 9 号

摘　要	借方科目		金　额	过账
	一级科目	二级或明细科目		
出差预借差旅费	其他应收款	张华	1 000.00	√
合计（大写）	壹仟元整		¥1 000.00	√

会计主管　　记账　　制单　　出纳　　审核

表 9-18　转账凭证

总字第 17 号

20××年 12 月 20 日　　转字第 5 号

摘　要	借方科目		贷方科目		记账	金　额
	一级科目	二级科目	一级科目	二级科目		
结转处理固定资产净收益	固定资产清理		营业外收入		√	13 000.00
合　计						¥13 000.00

主管　　审核　　记账　　制单

表 9-19　付款凭证

总字第 18 号

贷方科目：银行存款　　20××年 12 月 20 日　　付字第 10 号

摘　要	借方科目		金　额	过账
	一级科目	二级或明细科目		
付广告费	销售费用		3 000.00	√
合计（大写）	叁仟元整		¥3 000.00	√

会计主管　　记账　　制单　　出纳　　审核

表 9-20 付款凭证

总字第 19 号

贷方科目：银行存款　　20××年 12 月 20 日　　付字第 11 号

摘 要	借方科目		金 额	过账
	一级科目	二级或明细科目		
缴纳应付的职工医疗费	应付职工薪酬		540.00	√
合计（大写）	伍佰肆拾元整		¥540.00	√

会计主管　　记账　　制单　　出纳　　审核

表 9-21 付款凭证

总字第 20 号

贷方科目：银行存款　　20××年 12 月 22 日　　付字第 12 号

摘 要	借方科目		金 额	过账
	一级科目	二级或明细科目		
购料付款，料未入库	在途物资	甲材料	55 050.00	√
	在途物资	乙材料	96 800.00	√
	在途物资	丙材料	150 250.00	√
合计（大写）	叁拾万贰仟壹佰元整		¥302 100.00	√

会计主管　　记账　　制单　　出纳　　审核

表 9-22 付款凭证

总字第 21 号

贷方科目：银行存款　　20××年 12 月 22 日　　付字第 13 号

摘 要	借方科目		金 额	过账
	一级科目	二级或明细科目		
付振兴工厂和新光工厂欠款	应付账款	振兴工厂	9 000.00	√
	应付账款	新光工厂	10 800.00	√
合计（大写）	壹万玖仟捌佰元整		¥19 800.00	√

会计主管　　记账　　制单　　出纳　　审核

表 9-23　收款凭证　总字第 22 号

借方科目：银行存款　20××年 12 月 24 日　收字第 4 号

摘　要	贷方科目		金　额	过账
	一级科目	二级或明细科目		
收到东方工厂欠款	应收账款	东风工厂	4 200.00	√
合计（大写）	肆仟贰佰元整		￥4 200.00	√

会计主管　记账　制单　出纳　审核

表 9-24　转账凭证　总字第 23 号

20××年 12 月 25 日　转字第 6 号

摘　要	借方科目		贷方科目		记账	金　额
	一级科目	二级科目	一级科目	二级科目		
向世通工厂购料未付款	原材料	乙材料	应付账款	世通公司	√	37 440.00
合　计						￥37 440.00

主管　审核　记账　制单

表 9-25　付款凭证　总字第 24 号

贷方科目：银行存款　20××年 12 月 30 日　付字第 14 号

摘　要	借方科目		金　额	过账
	一级科目	二级或明细科目		
归还长期借款、短期借款和短期借款利息	长期借款		100 000.00	√
	短期借款		300 000.00	√
	预提费用		6 000.00	√
合计（大写）	肆拾万陆仟元整		￥406 000.00	√

会计主管　记账　制单　出纳　审核

表 9-26 转账凭证

20××年 12 月 31 日

总字第 25 号

转字第 7 号

摘　要	借方科目		贷方科目		记账	金　额
	一级科目	二级科目	一级科目	二级科目		
材料入库，结转入库材料的实际成本	原材料	甲材料	在途物资	甲材料	√	91 150.00
	原材料	乙材料	在途物资	乙材料	√	192 900.00
	原材料	丙材料	在途物资	丙材料	√	150 250.00
合　计						￥434 300.00

主管　　审核　　记账　　制单

表 9-27 转账凭证

20××年 12 月 31 日

总字第 26 号

转字第 8 号

摘　要	借方科目		贷方科目		记账	金　额
	一级科目	二级科目	一级科目	二级科目		
分配工资	生产成本	A 产品	应付职工薪酬	工资	√	5 000.00
	生产成本	B 产品	应付职工薪酬	工资	√	4 500.00
	制造费用		应付职工薪酬	工资	√	2 000.00
	管理费用		应付职工薪酬	工资	√	3 500.00
合　计						￥15 000.00

主管　　审核　　记账　　制单

表 9-28 转账凭证

20××年 12 月 31 日

总字第 27 号

转字第 9 号

摘　要	借方科目		贷方科目		记账	金　额
	一级科目	二级科目	一级科目	二级科目		
计提福利费	生产成本	A 产品	应付职工薪酬	职工福利	√	700.00
	生产成本	B 产品	应付职工薪酬	职工福利	√	630.00
	制造费用		应付职工薪酬	职工福利	√	280.00
	管理费用		应付职工薪酬	职工福利	√	490.00
合　计						￥2 100.00

主管　　审核　　记账　　制单

表 9-29　转账凭证

20××年12月31日　　总字第28号　转字第10号

摘　要	借方科目		贷方科目		记账	金　额
	一级科目	二级科目	一级科目	二级科目		
计提折旧	制造费用		累计折旧		√	5 000.00
	管理费用		累计折旧		√	1 000.00
合　计						￥6 000.00

主管　　审核　　记账　　制单

表 9-30　转账凭证

20××年12月31日　　总字第29号　转字第11号

摘　要	借方科目		贷方科目		记账	金　额
	一级科目	二级科目	一级科目	二级科目		
摊销以前预付的仓库租金	管理费用		待摊费用		√	400.00
合　计						￥400.00

主管　　审核　　记账　　制单

表 9-31　转账凭证

20××年12月31日　　总字第30号　转字第12号

摘　要	借方科目		贷方科目		记账	金　额
	一级科目	二级科目	一级科目	二级科目		
预提银行借款利息和财产保险费	财务费用		预提费用		√	1 600.00
	管理费用		预提费用		√	400.00
合　计						￥2 000.00

主管　　审核　　记账　　制单

表 9-32 转账凭证

总字第 31 号

20××年 12 月 31 日

转字第 13 号

摘要	借方科目		贷方科目		记账	金额
	一级科目	二级科目	一级科目	二级科目		
分配制造费用	生产成本	A 产品	制造费用		√	4 621.00
	生产成本	B 产品	制造费用		√	4 159.00
合计						¥8 780.00

主管　　审核　　记账　　制单

表 9-33 转账凭证

总字第 32 号

20××年 12 月 31 日

转字第 14 号

摘要	借方科目		贷方科目		记账	金额
	一级科目	二级科目	一级科目	二级科目		
结转完工入库产品成本	库存商品	A 产品	生产成本	A 产品	√	42 000.00
	库存商品	B 产品	生产成本	B 产品	√	26 400.00
合计						¥68 400.00

主管　　审核　　记账　　制单

表 9-34 转账凭证

总字第 33 号

20××年 12 月 31 日

转字第 15 号

摘要	借方科目		贷方科目		记账	金额
	一级科目	二级科目	一级科目	二级科目		
计算本月应交城建税和教育费附加	营业税金及附加		应交税费	城建税	√	134.40
	营业税金及附加		应交税费	教育费附加	√	57.60
合计						¥192.00

主管　　审核　　记账　　制单

表 9-35　转账凭证　　总字第 34 号

20××年 12 月 31 日　　转字第 16 号

摘　要	借方科目		贷方科目		记账	金　额
	一级科目	二级科目	一级科目	二级科目		
结转已销商品成本	主营业务成本	A 产品	库存商品	A 产品	√	6 300.00
	主营业务成本	B 产品	库存商品	B 产品	√	3 520.00
合　计						￥9 820.00

主管　　审核　　记账　　制单

表 9-36　转账凭证　　总字第 35 号

20××年 12 月 31 日　　转字第 17 号

摘　要	借方科目		贷方科目		记账	金　额
	一级科目	二级科目	一级科目	二级科目		
结转损益类账户	主营业务收入		本年利润		√	32 000.00
	营业外收入		本年利润		√	13 000.00
合　计						￥45 000.00

主管　　审核　　记账　　制单

表 9-37　转账凭证　　总字第 36 号

20××年 12 月 31 日　　转字第 18 $\frac{1}{2}$ 号

摘　要	借方科目		贷方科目		记账	金　额
	一级科目	二级科目	一级科目	二级科目		
结转损益类账户	本年利润		主营业务成本		√	9 820.00
	本年利润		营业税金及附加		√	192.00
	本年利润		销售费用		√	3 300.00
	本年利润		营业外支出		√	5 000.00
	本年利润		管理费用		√	6 790.00
合　计						￥25 102.00

主管　　审核　　记账　　制单

表 9-38 转账凭证

总字第 36 号

20××年 12 月 31 日

转字第 18 $\frac{2}{2}$ 号

摘 要	借方科目		贷方科目		记账	金 额
	一级科目	二级科目	一级科目	二级科目		
结转损益类账户	本年利润		财务费用		√	1 600.00
合 计						￥1 600.00

主管 审核 记账 制单

表 9-39 转账凭证

总字第 37 号

20××年 12 月 31 日

转字第 19 号

摘 要	借方科目		贷方科目		记账	金 额
	一级科目	二级科目	一级科目	二级科目		
计算本月应交所得税	所得税费用		应交税费	应交所得税	√	4 575.00
合 计						￥4 575.00

主管 审核 记账 制单

表 9-40 转账凭证

总字第 38 号

20××年 12 月 31 日

转字第 20 号

摘 要	借方科目		贷方科目		记账	金 额
	一级科目	二级科目	一级科目	二级科目		
结转所得税费用	本年利润		所得税费用		√	4 575.00
合 计						￥4 575.00

主管 审核 记账 制单

表 9-41　转账凭证

20××年12月31日　　总字第39号　转字第21号

摘　要	借方科目		贷方科目		记账	金　额
	一级科目	二级科目	一级科目	二级科目		
将全年净利润转入利润分配账户	本年利润		利润分配	未分配利润	√	186 400.00
合　计						¥186 400.00

主管　　审核　　记账　　制单

表 9-42　转账凭证

20××年12月31日　　总字第40号　转字第22号

摘　要	借方科目		贷方科目		记账	金　额
	一级科目	二级科目	一级科目	二级科目		
分配利润	利润分配	提取法定盈余公积	盈余公积		√	18 640.00
	利润分配	应付现金股利或利润	应付股利		√	60 000.00
合　计						¥78 640.00

主管　　审核　　记账　　制单

表 9-43　转账凭证

20××年12月31日　　总字第41号　转字第23号

摘　要	借方科目		贷方科目		记账	金　额
	一级科目	二级科目	一级科目	二级科目		
结转利润分配明细科目	利润分配	未分配利润	利润分配	提取法定盈余公积	√	18 640.00
	利润分配	未分配利润	利润分配	应付现金股利或利润	√	60 000.00
合　计						¥78 640.00

主管　　审核　　记账　　制单

（三）根据收款凭证和付款凭证逐笔序时登记库存现金和银行存款日记账（见表9-44、表9-45）

表9-44 库存现金日记账

××年		凭证号	摘要	收入	付出	余额
月	日					
12	1		期初余额			3 500
	14	付6	提现备发工资	15 000		18 500
	15	付7	发放工资		15 000	3 500
	18	付9	张华预借差旅费		1 000	2 500
12	31		本月月结	15 000	16 000	2 500

表9-45 银行存款日记账

××年		凭证号	摘要	收入	付出	余额
月	日					
12	1		期初余额			887 500
	2	收1	收到国家投资	80 000		967 500
	4	付1	购料付款		18 150	949 350
	5	收2	销售收款	12 720		962 070
	6	付2	购料付款		36 100	925 970
	11	收3	向银行借入资金	250 000		1 175 970
	12	付3	购汽车付款		17 000	1 158 970
	13	付4	付包装运输费		300	1 158 670
	13	付5	付罚款支出		5 000	1 153 670
	14	付6	提现备发工资		15 000	1 138 670
	15	付8	购料付款		96 100	1 042 570
	20	付10	付广告费		3 000	1 039 570
	20	付11	付职工医疗费		540	1 039 030
	22	付12	购料付款		302 100	736 930
	22	付13	付购料欠款		19 800	717 130
	24	收4	收到欠款	4 200		721 330
	30	付14	偿还借款		406 000	315 330
12	31		本月月结	346 920	919 090	315 330

(四)根据原始凭证(略)及记账凭证逐笔登记各种明细分类账

为简化起见,此处只列举“应收账款”“原材料”“应付账款”“生产成本”四类账户的明细账,其余从略。

应收账款明细账

户名:三元公司

××年		凭证号数	摘要	借方金额	贷方金额	借或贷	余额
月	日						
12	1		月初余额			借	62 800
	10	转4	销售B产品款未收	21 200			
12	31		本月月结	21 200		借	84 000

应收账款明细账

户名:东风工厂

××年		凭证号数	摘要	借方金额	贷方金额	借或贷	余额
月	日						
12	1		月初余额			借	4 200
	24	收4	收到欠款		4 200		
12	31		本月月结		4 200	平	0

应付账款明细账

户名:世通工厂

××年		凭证号数	摘要	借方金额	贷方金额	借或贷	余额
月	日						
12	1		月初余额			贷	147 000
	25	转6	购料未付款		37 440		
12	31		本月月结		37 440	贷	184 440

应付账款明细账

户名:振兴工厂

××年		凭证号数	摘要	借方金额	贷方金额	借或贷	余额
月	日						
12	1		月初余额			贷	126 000
	22	付13	支付以前欠款	9 000			
12	31		本月月结	9 000		贷	117 000

应付账款明细账

户名：新光工厂

××年		凭证号数	摘　要	借方金额	贷方金额	借或贷	余　额
月	日						
12	1		月初余额			贷	100 000
	22	付13	支付以前欠款	10 800			
12	31		本月月结	10 800		贷	89 200

生产成本明细账

产品名称：A产品

××年		凭证号数	摘　要	成本项目（借方）				贷方	余　额
月	日			直接材料	直接人工	制造费用	借方合计		
12	1		期初余额						1 290
	3	转1	领用甲、乙材料	27 500			27 500		
	31	转8	分配工资		5 000		5 000		
	31	转9	计提福利费		700		700		
	31	转13	结转制造费用			4 621	4 621		39 111
	31	转14	结转完工产品成本					39 111	
12	31		本月月结	27 500	5 700	4 621	37 821	39 111	0

产品名称：B产品

××年		凭证号数	摘　要	成本项目（借方）				贷方	余　额
月	日			直接材料	直接人工	制造费用	借方合计		
12	1		期初余额						10 000
	3	转1	领用甲、乙材料	10 000			10 000		
	31	转8	分配工资		4 500		4 500		
	31	转9	计提福利费		630		630		
	31	转13	结转制造费用			4 159	4 159		29 289
	31	转14	结转完工产品成本					29 289	
12	31		本月月结	10 000	5 130	4 159	19 289	29 289	0

原材料明细账

材料编号：1201　　　　材料类别：原料及主要材料

材料名称：甲材料　　　　计量单位：t

××年		凭证号数	摘要	收入			发出			结存		
月	日			数量	单价	金额	数量	单价	金额	数量	单价	金额
12	1		期初余额							70	1 500	105 000
	3	领 001	生产领料				6	1 500	9 000			
	4	收 001	购料	10	1 815	18 150						
	31	收 003	材料入库	50	1 823	91 150						
12	31		月结	60	1 822	109 300	6	1 500	9 000	124	1 655.65	205 300

材料编号：1202　　　　材料类别：原料及主要材料

材料名称：乙材料　　　　计量单位：t

××年		凭证号数	摘要	收入			发出			结存		
月	日			数量	单价	金额	数量	单价	金额	数量	单价	金额
12	1		期初余额							140.5	2 000	281 000
	3	领 001	生产领料				10.5	2 000	21 000			
	25	收 002	购料	16	2 340	37 440						
	31	收 004	材料入库	80	2 411	192 900						
12	31		月结	96	2 399	230 340	10.5	2 000	21 000	226	2 169	490 340

原材料明细账

材料编号：1203　　　　材料类别：原料及主要材料

材料名称：丙材料　　　　计量单位：t

××年		凭证号数	摘要	收入			发出			结存		
月	日			数量	单价	金额	数量	单价	金额	数量	单价	金额
12	12		期初余额							46	2 500	115 000
	3	领 002	生产领料				4	2 500	10 000			
	31	收 005	材料入库	50	3 005	150 250						
12	31		月结	50	3 005	150 250	4	2 500	10 000	92	2 774	255 250

（五）根据记账凭证逐笔登记总分类账

总分类账

会计科目：库存现金　　　　第1页

××年		凭证号数	摘　要	借方金额	贷方金额	借或贷	余　额
月	日						
12	1		月初余额			借	3 500
	14	总13	提现备发工资	1 5000			
	15	总14	发放工资		1 5000		
	18	总16	张华借差旅费		1 000		
12	31		本月月结	15 000	16 000	借	2 500

会计科目：银行存款　　　　第2页

××年		凭证号数	摘　要	借方金额	贷方金额	借或贷	余　额
月	日						
12	1		月初余额			借	887 500
	2	总1	收到投资	80 000			
	4	总3	购料付款		18 150		
	5	总4	销售收款	12 720			
	6	总5	购料付款		36 100		
	11	总9	借入资金	250 000			
	12	总10	付汽车款		17 000		
	13	总11	付包装费		300		
	13	总12	支付罚款		5 000		
	14	总13	提现		15 000		
	15	总15	购料付款		96 100		
	20	总18	付广告费		3 000		
	20	总19	付医疗费		540		
	22	总20	购料付款		302 100		
	22	总21	付欠款		19 800		
	24	总22	收到欠款	4 200			
	30	总24	偿还借款		406 000		
12	31		本月月结	346 920	919 090	借	315 330

会计科目：生产成本　　第24页

××年		凭证号数	摘　要	借方金额	贷方金额	借或贷	余　额
月	日						
12	1		期初余额			借	11 290
	31	转汇1	1～31日转账发生额	57 110	68 400		
12	31		本月月结	57 110	68 400	平	0

会计科目：制造费用　　第25页

××年		凭证号数	摘　要	借方金额	贷方金额	借或贷	余　额
月	日						
12	31	转汇1	1～31日转账发生额	8 780	8 780		
12	31		本月月结	8 780	8 780	平	0

会计科目：主营业务收入　　第26页

××年		凭证号数	摘　要	借方金额	贷方金额	借或贷	余　额
月	日						
12	31	银收1	1～31日收付发生额		12 000		
	31	转汇1	1～31日转账发生额	32 000	20 000		
12	31		本月月结	32 000	32 000	平	0

会计科目：营业外收入　　第27页

××年		凭证号数	摘　要	借方金额	贷方金额	借或贷	余　额
月	日						
12	31	转汇1	1～31日转账发生额	13 000	13 000		
12	31		本月月结	13 000	13 000	平	0

会计科目：主营业务成本　　第28页

××年		凭证号数	摘　要	借方金额	贷方金额	借或贷	余　额
月	日						
12	31	转汇1	1～31日转账发生额	9 820	9 820		
12	31		本月月结	9 820	9 820	平	0

会计科目：营业税金及附加　　第29页

××年		凭证号数	摘　要	借方金额	贷方金额	借或贷	余　额
月	日						
12	31	转汇1	1～31日转账发生额	192	192		
12	31		本月月结	192	192	平	0

会计科目：财务费用 第30页

××年		凭证号数	摘要	借方金额	贷方金额	借或贷	余额
月	日						
12	31	转汇1	1~31日转账发生额	1 600	1 600		
12	31		本月月结	1 600	1 600	平	0

会计科目：管理费用 第31页

××年		凭证号数	摘要	借方金额	贷方金额	借或贷	余额
月	日						
12	31	转汇1	1~31日转账发生额	6 790	6 790		
12	31		本月月结	6 790	6 790	平	0

会计科目：销售费用 第32页

××年		凭证号数	摘要	借方金额	贷方金额	借或贷	余额
月	日						
12	31	银支1	1~15日收付发生额	300			
	31	银支2	16~31日收付发生额	3 000			
	31	转汇1	1~31日转账发生额		3 300		
12	31		本月月结	3 300	3 300	平	0

会计科目：所得税费用 第33页

××年		凭证号数	摘要	借方金额	贷方金额	借或贷	余额
月	日						
12	31	转汇1	1~31日转账发生额	4 575	4 575		
12	31		本月月结	4 575	4 575	平	0

会计科目：营业外支出 第34页

××年		凭证号数	摘要	借方金额	贷方金额	借或贷	余额
月	日						
12	31	银支1	1~15日收付发生额	5 000			
	31	转汇1	1~31日转账发生额		5 000		
12	31		本月月结	5 000	5 000	平	0

（四）对账

月终，将库存现金日记账和银行存款日记账的余额，以及各种明细分类账户余额合计数分别与总分类账中有关科目的余额核对相符。

（五）编制会计报表

根据核对无误的总分类账和明细分类账的记录，编制会计报表，具体内容见第十章。

第五节　汇总记账凭证账务处理程序

一、汇总记账凭证账务处理程序的特点

汇总记账凭证账务处理程序的特点是：先定期将全部记账凭证按收、付款凭证和转账凭证分别归类编制成汇总记账凭证，再根据汇总记账凭证登记总分类账。

二、汇总记账凭证账务处理程序设置的记账凭证和账簿

在汇总记账凭证账务处理程序下，除设置收款凭证、付款凭证和转账凭证外，还应设置汇总收款凭证、汇总付款凭证和汇总转账凭证，作为登记总分类账的依据。账簿的设置应包括库存现金日账、银行存款日记账、总分类账和明细分类账。库存现金日记账和银行存款日记账，一般采用三栏式；总分类账，按每一总账科目设置账页，采用三栏式；各种明细分类账，根据需要可采用三栏式，数量金额式或多栏式。

三、汇总记账凭证及汇总记账凭证的编制方法

汇总记账凭证分为汇总收款凭证、汇总付款凭证和汇总转账凭证三种，分别介绍如下：

(一) 汇总收款凭证及其编制方法

汇总收款凭证是指按“库存现金”和“银行存款”科目的借方分别设置的一种汇总记账凭证，它汇总了一定时期内库存现金和银行存款的收款业务。其格式和内容如表9-54，表9-55所示。

汇总收款凭证的编制方法是：将需要进行汇总的收款凭证，分别以库存现金、银行存款的借方设置，并按其对应的贷方科目汇总，计算出每一个贷方科目发生额合计数，填入汇总收款凭证中。一般可5天或10天汇总一次，每月编制一次。月终，根据计算出的每个贷方科目发生额合计数，登记总分类账。

(二) 汇总付款凭证及其编制方法

汇总付款凭证是指按“库存现金”和“银行存款”科目的贷方分别设置的一种记账凭证，它汇总了一定时期内库存现金和银行存款的付款业务。其格式和内容如表9-56、表9-57所示。

汇总付款凭证的编制方法是：将需要进行汇总的付款凭证，分别以库存现

金、银行存款的贷方设置，并按其对应的借方科目进行归类，计算出每一个借方科目的发生额合计数，填入汇总付款凭证中。一般可 5 天或 10 天汇总一次，每月编制一张。月终，根据计算出的每个借方科目发生额合计数，登记总账。

（三）汇总转账凭证及其编制方法

汇总转账凭证的编制方法是：将需要汇总的转账凭证，分别以贷方科目设置，并按其对应的借方科目进行归类，计算出每一个借方科目发生额合计数，填入汇总转账凭证。一般可以 5 天或 10 天汇总一次，每月编制一张。月终，根据计算出的每个借方科目发生额合计数，登记总账。

由于汇总转账凭证上的科目对应关系是，一个贷方科目与一个或几个借方科目相对应，因此，在汇总记账凭证账务处理程序下，为了便于编制汇总转账凭证，所有转账凭证也只能按一个贷方科目与一个或几个借方科目对应来填制，不能填制一个借方科目与几个贷方科目相对应的转账凭证。也就是可以填制一借一贷和一贷多借的转账凭证，而不能填制一借多贷和多借多贷的转账凭证。

四、汇总记账凭证账务处理程序图

（1）根据原始凭证和汇总原始凭证，编制收款凭证、付款凭证和转账凭证。

（2）根据收款凭证和付款凭证，登记库存现金日记账和银行存款日记账。

（3）根据原始凭证、汇总原始凭证和记账凭证，登记各种明细分类账。

（4）根据一定时期内的全部记账凭证，汇总编制汇总收款凭证、汇总付款凭证和汇总转账凭证。

（5）根据定期编制的汇总收款凭证、汇总付款凭证和汇总转账凭证，登记总分类账。

（6）月末，根据对账的要求，将库存现金日记账、银行存款日记账的余额，及各种明细分类账的余额合计数，分别与总分类账中有关科目的余额核对相符。

（7）月末，根据核对无误的总分类账和各明细分类账的记录，编制会计报表。

汇总记账凭证账务处理程序如图 9-4 所示。

五、汇总记账凭证账务处理程序的优缺点和适用范围

采用汇总记账凭证账务处理程序时，总分类账根据汇总记账凭证于月末时一次登记入账，减少了登记总分类账的工作量；由于汇总记账凭证是按照科目对应关系进行归类汇总编制的，总分类账又设有对应账户栏，便于了解经济业务的来龙去脉。但是，汇总转账凭证是按每一贷方科目，而不是按经济业务的性质归类、汇总的，因而不利于会计核算工作的分工。当转账凭证量多时，编制汇总转账凭证的工作量较大。这种账务处理程序适用于规模大、经济业务较多的经济单位。

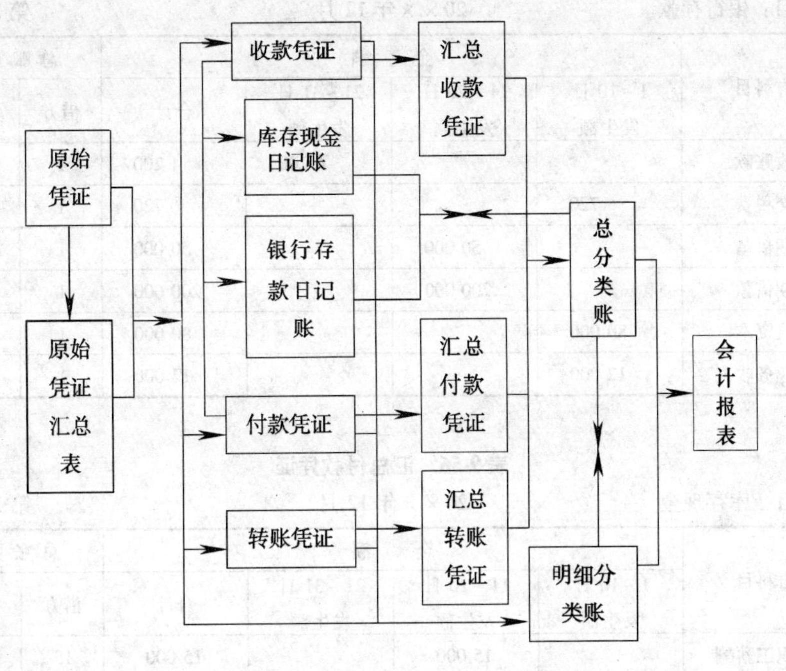

图 9-4　汇总记账凭证账务处理程序图

六、汇总记账凭证账务处理程序举例

现仍以恒兴工厂 40 笔经济业务为例，说明汇总记账凭证的编制和总账的登记。其中，记账凭证的编制，库存现金日记账、银行存款日记账与明细分类账的登记，因与第二节的例示相同，这里不再重复。

（一）根据收款、付款、转账凭证编制汇总记账凭证

汇总记账凭证如表 9-54 至表 9-58 所示。

表 9-54　汇总收款凭证

借方科目：库存现金　　20××年 12 月　　第 1 号

贷方科目	金额				总账页数	
	1～10 日发生额	11～20 日发生额	21～31 日发生额	合计	借方	贷方
银行存款		15 000		15 000	2	1

表 9-55 汇总收款凭证

借方科目：银行存款　　20××年12月　　第2号

贷方科目	金额				总账页数	
	1~10日发生额	11~20日发生额	21~31日发生额	合计	借方	贷方
应收账款			4 200	4 200	1	3
应交税费	720			720	1	17
短期借款		50 000		50 000	1	13
长期借款		200 000		200 000	1	19
实收资本	80 000			80 000	1	20
主营业务收入	12 000			12 000	1	25

表 9-56 汇总付款凭证

贷方科目：库存现金　　20××年12月　　第1号

借方科目	金额				总账页数	
	1~10日发生额	11~20日发生额	21~31日发生额	合计	借方	贷方
应付职工薪酬		15 000		15 000	15	2
其他应收款		1 000		1 000	4	2

表 9-57 汇总付款凭证

贷方科目：银行存款　　20××年12月　　第2号

借方科目	金额				总账页数	
	1~10日发生额	11~20日发生额	21~31日发生额	合计	借方	贷方
库存现金		15 000		15 000	2	1
在途物资	36 100	96 100	302 100	434 300	5	1
原材料	18 150			18 150	6	1
预提费用			6 000	6 000	18	1
固定资产		17 000		17 000	9	1
短期借款			300 000	300 000	13	1
应付账款			19 800	19 800	14	1
应付职工薪酬		540		540	15	1
长期借款			100 000	100 000	19	1
销售费用		3 300		3 300	32	1
营业外支出		5 000		5 000	33	1

表 9-58 汇总转账凭证

贷方科目：在途物资　　20××年12月　　第1号

借方科目	金额				总账页数	
	1~10日发生额	11~20日发生额	21~31日发生额	合计	借方	贷方
原材料			434 300	434 300	6	5

贷方科目：原材料　　20××年12月　　第2号

借方科目	金额				总账页数	
	1~10日发生额	11~20日发生额	21~31日发生额	合计	借方	贷方
生产成本	37 500			37 500	24	6
制造费用	1 500			1 500	26	6
管理费用	1 000			1 000	31	6

贷方科目：库存商品　　20××年12月　　第3号

借方科目	金额				总账页数	
	1~10日发生额	11~20日发生额	21~31日发生额	合计	借方	贷方
主营业务成本			9 820	9 820	28	7

贷方科目：待摊费用　　20××年12月　　第4号

借方科目	金额				总账页数	
	1~10日发生额	11~20日发生额	21~31日发生额	合计	借方	贷方
管理费用			400	400	31	8

贷方科目：应付账款　　20××年12月　　第5号

借方科目	金额				总账页数	
	1~10日发生额	11~20日发生额	21~31日发生额	合计	借方	贷方
材料			37 440	37 440	6	14

贷方科目：累计折旧　　20××年12月　　第6号

借方科目	金额				总账页数	
	1~10日发生额	11~20日发生额	21~31日发生额	合计	借方	贷方
制造费用			5 000	5 000	26	10
管理费用			1 000	1 000	31	10

贷方科目：应付职工薪酬　　20××年12月　　第7号

借方科目	金额				总账页数	
	1~10日发生额	11~20日发生额	21~31日发生额	合计	借方	贷方
生产成本			10 830	10 830	24	15
制造费用			2 280	2 280	26	15
管理费用			3 990	3 990	31	15

贷方科目：应付股利　　20××年12月　　第8号

借方科目	金额				总账页数	
	1~10日发生额	11~20日发生额	21~31日发生额	合计	借方	贷方
利润分配			60 000	60 000	22	16

贷方科目：应交税费　　20××年12月　　第9号

借方科目	金额				总账页数	
	1~10日发生额	11~20日发生额	21~31日发生额	合计	借方	贷方
应收账款	1 200			1 200	3	17
营业税金及附加			192	192	29	17
所得税费用			4 575	4 575	34	17

贷方科目：预提费用　　20××年12月　　第10号

借方科目	金额				总账页数	
	1~10日发生额	11~20日发生额	21~31日发生额	合计	借方	贷方
财务费用			1 600	1 600	30	18
管理费用			400	400	31	18

贷方科目：实收资本　　20××年12月　　第11号

借方科目	金额				总账页数	
	1~10日发生额	11~20日发生额	21~31日发生额	合计	借方	贷方
固定资产	40 000			40 000	9	20
无形资产	30 000			30 000	12	20

贷方科目：盈余公积　　20××年12月　　第12号

借方科目	金额				总账页数	
	1~10日发生额	11~20日发生额	21~31日发生额	合计	借方	贷方
利润分配			18 640	18 640	22	21

贷方科目：本年利润　　20××年12月　　第13号

借方科目	金额				总账页数	
	1~10日发生额	11~20日发生额	21~31日发生额	合计	借方	贷方
主营业务收入			32 000	32 000	25	23
营业外收入			13 000	13 000	27	23

贷方科目：利润分配　　20××年12月　　第14号

借方科目	金额				总账页数	
	1~10日发生额	11~20日发生额	21~31日发生额	合计	借方	贷方
本年利润			186 400	186 400	23	22

贷方科目：生产成本　　20××年12月　　第15号

借方科目	金额				总账页数	
	1~10日发生额	11~20日发生额	21~31日发生额	合计	借方	贷方
库存商品			68 400	68 400	7	24

贷方科目：制造费用　　20××年12月　　第16号

借方科目	金额				总账页数	
	1~10日发生额	11~20日发生额	21~31日发生额	合计	借方	贷方
生产成本			8 780	8 780	24	26

贷方科目：主营业务收入　　20××年12月　　第17号

借方科目	金额				总账页数	
	1~10日发生额	11~20日发生额	21~31日发生额	合计	借方	贷方
应收账款	20 000			20 000	3	25

贷方科目：营业外收入　　20××年12月　　第18号

借方科目	金额				总账页数	
	1~10日发生额	11~20日发生额	21~31日发生额	合计	借方	贷方
固定资产清理		13 000		13 000	11	27

贷方科目：主营业务成本　　20××年12月　　第19号

借方科目	金额				总账页数	
	1~10日发生额	11~20日发生额	21~31日发生额	合计	借方	贷方
本年利润			9 820	9 820	23	28

贷方科目：营业税金及附加　　20××年12月　　第20号

借方科目	金额				总账页数	
	1~10日发生额	11~20日发生额	21~31日发生额	合计	借方	贷方
本年利润			192	192	23	29

贷方科目：财务费用　　20××年12月　　第21号

借方科目	金额				总账页数	
	1~10日发生额	11~20日发生额	21~31日发生额	合计	借方	贷方
本年利润			1 600	1 600	23	30

贷方科目：管理费用　　20××年12月　　第22号

借方科目	金额				总账页数	
	1~10日发生额	11~20日发生额	21~31日发生额	合计	借方	贷方
本年利润			6 790	6 790	23	31

贷方科目：销售费用　　20××年12月　　第23号

借方科目	金额				总账页数	
	1~10日发生额	11~20日发生额	21~31日发生额	合计	借方	贷方
本年利润			3 300	3 300	23	32

贷方科目：营业外支出　　　　20××年12月　　　　第24号

借方科目	金额				总账页数	
	1~10日发生额	11~20日发生额	21~31日发生额	合计	借方	贷方
本年利润			5 000	5 000	23	33

贷方科目：所得税费用　　　　20××年12月　　　　第25号

借方科目	金额				总账页数	
	1~10日发生额	11~20日发生额	21~31日发生额	合计	借方	贷方
本年利润			4 575	4 575	23	34

（二）根据汇总记账凭证登记总分类账

总分类账

会计科目：银行存款　　　　第1页

××年		凭证号数	摘要	对方科目	借方金额	贷方金额	借或贷	余额
月	日							
12	1		略				借	887 500
	31	汇收2		应收账款	4 200			
	31	汇收2		应交税费	720			
	31	汇收2		短期借款	50 000			
	31	汇收2		长期借款	200 000			
	31	汇收2		实收资本	80 000			
	31	汇收2		主营业务收入	12 000			
	31	汇付2		库存现金		15 000		
	31	汇付2		在途物资		434 300		
	31	汇付2		固定资产		17 000		
	31	汇付2		短期借款		300 000		
	31	汇付2		应付账款		19 800		
	31	汇付2		应付职工薪酬		540		
	31	汇付2		长期借款		100 000		
	31	汇付2		销售费用		3 300		
	31	汇付2		营业外支出		5 000		
	31	汇付2		原材料		18 150		
	31	汇付2		预提费用		6 000		
12	31				346 920	919 090	借	315 330

会计科目：库存现金　　第 2 页

××年		凭证号数	摘要	对方科目	借方金额	贷方金额	借或贷	余额
月	日							
12	1		初余				借	3 500
	31	汇收 1	略	银行存款	15 000			
	31	汇付 1		应付职工薪酬		15 000		
	31	汇付 1		其他应收款		1 000		
12	31		月结		15 000	16 000	借	2 500

会计科目：应收账款　　第 3 页

××年		凭证号数	摘要	对方科目	借方金额	贷方金额	借或贷	余额
月	日							
12	1		初余				借	67 000
	31	汇收 2	略	银行存款		4 200		
	31	汇转 17		主营业务收入	20 000			
	31	汇转 9		应交税费	1 200			
12	31		月结		21 200	4 200	借	84 000

会计科目：其他应收款　　第 4 页

××年		凭证号数	摘要	对方科目	借方金额	贷方金额	借或贷	余额
月	日							
12	1		初余				借	4 700
	31	汇付 1	略	库存现金	1 000			
12	31		月结		1 000		借	5 700

会计科目：在途物资　　第 5 页

××年		凭证号数	摘要	对方科目	借方金额	贷方金额	借或贷	余额
月	日							
12	31	汇付 2	略	银行存款	434 300			
	31	汇转 1		原材料		434 300		
12	31		月结		434 300	434 300	平	0

会计科目：原材料　　第6页

××年		凭证号数	摘要	对方科目	借方金额	贷方金额	借或贷	余额
月	日							
12	1		初余				借	499 537
	31	汇付2	略	银行存款	18 150			
	31	汇转1		在途物资	434 300			
	31	汇转2		生产成本		37 500		
	31	汇转2		制造费用		1 500		
	31	汇转2		管理费用		1 000		
	31	汇转5		应付账款	37 440			
12	31		月结		489 890	40 000	借	949 427

会计科目：库存商品　　第7页

××年		凭证号数	摘要	对方科目	借方金额	贷方金额	借或贷	余额
月	日							
12	1		初余				借	36 000
	31	汇转15	略	生产成本	68 400			
	3	汇转3		主营业务成本		9 820		
12	31		月结		68 400	9 820	借	94 580

会计科目：待摊费用　　第8页

××年		凭证号数	摘要	对方科目	借方金额	贷方金额	借或贷	余额
月	日							
12	1		初余				借	48 000
	31	汇转4	略	管理费用		400		
12	31		月结			400	借	47 600

会计科目：固定资产　　第9页

××年		凭证号数	摘要	对方科目	借方金额	贷方金额	借或贷	余额
月	日							
12	1		初余				借	560 160
	31	汇付2	略	银行存款	17 000			
	31	汇转11		实收资本	40 000			
12	31		月结		57 000		借	617 160

会计科目：累计折旧　　第10页

××年		凭证号数	摘要	对方科目	借方金额	贷方金额	借或贷	余额
月	日							
12	1		初余				贷	43 500
	31	汇转6	略	制造费用		5 000		
	31	汇转6		管理费用		1 000		
12	31		月结			6 000	贷	49 500

会计科目：固定资产清理　　第11页

××年		凭证号数	摘要	对方科目	借方金额	贷方金额	借或贷	余额
月	日							
12	1		初余				贷	13 000
	31	汇转18	略	营业外收入	13 000			
12	31		月结		13 000		平	0

会计科目：无形资产　　第12页

××年		凭证号数	摘要	对方科目	借方金额	贷方金额	借或贷	余额
月	日							
12	1		初余				借	88 000
	31	汇转11	略	实收资本	30 000			
12	31		月结		30 000		借	118 000

会计科目：短期借款　　第13页

××年		凭证号数	摘要	对方科目	借方金额	贷方金额	借或贷	余额
月	日							
12	1		初余				贷	300 000
	31	汇收2	略	银行存款		50 000		
	31	汇付2		银行存款	300 000			
12	31		月结		300 000	50 000	贷	50 000

会计科目：应付账款　　第14页

××年		凭证号数	摘要	对方科目	借方金额	贷方金额	借或贷	余额
月	日							
12	1		初余				贷	373 000
	31	汇付2	略	银行存款	19 800			
	31	汇转5		原材料		37 440		
12	31		月结		19 800	37 440	贷	390 640

会计科目：应付职工薪酬　　第15页

××年		凭证号数	摘要	对方科目	借方金额	贷方金额	借或贷	余额
月	日							
12	1		初余				贷	24 800
	31	汇付1	略	库存现金	15 000			
	31	汇付2		银行存款	540			
	31	汇转7		生产成本		10 830		
	31	汇转7		制造费用		2 280		
	31	汇转7		管理费用		3 990		
12	31		月结		15 540	17 100	贷	26 360

会计科目：应付股利　　第16页

××年		凭证号数	摘要	对方科目	借方金额	贷方金额	借或贷	余额
月	日							
12	31	汇转8	略	利润分配		60 000		
12	31		月结			60 000	贷	60 000

会计科目：应交税费　　第17页

××年		凭证号数	摘要	对方科目	借方金额	贷方金额	借或贷	余额
月	日							
12	1		初余				贷	73 560
	31	汇收2	略	银行存款		720		
	31	汇转9		应收账款		1 200		
	31	汇转9		营业税金及附加		192		
	31	汇转9		所得税费用		4 575		
12	31		月结			6687	贷	80 247

会计科目：预提费用　　第18页

××年		凭证号数	摘要	对方科目	借方金额	贷方金额	借或贷	余额
月	日							
12	1		初余				贷	8 000
	31	汇付2	略	银行存款	6 000			
	31	汇转10		财务费用		1 600		
	31	汇转10		管理费用		400		
12	31		月结		6 000	2 000	贷	4 000

会计科目：长期借款 第19页

××年		凭证号数	摘要	对方科目	借方金额	贷方金额	借或贷	余额
月	日							
12	1		初余				贷	100 000
	31	汇收2	略	银行存款		200 000		
	31	汇付2		银行存款	100 000			
12	31		月结		100 000	200 000	贷	200 000

会计科目：实收资本 第20页

××年		凭证号数	摘要	对方科目	借方金额	贷方金额	借或贷	余额
月	日							
12	1		初余				贷	1 000 000
	31	汇收2	略	银行存款		80 000		
	31	汇转11		固定资产		40 000		
	31	汇转11		无形资产		30 000		
12	31		月结			150 000	贷	1 150 000

会计科目：盈余公积 第21页

××年		凭证号数	摘要	对方科目	借方金额	贷方金额	借或贷	余额
月	日							
12	1		初余				贷	77 150
	31	汇转12	略	利润分配		18 640		
12	31		月结			18 640	贷	95 790

会计科目：利润分配 第22页

××年		凭证号数	摘要	对方科目	借方金额	贷方金额	借或贷	余额
月	日							
12	1		初余				贷	20 000
	31	汇转14	略	本年利润		186 400		
	31	汇转12		盈余公积	18 640			
	31	汇转8		应付股利	60 000			
12	31		月结		78 640	186 400	贷	127 760

会计科目：本年利润　　　　　　　　　　　　　　　　　　　　第23页

××年		凭证号数	摘要	对方科目	借方金额	贷方金额	借或贷	余额
月	日							
12	1						贷	172 677
	31	汇转13	略	主营业务收入		32 000		
	31	汇转13		营业外收入		13 000		
	31	汇转19		主营业务成本	9 820			
	31	汇转20		营业税金及附加	192			
	31	汇转21		财务费用	1 600			
	31	汇转22		管理费用	6 790			
	31	汇转23		销售费用	3 300			
	31	汇转24		营业外支出	5 000			
	31	汇转25		所得税费用	4 575			
	31	汇转14		利润分配	186 400			
12	31				217 677	45 000	平	0

会计科目：生产成本　　　　　　　　　　　　　　　　　　　　第24页

××年		凭证号数	摘要	对方科目	借方金额	贷方金额	借或贷	余额
月	日							
12	1		初余				贷	11 290
	31	汇转2	略	原材料	37 500			
	31	汇转7		应付职工薪酬	10 830			
	31	汇转16		制造费用	8 780			
	31	汇转15		库存商品		68 400		
12	31		月结		57 110	68 400	平	0

会计科目：主营业务收入　　　　　　　　　　　　　　　　　　第25页

××年		凭证号数	摘要	对方科目	借方金额	贷方金额	借或贷	余额
月	日							
12	31	汇收2	略	银行存款		12 000		
	31	汇转17		应收账款		20 000		
	31	汇转13		本年利润	32 000			
12	31		月结		32 000	32 000	平	0

会计科目：制造费用　　　　第26页

××年		凭证号数	摘要	对方科目	借方金额	贷方金额	借或贷	余额
月	日							
12	31	汇转2	略	原材料	1 500			
	31	汇转7		应付职工薪酬	2 280			
	31	汇转6		累计折旧	5 000			
	31	汇转16		生产成本		8 780		
12	31		月结		8 780	8 780	平	0

会计科目：营业外收入　　　　第27页

××年		凭证号数	摘要	对方科目	借方金额	贷方金额	借或贷	余额
月	日							
12	31	汇转18	略	固定资产清理		13 000		
	31	汇转13		本年利润	13 000			
12	31		月结		13 000	13 000	平	0

会计科目：主营业务成本　　　　第28页

××年		凭证号数	摘要	对方科目	借方金额	贷方金额	借或贷	余额
月	日							
12	31	汇转3	略	库存商品	9 820			
	31	汇转19		本年利润		9 820		
12	31		月结		9 820	9 820	平	0

会计科目：营业税金及附加　　　　第29页

××年		凭证号数	摘要	对方科目	借方金额	贷方金额	借或贷	余额
月	日							
12	31	汇转9	略	应交税费	192			
	31	汇转20		本年利润		192		
12	31		月结		192	192	平	0

会计科目：财务费用　　　　第30页

××年		凭证号数	摘要	对方科目	借方金额	贷方金额	借或贷	余额
月	日							
12	31	汇转10	略	预提费用	1 600			
	31	汇转21		本年利润		1 600		
12	31		月结		1 600	1 600	平	0

会计科目：管理费用　　第31页

××年		凭证号数	摘要	对方科目	借方金额	贷方金额	借或贷	余额
月	日							
12	31	汇转2	略	原材料	1 000			
	31	汇转7		应付职工薪酬	3 990			
	31	汇转6		累计折旧	1 000			
	31	汇转4		待摊费用	400			
	31	汇转10		预提费用	400			
	31	汇转22		本年利润		6 790		
12	31		月结		6 790	6 790	平	0

会计科目：销售费用　　第32页

××年		凭证号数	摘要	对方科目	借方金额	贷方金额	借或贷	余额
月	日							
12	31	汇付2	略	银行存款	3 300			
	31	汇转23		本年利润		3 300		
12	31		月结		3 300	3 300	平	0

会计科目：营业外支出　　第33页

××年		凭证号数	摘要	对方科目	借方金额	贷方金额	借或贷	余额
月	日							
12	31	汇付2	略	银行存款	5 000			
	31	汇转24		本年利润		5 000		
12	31		月结		5 000	5 000	平	0

会计科目：所得税费用　　第34页

××年		凭证号数	摘要	对方科目	借方金额	贷方金额	借或贷	余额
月	日							
12	31	汇转9	略	应交税费	4 575			
	31	汇转25		本年利润		4 575		
12	31		月结		4 575	4 575	平	0

（三）对账

月末，根据对账的要求，将库存现金日记账和银行存款日记账的余额，以及各种明细分类账户余额合计数分别与总分类账中有关科目的余额核对相符。

（四）编制会计报表

月末，根据核对无误的总分类账和明细分类账的记录，编制会计报表，具体内容见第十章。

第六节　凭单日记账账务处理程序

一、凭单日记账账务处理程序的特点

凭单日记账账务处理程序是根据记账凭证序时地按照一个或几个性质相同或互有联系的贷方科目分别设置凭单日记账，然后根据凭单日记账登记总分类账。

二、凭单日记账账务处理程序设置的会计凭证和账簿

这种账务处理程序下，需设置收款凭证、付款凭证和转账凭证。账簿应设置库存现金日记账、银行存款日记账、凭单日记账、总分类账和明细分类账。库存现金日记账和银行存款日记账一般都采用三栏式；凭单日记账采用多栏式；总分类账采用三栏式，并按每一总分类账科目开设账页；明细分类账则可根据管理的需要，采用三栏、数量金额式或者多栏式。

三、凭单日记账和凭单日记账的编制方法

凭单日记账是一种既序时又分类地登记各种经济业务的账簿。它既具有日记账的性质，又是汇总登记总账的依据，具有汇总记账凭证的作用，因此，这种账簿叫作“凭单日记账”（记账凭证过去也称记账凭单，简称凭单）。

凭单日记账是按照一个或几个性质相同或互有联系的贷方科目分别设置的。在账页中，一般设置若干专栏，以登记这些科目的贷方发生额以及与之相对应的各个科目的借方发生额。至于这些科目的借方发生额，由于已经分散反映在与之相对应的各个贷方科目的凭单日记账中，因此，不需要再重复登记。按照贷方科目设置的凭单日记账，也有各种不同的格式。例如，有些凭单日记账，只包括一个贷方科目，即一个贷方科目同若干个借方科目相对应；有些凭单日记账则包括几个贷方科目，它们分别同若干个借方科目相对应；还有些凭单日记账采用棋盘式的结构，若干个贷方科目同若干个借方科目交叉相互对应。

凭单日记账是登记总账的根据。在采用凭单日记账账务处理程序下，总账的结构也具有很大的特点。由于凭单日记账登记贷方科目发生额，并按对应关系分栏反映对应科目，即借方科目的发生额。因此，在过账的时候，各科目的贷方发生额应根据各个凭单日记账汇总一笔过入总账，而各科目的借方发生额，应根据其他有关凭单日记账的有关专栏分别过入总账。这样，总分类账中各科目的贷方，只反映本科目的本月发生额合计，而借方则除了反映本科目的本月借方发生额合计以外，还可以按照对应科目分别反映本月借方发生额。如果把总账同凭单日记账结

合在一起观察，就可以得出这样的结论，在凭单日记账中，各科目的贷方发生额是按对应科目分别反映的，而在总账中，各科目的借方发生额也是按对应科目分别反映的。两种账簿在结构上的相互配合，既可以简化记账工作，又可以获得比较详细、清晰的核算资料。

四、凭单日记账账务处理程序图

（1）根据各种原始凭证或汇总原始凭证，编制记账凭证（包括收款凭证、付款凭证和转账凭证）。

（2）根据收款凭证、付款凭证逐笔登记库存现金日记账和银行存款日记账。

（3）根据原始凭证、汇总原始凭证和记账凭证，登记各种明细账。

（4）根据记账凭证逐笔登记凭单日记账。

（5）根据凭单日记账登记总分类账。

（6）月末，根据对账的要求，将库存现金日记账、银行存款日记账的余额，以及各种明细分类账户余额合计数，分别与总分类账中有关科目的余额核对相符。

（7）月终，根据核对无误的总分类账和各种明细分类账的记录，编制会计报表。

凭单日记账的账务处理程序如图 9-5 所示。

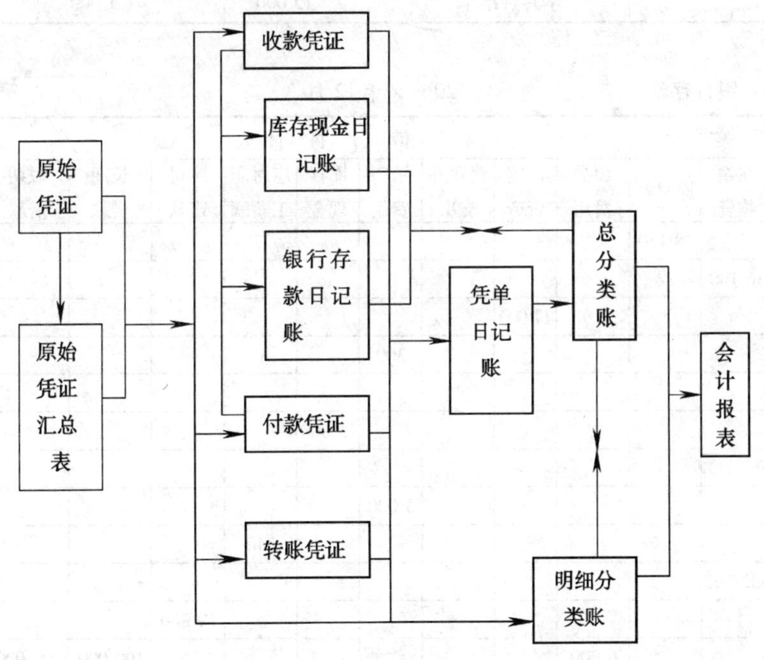

图 9-5　凭单日记账的账务处理程序

五、凭单日记账账务处理程序的优缺点和适用范围

凭单日记账账务处理程序中的账簿组织比较严密，所提供的核算资料也比较细致，详尽。由于每一本凭单日记账基本上反映了某类性质的经济业务，便于会计部门按经济业务来对日常核算工作进行合理的分工。但是，在凭单日记账账务处理程序下，账簿组织比较复杂，账簿数量比较多，核算的工作量较大。因此，只有在规模大、经济业务多、分工较细的企业里，可以采用这种账务处理程序。

六、凭单日记账账务处理程序举例

（一）根据记账凭证编制凭单日记账

凭单日记账

贷方科目：库存现金　　　　20××年12月　　　　第1号

××年		凭证号数	摘要	借方科目		
月	日			应付职工薪酬	其他应收款	合计
12	15	付7	发放工资	15 000		15 000
	16	付9	张华借差旅费		1 000	1 000
	31		本月月结	15 000	1 000	16 000

贷方科目：银行存款　　　　20××年12月　　　　第2号

日期	摘要	借方科目											
		在途物资	原材料	预提费用	固定资产	营业外支出	销售费用	库存现金	应付职工薪酬	应付账款	长期借款	短期借款	借方合计
4			18 150										18 150
6		36 100											36 100
12					17 000								17 000
13							300						300
13						5 000							5 000
14								15 000					15 000
15	略	96 100											96 100
20							3 000						3 000
20									540				540
22		302 100											302 100
22										19 800			19 800
30				6 000							100 000	300 000	406 000
31	合计	434 300	18 150	6 000	17 000	5 000	3 300	15 000	540	19 800	100 000	300 000	919 090

贷方科目：应收账款　　　　20××年12月　　　　第3号

××年		凭证号数	摘要	借方科目	
月	日			银行存款	合计
12	24	收4	收到欠款	4 200	4 200
12	31		本月月结	4 200	4 200

贷方科目：在途物资　　　　20××年12月　　　　第4号

××年		凭证号数	摘要	借方科目	
月	日			原材料	合计
12	31	转7	材料入库	434 300	434 300
12	31		本月月结	434 300	434 300

贷方科目：原材料　　　　20××年12月　　　　第5号

××年		凭证号数	摘要	借方科目			
月	日			生产成本	制造费用	管理费用	合计
12	3	转1	生产领料	37 500	1 500	1 000	40 000
123	31		本月月结	37 500	1 500	1 000	40 000

贷方科目：生产成本　　　　20××年12月　　　　第6号

××年		凭证号数	摘要	借方科目	
月	日			库存商品	合计
12	31	转14	产品完工入库	68 400	68 400
12	31		本月月结	68 400	68 400

贷方科目：库存商品　　　　20××年12月　　　　第7号

××年		凭证号数	摘要	借方科目	
月	日			主营业务成本	合计
12	31	转16	结转已销商品成本	9 820	9 820
12	31		本月月结	9 820	9 820

贷方科目：待摊费用　　　　20××年12月　　　　第8号

××年		凭证号数	摘要	借方科目	
月	日			管理费用	合计
12	31	转11	摊销本月负担仓库租金	400	400
12	31		本月月结	400	400

贷方科目：累计折旧　　20××年12月　　第9号

××年		凭证号数	摘要	借方科目		
月	日			制造费用	管理费用	合计
12	31	转10	计提折旧	5 000	1 000	6 000
12	31		本月月结	5 000	1 000	6 000

贷方科目：短期借款　　20××年12月　　第10号

××年		凭证号数	摘要	借方科目	
月	日			银行存款	合计
12	11	收3	借入短期借款	50 000	50 000
12	31		本月月结	50 000	50 000

贷方科目：应付账款　　20××年12月　　第11号

××年		凭证号数	摘要	借方科目	
月	日			原材料	合计
12	25	转6	向世通公司购料未付款	37 440	37 440
12	31		本月月结	37 440	37 440

贷方科目：应付职工薪酬　　20××年12月　　第12号

××年		凭证号数	摘要	借方科目			
月	日			生产成本	制造费用	管理费用	合计
12	31	转8	分配工资	9 500	2 000	3 500	15 000
12	31	转9	计提福利费	1 330	280	490	2 100
12	31		本月月结	10 830	2 280	3 990	17 100

贷方科目：应付股利　　20××年12月　　第13号

××年		凭证号数	摘要	借方科目	
月	日			利润分配	合计
12	31	转22	分配利润	60 000	60 000
12	31		本月月结	60 000	60 000

贷方科目：应交税费　　20××年12月　　第14号

××年		凭证号数	摘要	借方科目				
月	日			银行存款	应收账款	营业税金及附加	所得税费用	合计
12	5	收2	销售收税	720				720
	10	转4	销收未收款		1 200			1 200
	31	转15	计提城建税和教育费附加			192		192
	31	转19	计算所得税费用				4 575	4 575
12	31		本月月结	720	1 200	192	4 575	6 687

贷方科目：预提费用　　20××年12月　　第15号

××年		凭证号数	摘要	借方科目		
月	日			财务费用	管理费用	合计
12	31	转12	预提利息和保险费	1 600	400	2 000
12	31		本月月结	1 600	400	2 000

贷方科目：长期借款　　20××年12月　　第16号

××年		凭证号数	摘要	借方科目	
月	日			银行存款	合计
12	11	收3	借入长期借款	200 000	200 000
12	31		本月月结	200 000	200 000

贷方科目：实收资本　　20××年12月　　第17号

××年		凭证号数	摘要	借方科目			
月	日			银行存款	固定资产	无形资产	合计
12	2	收1	国家投入资金	80 000			80 000
	6	转2	甲企业投入设备		40 000		40 000
	8	转3	乙企业投入专利			30 000	30 000
12	31		本月月结	80 000	40 000	30 000	150 000

贷方科目：盈余公积　　20××年12月　　第18号

××年		凭证号数	摘要	借方科目	
月	日			利润分配	合计
12	31	转22	提取盈余公积	18 640	18 640
12	31		本月月结	18 640	18 640

贷方科目：利润分配　　20××年12月　　第19号

××年		凭证号数	摘要	借方科目	
月	日			本年利润	合计
12	31	转21	结转净利润	186 400	186 400
12	31		本月月结	186 400	186 400

贷方科目：本年利润　　20××年12月　　第20号

××年		凭证号数	摘要	借方科目		
月	日			主营业务收入	营业外收入	合计
12	31	转17	结转收入类账户	32 000	13 000	45 000
12	31		本月月结	32 000	13 000	45 000

贷方科目：制造费用　　20××年12月　　第21号

××年		凭证号数	摘要	借方科目	
月	日			生产成本	合计
12	31	转13	结转制造费用	8 780	8 780
12	31		本月月结	8 780	8 780

贷方科目：主营业务收入　　20××年12月　　第22号

××年		凭证号数	摘要	借方科目		
月	日			银行存款	应收账款	合计
12	5	收2	销售收款	12 000		12 000
	10	转4	销售未收款		20 000	20 000
12	31		本月月结	12 000	20 000	32 000

贷方科目：营业外收入　　20××年12月　　第23号

××年		凭证号数	摘要	借方科目	
月	日			固定资产清理	合计
12	20	转5	结转清理固定资产净收益	13 000	13 000
12	31		本月月结	13 000	13 000

贷方科目：主营业务成本　　20××年12月　　第24号

××年		凭证号数	摘要	借方科目	
月	日			本年利润	合计
12	31	转18	结转营业成本	9 820	9 820
12	31		本月月结	9 820	9 820

贷方科目：营业税金及附加　　20××年12月　　第25号

××年		凭证号数	摘要	借方科目	
月	日			本年利润	合计
12	31	转18	结转营业税金及附加	192	192
12	31		本月月结	192	192

贷方科目：财务费用　　20××年12月　　第26号

××年		凭证号数	摘要	借方科目	
月	日			本年利润	合计
12	31	转18	结转财务费用	1 600	1 600
12	31		本月月结	1 600	1 600

贷方科目：管理费用　　20××年12月　　第27号

××年		凭证号数	摘要	借方科目	
月	日			本年利润	合计
12	31	转18	结转管理费用	6 790	6 790
12	31		本月月结	6 790	6 790

贷方科目：销售费用　　20××年12月　　第28号

××年		凭证号数	摘要	借方科目	
月	日			本年利润	合计
12	31	转18	结转销售费用	3 300	3 300
12	31		本月月结	3 300	3 300

贷方科目：营业外支出　　20××年12月　　第29号

××年		凭证号数	摘要	借方科目	
月	日			本年利润	合计
12	31	转18	结转营业外支出	5 000	5 000
12	31		本月月结	5 000	5 000

贷方科目：所得税费用　　20××年12月　　第30号

××年		凭证号数	摘要	借方科目	
月	日			本年利润	合计
12	31	转20	结转所得税费用	4 575	4 575
12	31		本月月结	4 575	4 575

（二）根据凭单日记账登记总分类账

会计科目：库存现金　　20××年12月　　第1页

日期	凭证号数	摘要	对方科目	借方金额	贷方金额	借或贷	余额
1		期初余额				借	3 500
31	凭单1	1～31贷方发生			16 000		
31	凭单2	本月提现	银行存款	15 000			
31		本月月结		15 000	16 000	借	2 500

会计科目：银行存款　　第2页

日期	凭证号数	摘要	对方科目	借方金额	贷方金额	借或贷	余额
1		初余				借	887 500
31	凭单2	略			919090		
31	凭单3		应收账款	4 200			
31	凭单10		短期借款	50 000			
31	凭单14		应交税费	720			
31	凭单16		长期借款	200 000			
31	凭单17		实收资本	80 000			
31	凭单22		主营业务收入	12 000			
31		月结		346 920	919 090	借	315 330

会计科目：其他应收款　　第3页

××年		凭证号数	摘要	对方科目	借方金额	贷方金额	借或贷	余额
月	日							
12	1		期初余额				借	4 700
	31	凭单1	略	库存现金	1 000			
12	31		本月月结		1 000		借	5 700

会计科目：应收账款　　第4页

日期	凭证号数	摘要	对方科目	借方金额	贷方金额	借或贷	余额
1		初余				借	67 000
31	凭单3	略			4 200		
31	凭单14		应交税费	1 200			
31	凭单22		主营业务收入	20 000			
31		月结		21 200	4 200	借	84 000

会计科目：在途物资　　第5页

××年		凭证号数	摘要	对方科目	借方金额	贷方金额	借或贷	余额
月	日							
12	31	凭单2	略	银行存款	434 300			
	31	凭单4				434 300		
12	31		本月月结		434 300	434 300	平	0

会计科目：原材料　　第6页

日期	凭证号数	摘要	对方科目	借方金额	贷方金额	借或贷	余额
1		初余				借	499 537
31	凭单2	略	银行存款	18 150			
31	凭单4		在途物资	434 300			
31	凭单5				40 000		
31	凭单11		应付账款	37 440			
31		月结		489 890	40 000	借	949 427

会计科目：库存商品　　第7页

××年		凭证号数	摘要	对方科目	借方金额	贷方金额	借或贷	余额
月	日							
12	1		期初余额				借	36 000
	31	凭单6	略	生产成本	68 400			
	31	凭单7				9 820		
12	31		本月月结		68 400	9 820	借	94 580

会计科目：待摊费用　　第8页

××年		凭证号数	摘要	对方科目	借方金额	贷方金额	借或贷	余额
月	日							
12	1		期初余额				借	48 000
	31	凭单8	略			400		
12	31		本月月结			400	借	47 600

会计科目：固定资产　　第9页

××年		凭证号数	摘要	对方科目	借方金额	贷方金额	借或贷	余额
月	日							
12	1		初余				借	560 160
	31	凭单2	略	银行存款	17 000			
	31	凭单17		实收资本	40 000			
12	31		月结		57 000		借	617 160

会计科目：累计折旧 第10页

××年		凭证号数	摘要	对方科目	借方金额	贷方金额	借或贷	余额
月	日							
12	1		期初余额				贷	43 500
	31	凭单9	略			6 000		
12	31		本月月结			6 000	贷	49 500

会计科目：固定资产清理 第11页

××年		凭证号数	摘要	对方科目	借方金额	贷方金额	借或贷	余额
月	日							
12	1		初余				贷	13 000
	31	凭单23	略	营业外收入	13 000			
12	31		月结		13 000		平	0

会计科目：无形资产 第12页

××年		凭证号数	摘要	对方科目	借方金额	贷方金额	借或贷	余额
月	日							
12	1		初余				借	88 000
	31	凭单17	略	实收资本	30 000			
12	31		月结		30 000		借	118 000

会计科目：短期借款 第13页

日期	凭证号数	摘要	对方科目	借方金额	贷方金额	借或贷	余额
1		初余				贷	300 000
31	凭单2	略	银行存款	300 000			
31	凭单10				50 000		
31		月结		300 000	50 000	贷	50 000

会计科目：应付账款 第14页

××年		凭证号数	摘要	对方科目	借方金额	贷方金额	借或贷	余额
月	日							
12	1		初余				贷	373 000
	31	凭单2	略	银行存款	19 800			
	31	凭单11				37 440		
12	31		月结		19 800	37 440	贷	390 640

会计科目：应付职工薪酬　　　　第15页

××年		凭证号数	摘要	对方科目	借方金额	贷方金额	借或贷	余额
月	日							
12	1		期初余额				贷	24 800
	31	凭单 1		库存现金	15 000			
	31	凭单 2	略	银行存款	540			
	31	凭单 12				17 100		
12	31		本月月结		15 540	17 100	贷	26 360

会计科目：应付股利　　　　第16页

××年		凭证号数	摘要	对方科目	借方金额	贷方金额	借或贷	余额
月	日							
12	13	凭单 13	略			60 000		
12	31		本月月结			60 000	贷	60 000

会计科目：应交税费　　　　第17页

××年		凭证号数	摘要	对方科目	借方金额	贷方金额	借或贷	余额
月	日							
12	1		初余				贷	73 560
	31	凭单 14	略			6 687		
12	31		月结			6 687	贷	80 247

会计科目：预提费用　　　　第18页

××年		凭证号数	摘要	对方科目	借方金额	贷方金额	借或贷	余额
月	日							
12	1		初余				贷	8 000
12	31	凭单 2	略	银行存款	6 000			
	31	凭单 15				2 000		
12	31		月结		6 000	2 000	贷	4 000

会计科目：长期借款　　　　第19页

日期	凭证号数	摘要	对方科目	借方金额	贷方金额	借或贷	余额
1		初余				贷	100 000
31	凭单 2	略	银行存款	100 000			
31	凭单 16				200 000		
31		月结		100 000	200 000	贷	200 000

会计科目：实收资本　　　　第20页

××年		凭证号数	摘要	对方科目	借方金额	贷方金额	借或贷	余额
月	日							
12	1		初余				贷	1 000 000
	31	凭单 17	略			150 000		
12	31		月结			150 000	贷	1 150 000

会计科目：盈余公积　　第21页

××年		凭证号数	摘要	对方科目	借方金额	贷方金额	借或贷	余额
月	日							
12	1		初余				贷	77 150
	31	凭单18	略			18 640		
12	31		月结			18 640	贷	95 790

会计科目：本年利润　　第22页

日期	凭证号数	摘要	对方科目	借方金额	贷方金额	借或贷	余额
1		初余				贷	172 677
31	凭单19	略	利润分配	186 400			
31	凭单20				45 000		
31	凭单24		主营业务成本	9 820			
31	凭单25		营业税金及附加	192			
31	凭单26		财务费用	1 600			
31	凭单27		管理费用	6 790			
31	凭单28		销售费用	3 300			
31	凭单29		营业外支出	5 000			
31	凭单30		所得税费用	4 575			
31		月结		217 677	45 000	平	0

会计科目：主营业务收入　　第23页

××年		凭证号数	摘要	对方科目	借方金额	贷方金额	借或贷	余额
月	日							
	31	凭单20	略	本年利润	32 000			
	31	凭单22				32 000		
12	31		本月月结		32 000	32 000	平	0

会计科目：利润分配　　第24页

日期	凭证号数	摘要	对方科目	借方金额	贷方金额	借或贷	余额
1		初余				贷	20 000
31	凭单13	略	应付股利	60 000			
31	凭单18		盈余公积	18 640			
31	凭单19				186 400		
31		月结		78 640	186 400	贷	127 760

会计科目：生产成本　　第25页

××年		凭证号数	摘要	对方科目	借方金额	贷方金额	借或贷	余额
月	日							
12	1		初余				借	11 290
	31	凭单5	略	原材料	37 500			
	31	凭单6				68 400		
	31	凭单12		应付职工薪酬	10 830			
	31	凭单21		制造费用	8 780			
12	31		月结		57 110	68 400	平	0

会计科目：制造费用　　第26页

××年		凭证号数	摘要	对方科目	借方金额	贷方金额	借或贷	余额
月	日							
12	31	凭单5	略	原材料	1 500			
	31	凭单9		累计折旧	5 000			
	31	凭单12		应付职工薪酬	2 280			
	31	凭单21				8 780		
12	31		本月月结		8 780	8 780	平	0

会计科目：营业外收入　　第27页

××年		凭证号数	摘要	对方科目	借方金额	贷方金额	借或贷	余额
月	日							
	31	凭单20	略	本年利润	13 000			
	31	凭单23				13 000		
12	31		本月月结		13 000	13 000	平	0

会计科目：主营业务成本　　第28页

××年		凭证号数	摘要	对方科目	借方金额	贷方金额	借或贷	余额
月	日							
	31	凭单7	略	库存商品	9 820			
	31	凭单24				9 820		
12	31		本月月结		9 820	9 820	平	0

会计科目：营业税金及附加　　第29页

××年		凭证号数	摘要	对方科目	借方金额	贷方金额	借或贷	余额
月	日							
12	31	凭单14	略	应交税费	192			
	31	凭单25				192		
12	31		本月月结		192	192	平	0

会计科目：财务费用 第30页

××年		凭证号数	摘要	对方科目	借方金额	贷方金额	借或贷	余额
月	日							
12	31	凭单15	略	预提费用	1 600			
	31	凭单26				1 600		
12	31		本月月结		1 600	1 600	平	0

会计科目：管理费用 第31页

××年		凭证号数	摘要	对方科目	借方金额	贷方金额	借或贷	余额
月	日							
12	31	凭单5	略	原材料	1 000			
	31	凭单8		待摊费用	400			
	31	凭单9		累计折旧	1 000			
	31	凭单12		应付职工薪酬	3 990			
	31	凭单15		预提费用	400			
	31	凭单27				6 790		
12	31		本月月结		6 790	6 790	平	0

会计科目：销售费用 第32页

××年		凭证号数	摘要	对方科目	借方金额	贷方金额	借或贷	余额
月	日							
12	31	凭单2	略	银行存款	3 300			
	31	凭单28				3 300		
12	31		本月月结		3 300	3 300	平	0

会计科目：营业外支出 第33页

××年		凭证号数	摘要	对方科目	借方金额	贷方金额	借或贷	余额
月	日							
12	31	凭单2	略	银行存款	5 000			
	31	凭单29				5 000		
12	31		本月月结		5 000	5 000	平	0

会计科目：所得税费用 第34页

××年		凭证号数	摘要	对方科目	借方金额	贷方金额	借或贷	余额
月	日							
12	31	凭单14	略	应交税费	4 575			
	31	凭单30				4 575		
12	31		本月月结		4 575	4 575	平	0

（三）对账

月末，根据对账的要求，将库存现金日记账和银行存款日记账的余额，以及各种明细分类账户余额合计数分别与总分类账中有关科目的余额核对相符。

（四）编制会计报表

月末，根据核对无误的总分类账和明细分类账的记录，编制会计报表，具体内容见第十章。

第十章　财务会计报告

第一节　财务会计报告概述

财务会计报告是企业对外提供的反映企业某一特定日期财务状况和某一会计期间经营成果、现金流量等会计信息的文件。主要由财务报表、财务报表附注以及其他应当在财务会计报告中披露的相关信息和资料构成。

财务报表，又称会计报表，主要有资产负债表、利润表、现金流量表、所有者权益变动表等，它是根据日常核算资料编制的反映企事业单位一定时期财务状况和经营成果等情况的总结性表格文件。对于小企业而言，其会计报表主要包括资产负债表和利润表，现金流量表由小企业根据需要编制。

财务报表附注是对财务报表的补充说明，主要是对财务报表中列示项目的文字描述或明细资料，以及未能在财务报表中列示的项目的说明等。

一、编制财务会计报告的意义

企业编制财务会计报告的主要目的是为财务会计报告使用者提供决策所需要的会计信息。虽然企业在日常的记账工作中已把大量的经济业务全面、系统地登记在各种账簿中，但还比较分散，不能集中概括地反映企业经济状况的全貌，不利于信息使用者的使用。因此，有必要根据信息使用者的需要进行系统的整理，使之成为简明、综合、系统的体系，以财务会计报告的方式进行报送。财务会计报告是企业会计核算的最终成果，对会计信息使用者具有不可替代的重要作用。

1. 财务会计报告有助于投资者了解企业的财务状况和经营成果

由于在现代企业中，所有权和经营权分离，大部分投资者并不直接参与企业的实际经营管理，因而很难了解企业的具体运营状况。财务会计报告披露的信息是他们了解企业财务状况和经营成果的主要来源，他们要根据财务会计报告评价企业的盈利能力、资本结构和利润分配政策，并决定是否继续投资该企业。

2. 财务会计报告有助于债权人评价企业的偿债能力

现代企业中很少有企业完全依赖投资者的投入进行运营，可以说，绝大多数企业都会或多或少地通过借债获得资金。而作为资金提供者的债权人，在将资金借给企业使用并获得利息回报的同时，也承担着企业到期不能偿债的风险，他们也要借助财务会计报告获取关于企业偿债能力的信息，以评价信贷风险和决定是否继续为企业提供资金。

3. 财务会计报告有助于企业加强经营管理

财务会计报告作为企业一定时期内财务状况和经营成果的总括性文件，为企业管理者提供了全面而综合的信息，帮助企业管理者了解其资产、负债、所有者权益的结构及其合理性，了解经营业绩的多少以及现金的流动情况，同时还可以检查内部经营管理责任制的落实情况，考核业绩，总结经验，为进一步改善经营管理、提高经济效益提供帮助。

4. 财务会计报告有助于国家宏观经济调控的实现

单个企业的财务会计报告经过逐级汇总后，形成各地区、各行业、各部门的综合财务状况和经营成果，这些信息有助于政府经济管理部门了解国有资产的使用情况以及各部门、各地区的经济发展状况，从而为加强经济宏观调控、判断未来经济运行趋势提供信息支持。

除了常见的投资者、债权人、企业管理人员以外，财务会计报告使用者还包括财税部门、职工和社会公众等。不同的信息使用者对财务会计报告所提供信息的要求各有侧重。一般情况下，财税部门关心企业的经营成果和税收缴纳情况；企业职工则关心企业为其所提供的就业机会及其稳定性、劳动报酬高低和职工福利好坏等方面。因此，财务会计报告通常要以高度汇总、概括的形式出现，以满足各类信息使用者的需求。

二、财务会计报告的分类

1. 按编报时间分类

按财务会计报告编报时间的不同，可以分为月报、季报、半年报和年报。编制时，月报要求简明扼要，及时反映；年报要求揭示完整，全面反映；而季报和半年报在会计信息的详细程度方面则介于二者之间。

2. 按服务对象分类

按照财务会计报告服务对象的不同，可以分为内部报告和外部报告。内部报告是为满足企业内部经营管理需要而编制的，一般没有统一的编制要求，也无需对外公开；外部报告则是指企业向外提供的财务报告，主要供投资者、债权人、政府部门和社会公众等使用，外部报告有统一的格式和编制要求，通常还需要经审计部门和注册会计师审计验证。

3. 按反映内容分类

作为财务会计报告的主体部分，财务报表按反映内容和时间的不同，可以分为静态报表和动态报表。静态报表是指综合反映企业某一特定日期资产、负债和所有者权益状况的报表，如资产负债表等；动态报表是指综合反映企业一定期间的经营情况或现金流动情况的报表，如利润表或现金流量表等。

4. 按编制单位分类

按财务报表编制单位的不同，可以分为单位报表和汇总报表。单位报表是由独立核算的基层单位编制的反映本单位情况的报表；汇总报表是指将上级主管部门本身的财务报表与所属单位的财务报表合并汇总编制的财务报表。

5. 按报表各项目反映的数字内容分类

按报表各项目反映的数字内容不同，可以分为个别财务报表和合并财务报表。个别财务报表仅反映单个企业的财务数据；合并报表则是以母公司和子公司组成的企业集团为会计主体，根据母公司和所属子公司的财务报表，由母公司编制的综合反映集团财务状况、经营成果及现金流量的财务报表。

三、财务会计报告的编制要求

为了使财务会计报告能够最大限度地满足各有关方面的需要，充分发挥财务报告的作用，企业在编制财务会计报告时应当符合以下要求：

1. 真实完整

作为信息使用者获取信息的最主要来源之一，财务会计报告各项目的数据必须根据核实无误的账簿及相关资料编制，如实地反映企业的财务状况、经营成果和现金流量，不得以任何方式弄虚作假、人为地扭曲企业状况。除此以外，财务会计报告还应完整地反映企业财务活动的过程和结果，以满足各有关方面对财务会计信息资料的需要。企业在编制财务会计报告时，应当按照《企业会计准则》规定的格式和内容填报，不得漏编、漏汇、漏报。

2. 相关可比

企业财务会计报告所提供的信息必须与信息使用者的决策需要相关，并在会计计量和揭示方法的选择上贯彻一致性原则，保持前后各期计量和报告口径的一致，以便于报表使用者分析企业在同行业中的地位，了解、判断企业过去、现在的情况，预测企业未来的发展趋势并进行决策。

3. 编报及时

企业财务会计报告所提供的信息资料具有很强的时效性，只有编报及时，才能为使用者提供决策所需的有用信息，否则时过境迁，财务会计报告所提供的信息则可能失去其应有的价值。因此，根据相关规定，月度财务会计报告应当于月度终了后 6 天内对外提供；季度财务会计报告应当于季度终了后 15 天内对外提供；半年度财务会计报告应当于年度中期结束后 60 天内对外提供；而年度财务会计报告应当于年度终了后 4 个月内对外提供。

4. 便于理解

企业编制的财务会计报告应当清晰明了，如果提供的财务会计报告晦涩难懂，不可理解，使用者就不能据以作出准确的判断，所提供的财务会计报告的作用也会大大减少。当然，财务报表的这一要求也是建立在财务会计报告使用者具有一定的财务会计报告阅读能力的基础上。

5. 手续完备

编制财务会计报告的手续应完备，尤其是外部财务会计报告，更应该保证手续齐全。编制时应依次编定页码，加具封面，装订成册，加盖单位公章，企业负责人和会计主管、负责人也要签名盖章，以示对财务会计报告的真实性负责，需要注册会计师行使监督、验证职能的会计报表，还要由注册会计师签章。

四、财务会计报告编制前的准备工作

编制财务会计报告前，为保证编制工作及时完成，同时保证并提高财务会计报告信息的质量，企业应做好充分的准备工作。

1. 盘存资产、核实债务

（1）结算款项，包括检查应收账款、应付账款、应交税费等往来款项是否存在，金额是否正确等。

（2）检查各项存货的实存数量与账面结存数量是否一致，是否有报废损失和积压物资等。

（3）检查各项投资是否存在，投资收益是否按照会计制度规定进行确认和计量等。

（4）检查各项固定资产的实存数量与账面数量是否一致；在建工程的实际发生额与账面记录是否一致等。

2. 检查本期内所有的经济业务是否全部登记入账

（1）检查有无将本期的经济业务留到下期入账或将下期的经济业务提前至本期入账的情况，如有应当补记或转出。

（2）检查本期发生的各项经济业务是否已在有关的总分类账户及所属的明细分类账户中登记，并核对总分类账户与明细分类账户本期发生额及余额对照表是否正确，记录是否一致。

（3）检查是否存在因会计差错、会计政策变更等原因需要调整前期或本期的相关项目。

（4）检查相关的会计核算是否按照制度的规定进行；对国家没有统一规定的交易或事项的核算，检查其是否按照会计核算的一般原则进行确认、计量和账务处理。

3. 按时结账，进行试算平衡

在确定全部经济业务都已经入账后，企业就可以结账，并进行试算平衡，准备编制报表。但是要注意，财务会计报告必须在所反映的会计期间结束后方可进行编制，不得为了尽早完成工作而提前进行。

第二节 资产负债表

资产负债表是反映企业某一特定日期（月末、季末、年度中期末或者年末）财务状况的会计报表。它向信息使用者展示企业在一定日期所拥有或控制的资源、所承担的现时债务以及所有者对企业净资产的要求权。资产负债表是企业的主要财务报表之一，包含较多的内容，不同的使用者可以从中获取不同的信息。总的说来，资产负债表可反映如下信息：

（1）反映企业在某一日期所掌握的资源以及这些资源的分布与结构，这是衡量企业经营规划、分析企业生产经营能力及抵御风险能力的重要资料。

（2）反映企业资金来源及构成比例，从一个方面反映企业所面临的风险大小。

（3）通过对表中有关项目的对比分析，可以衡量企业的偿债能力、资本结构、资产使用的合理性和效率等情况。

（4）通过本期资产负债表与前期比较，可了解企业资本结构的变动及其财务状况的发展趋势等。

本节中所介绍的资产负债表以及以后各节所介绍的会计报表均以小企业会计报表为范例。

一、资产负债表的具体格式

资产负债表根据“资产＝负债＋所有者权益”的会计等式设计，该表实际上是这一等式的具体展示。

资产负债表由表首、表身、表尾三部分构成。其中，表首的内容包括报表名称、编制单位、编制日期、报表编号、货币名称、计量单位等；表尾主要包括附注资料及有关人员的签章；表身是资产负债表的核心，其具体内容包括资产、负债、所有者权益三个部分，各部分均按一定的分类标准和顺序详细列示具体的构成项目。资产负债表的具体格式如表10-1所示。

表10-1 资产负债表

编制单位： 年 月 日 会小企01表 单位：元

资　产	期末余额	年初余额	负债和所有者权益（或股东权益）	期末余额	年初余额
流动资产：			流动负债：		
货币资金			短期借款		
交易性金融资产			应付票据		
应收票据			应付账款		
应收账款			应付职工薪酬		

（续）

资 产	期末余额	年初余额	负债和所有者权益（或股东权益）	期末余额	年初余额
应收利息			应交税费		
应收股利			应付利息		
其他应收款			应付股利		
存货			其他应付款		
一年内到期的非流动资产			一年内到期的非流动负债		
其他流动资产			其他流动负债		
流动资产合计			流动负债合计		
非流动资产：			非流动负债：		
可供出售金融资产			长期借款		
持有至到期投资			长期应付款		
长期股权投资			其他非流动负债		
固定资产			非流动负债合计		
在建工程			负债合计		
工程物资			所有者权益（或股东权益）		
固定资产清理			实收资本		
无形资产			资本公积		
长期待摊费用			盈余公积		
其他非流动资产			未分配利润		
			所有者权益合计		
资产合计			负债和所有者权益（或股东权益）合计		

国际上通用的资产负债表格式有账户式与报告式两种。账户式资产负债表分左右两方，左方为资产项目，右方为负债及所有者权益项目，这种排列左右对称，比较直观，而且具有一定的对应关系；报告式资产负债表采用上下编排的形式，按照资产、负债、所有者权益的顺序排列，这种形式避免了账户式报表表页过宽、不易排版的弊端，但容易出现报表过长、不够直观、影响使用的问题。我国企业的资产负债表多采用账户式结构。账户式资产负债表和报告式资产负债表只是形式上的差别，在编制基础上基本相同。

无论采用什么格式，资产负债表项目的排列都是按照一定的规定和标准进行的，目前比较常见的是资产按流动性大小排列，流动性大的资产如“货币资金”、“应收账款”等排在前面，流动性小的资产如“固定资产”、“无形资产”等则排在后面；负债及所有者权益项目按要求权先后顺序排列，“短期借款”、“应付账款”等需要在一年内或者长于一年的一个营业周期内偿还的流动负债排在前面；“长期借款”等在一年以上或者长于一年的一个营业周期以上才需偿还的长期负债排在中间；在企业清算之前不需要偿还的所有者权益项目排在最后。

二、资产负债表的编制方法

（一）资产负债表的资料来源

资产负债表的各项目要求填列期末数。根据资产负债表编制时间的不同，“期末数”可以是月末、季末或年末的数字，其资料来源有以下几个方面：

（1）总账余额。资产负债表中的有些项目，可直接根据有关总账科目的余额编制，如“应收利息”、“应收股利”、“短期借款”、“应付职工薪酬”、“应交税费”、“应付股利”、“其他应付款”、“实收资本”、“资本公积”、“盈余公积”等。

（2）总账余额计算加总。有些项目需要根据若干个总账余额加总编制。如“货币资金”项目，需要根据“库存现金”、“银行存款”和“其他货币资金”科目的期末余额合计填列，而“存货”项目，则要分别根据“在途物资”、“原材料”、“生产成本”和“库存商品”等几个账户的期末余额计算编制。

（3）明细科目余额计算加总。有些项目如“应付账款”、“应收账款”等，需要根据所属相关明细科目的期末余额计算填列。

（4）总账科目和明细科目分析计算。如“长期借款”项目，需要根据“长期借款”总账科目期末余额，扣除“长期借款”科目所属明细科目中反映的、将于一年内到期的长期借款部分，分析计算填列。

（二）资产负债表各项目的填列方法

资产类项目的填列方法大致如下：

（1）“货币资金”项目，反映小企业库存现金、银行结算户存款、外埠存款、银行汇票存款等的期末余额，应根据“库存现金”、“银行存款”、“其他货币资金”科目的期末余额填列。

（2）“交易性金融资产”项目，反映小企业为交易目的所持有的债券投资、股票投资、基金投资等项目，本项目应根据“交易性金融资产”科目的期末余额填列。

（3）“应收票据”项目，反映小企业收到的尚未到期收款，也未向银行贴现的应收票据，包括商业承兑汇票和银行承兑汇票。本项目应根据“应收票据”科目的期末余额减去“坏账准备”中有关应收票据计提的“坏账准备”期末余额填列。

（4）“应收账款”项目，反映小企业因销售商品或提供劳务等而应向购买单位收取的各种款项减去已计提的坏账准备金后的净额，应根据“应收账款”科目所属各明细科目的期末借方余额合计，减去“坏账准备”科目中有关应收账款计提的坏账准备期末余额后的金额填列。如果“应收账款”科目所属明细科目期末有贷方余额，应在资产负债表中增设“预收账款”项目并填列其中。

(5)“应收利息”项目，反映小企业因进行债权投资而应收的利息。本项目应根据“应收利息”科目的期末余额填列。

(6)“应收股利”项目，反映小企业因进行股权投资而应收取的现金股利或因其他投资而应收其他单位的利润。本项目应根据“应收股利”科目的期末余额填列。

(7)“其他应收款”项目，反映小企业除应收账款、应收票据、应收利息和应收股利以外的各种应收、暂付款项，包括各种赔款和罚款、存出保证金、备用金、应收出租包装物租金、应向职工收取的各种垫付款项等。此项根据“其他应收款”科目的期末余额，减去“坏账准备”科目中有关其他应收款计提的坏账准备期末余额后的金额填列。

(8)“存货”项目，反映小企业期末在库、在途和在加工中的各项存货的可变现净值，包括各种材料、商品、在产品、半成品、包装物、低值易耗品等。此项根据“在途物资”、“原材料”、“周转材料”、“库存商品”、“委托加工物资”、“生产成本”、“存货跌价准备”等科目期末借贷方余额相抵后的差额填列。

(9)“其他流动资产”项目，反映小企业除以上流动资产外的其他流动资产，本项目应根据有关科目的期末余额填列。

(10)“可供出售金融资产”项目，反映小企业购入的不准备近期出售、也不准备持有到期的股票、债券和基金投资的账面余额。该项目应根据“可供出售金融资产”科目的期末借方余额减去“可供出售金融资产减值准备”科目的贷方余额，再减去一年内收回的可供出售金融资产金额后填列。一年内收回的可供出售金融资产列示在流动资产中“一年内到期的非流动资产”项目下。

(11)“持有至到期投资”项目，反映小企业持有的、具有固定到期日的、回收金额固定或可确定的、企业有明确意图和能力持有到期的债券投资项目的账面余额。该项目应根据“持有至到期投资”科目的期末借方余额减去“持有至到期投资减值准备”科目的贷方余额，再减去一年内收回的持有至到期投资金额后填列。一年内收回的持有至到期投资同样列示在流动资产中“一年内到期的非流动资产”项目下。

(12)“长期股权投资”项目，反映小企业投出的期限在一年以上（不含一年）的各种股权性质的投资的账面余额，根据“长期股权投资”科目的期末余额填列。

(13)“固定资产”项目，反映小企业的各种的固定资产原价及累计折旧。融资租入固定资产的原价及已提折旧也包括在内。此项根据“固定资产”科目和“累计折旧”科目相抵后的期末余额填列。

(14)“在建工程”项目，反映小企业期末各项未完工工程的实际支出，包括交付安装的设备价值，未完建筑安装工程已经耗用的材料、工资和费用支出，预付出包工程的价款，已经建筑安装完毕但尚未交付使用的工程等的账面余额，本项目应根据“在建工程”科目的期末余额填列。

(15)“工程物资”项目，反映小企业各项工程尚未使用的工程物资的实际成本。本项目应根据“工程物资”科目的期末余额填列。

(16)“固定资产清理”项目，反映小企业因出售、毁损、报废等原因转入清理但尚未清理完毕的固定资产的账面价值，以及固定资产清理过程中所发生的清理费用和变价收入等各项金额的差额，应根据“固定资产清理”科目的借方金额填列，如果该科目期末为贷方金额，则以“ - ”填列。

(17)“无形资产”项目，反映小企业持有的各项无形资产的账面余额，应根据“无形资产”科目的期末余额填列。

(18)“长期待摊费用”项目，反映小企业已经支出，但摊销期限在一年以上（不含一年）的各种费用。应根据“长期待摊费用”科目的期末余额填列。

(19)“其他长期资产”项目，反映小企业除以上资产以外的其他长期资产。本项目应根据有关科目的期末余额填列。

负债及所有者权益类项目的填列方法如下：

(20)“短期借款”项目，反映小企业借入尚未归还的1年期以下的借款金额，应根据“短期借款”账户的期末余额填列。

(21)“应付票据”项目，反映小企业为了抵付货款等而开出、承兑的尚未到期付款的应付票据，包括银行承兑汇票和商业承兑汇票。本项目应根据“应付票据”科目的期末余额填列。

(22)“应付账款”项目，反映小企业购买原材料、商品和接受劳务供应等而应付给供应单位的款项。此项根据“应付账款”科目所属各有关明细科目的期末贷方余额合计填列。如期末所属明细科目中有借方余额，则应在资产负债表中增设“预付账款”项目并填列。

(23)“应付职工薪酬”项目，反映小企业应付未付的职工工资、奖金、津贴和补贴、工资附加费和其他补偿等，应根据“应付职工薪酬”科目的期末贷方余额填列。该项目期末如为借方余额，以“ - ”号填列。

(24)“应交税费”项目，反映小企业期末未交、多交或未抵扣的各项税金，该项目应根据“应交税费”科目的期末贷方余额填列。“应交税费”科目期末如为借方余额，以“ - ”号填列。

(25)“应付利息”项目，反映小企业尚未支付的借款利息，本项目应根据“应付利息”科目的期末余额填列。

(26)“应付股利”项目，反映小企业尚未支付的现金股利或利润，本项目应根据“应付股利”科目的期末余额填列。

(27)“其他应付款”项目，反映小企业所有应付和暂收其他单位和个人的款项，本项目应根据“其他应付款”科目的期末余额填列。

(28)“其他流动负债”项目，反映小企业除以上流动负债外的其他流动负债，本项目应根据有关科目的期末余额填列。

(29)“长期借款”项目，反映小企业借入尚未归还的1年期以上的借款本息。此项根据“长期借款”科目的期末余额填列。

(30)“长期应付款”项目，反映小企业除长期借款以外的其他各种长期应付款。此项根据“长期应付款”科目的期末余额填列。

(31)“其他长期负债”项目，反映小企业除以上长期负债项目外的其他长期负债，本项目应根据有关科目的期末余额填列。

上述长期负债各项目中将于一年内（含一年）到期的长期负债，应在“一年内到期的长期负债”项目中单独反映，因此，上述长期负债各项目均应该减去将于一年内（含一年）到期的部分。

(32)“实收资本”项目，反映小企业所有者实际投入的资本总额。此项根据“实收资本”科目的期末贷方余额填列。

(33)“资本公积”项目，反映小企业资本公积的期末余额，本项目根据“资本公积”科目的期末贷方余额填列。

(34)“盈余公积”项目，反映小企业盈余公积的期末余额，本项目根据“盈余公积”科目的期末贷方余额填列。

(35)“未分配利润”项目，反映小企业尚未分配的利润。此项根据“本年利润”和“利润分配”科目的余额计算填列。未弥补的亏损在本项目内以“-”填列。

三、资产负债表编制实例

根据恒兴工厂在第四章和第九章的例题以及该厂各科目在年初（1月1日）的科目余额（见表10-2），编制恒兴工厂的资产负债表如表10-3所示。

表10-2中恒兴工厂各科目的余额用于填列资产负债表“年初数”一栏，在实务中，该栏数字应该从上年的资产负债表上过入，因为本年度资产负债表的年初数即为上一年度资产负债表的年末数。下面仅对资产负债表年末数的相关项目进行必要的解释。其中：

“银行存款”=“库存现金”2 500+“银行存款”315 330=317 830(元)

“存货”=“原材料”949 427+“库存商品”94 580=1 044 007(元)

“固定资产”=“固定资产”617 160-“累计折旧”49 500=567 660(元)

其他项目均可根据相关科目的账户余额（见第九章账务处理程序）直接过入。需要说明的是，由于待摊费用和预提费用是恒兴工厂自设科目，所以在编制资产负债表时将待摊费用账户期末余额过入其他流动资产项目中，而将预提费用账户期末余额过入其他流动负债项目中。

表 10-2 恒兴工厂科目余额表 单位：元

科目名称	借方余额	科目名称	贷方余额
库存现金	3 560	短期借款	0
银行存款	379 640	应付账款	358 000
应收账款	70 000	应付职工薪酬	18 600
其他应收款	4 750	应交税费	54 125
在途物资	0	应付股利	50 000
原材料	695 000	预提费用	1 700
生产成本	15 590	长期借款	100 000
库存商品	88 810	长期应付款	47 500
待摊费用	3 305	实收资本	1 050 000
固定资产	502 260	资本公积	42 090
累计折旧	41 250	盈余公积	77 150
在建工程	0	未分配利润	20 000
固定资产清理	0		
无形资产	97 500		
合计	1 819 165	合计	1 819 165

表 10-3 资产负债表

编制单位：恒兴工厂 20××年 12 月 31 日 会小企 01 表 单位：元

资 产	期末余额	年初余额	负债和所有者权益（或股东权益）	期末余额	年初余额
流动资产：			流动负债：		
货币资金	317 830	383 200	短期借款	50 000	0
交易性金融资产			应付票据		
应收票据			应付账款	390 640	358 000
应收账款	84 000	70 000	应付职工薪酬	26 360	18 600
应收利息			应交税费	80 247	54 125
应收股利			应付利息		
其他应收款	5 700	4 750	应付股利	60 000	50 000
存货	1 044 007	799 400	其他应付款		
一年内到期的非流动资产			一年内到期的非流动负债		100 000
其他流动资产	47 600	3 305	其他流动负债	4 000	1 700
流动资产合计	1 499 137	1 260 655	流动负债合计	611 247	582 425
非流动资产：			非流动负债：		
可供出售金融资产			长期借款	200 000	0
持有至到期投资			长期应付款	0	47 500
长期股权投资			其他非流动负债		
固定资产	567 660	461 010	非流动负债合计	200 000	47 500
在建工程			负债合计	811 247	629 925

（续）

资 产	期末余额	年初余额	负债和所有者权益（或股东权益）	期末余额	年初余额
工程物资			所有者权益（股东权益）		
固定资产清理			实收资本	1 150 000	1 050 000
无形资产	118 000	97 500	资本公积	0	42 090
长期待摊费用			盈余公积	95 790	77 150
其他非流动资产			未分配利润	127 760	20 000
			所有者权益合计	1 373 550	1 189 240
资产合计	2 184 797	1 819 165	负债和所有者权益（或股东权益）合计	2 184 797	1 819 165

第三节 利 润 表

利润表是反映企业在一定会计期间（如月份、季度、半年或年度）经营成果及其分配情况的报表，也被称为损益表。利润表通常按月编报，属于动态报表，也是企业主要的会计报表之一，通过对它的分析，可以了解以下内容：

（1）从总体上了解企业收入、成本费用及净利润（或亏损）的实现及构成情况；

（2）通过利润表提供的不同时期的比较数字（本月数、本年累计数、上年数等），可以分析企业的获利能力及利润的未来发展趋势，了解投资者投入资本的保值增值情况。

（3）通过各期利润的比较，可以对企业的长期偿债能力作出评价和预测。

（4）了解企业利润的分配情况和留存利润的多少。

2007 年以前，除了利润表以外，财政部还专门设置利润分配表反映盈余公积的计提、企业利润分配状况等内容，但小企业会计制度中对利润分配表并未作编制要求，仅要求企业将“当期分配给投资者的利润”作为补充资料列示在利润表表后。而从 2007 年 1 月 1 日开始，随着新的企业会计准则的实施，利润分配表的内容被并入了所有者权益变动表中。所有者权益变动表是反映构成所有者权益的各组成部分当期的增减变动情况的报表，通过该表可以了解企业某一会计期间所有者权益的各项目如实收资本、资本公积、盈余公积和未分配利润等的增减变动，分析其变动的原因以及预测未来的变动趋势。由于小企业仅要求在利润表底部简单披露企业的利润分配状况，本书在此仅以小企业为例，说明利润表的格式和编制方法，有关所有者权益变动表的具体内容和编制方法可参考本套教材《中级财务会计》的相关内容。

一、利润表的具体格式

利润表是反映企业在一定时期内利润实现情况的报表。

利润表的格式主要有多步式和单步式两种。多步式利润表中的净利润通过多步计算求得，通常以营业收入为基础，减去营业成本、营业税金及附加、销售费用、管理费用和财务费用，加上投资收益等项目，计算出营业利润；营业利润加上营业外收入，减去营业外支出得出利润总额；利润总额减去所得税费用后最终得出净利润。单步式利润表则将本期的所有收入加总，本期所有费用加总，两者相减，一次计算出本期净利润。

我国企业的利润表大多采用多步式。利润表的具体格式如表10-4所示。

表10-4 利 润 表

编制单位：　　　　　　　　　　　年　月　　　　　　　会小企02表　单位：元

项　目	本期金额	上期金额
一、营业收入		
减：营业成本		
营业税金及附加		
销售费用		
管理费用		
财务费用		
加：投资收益（损失以“－”填列）		
二、营业利润（亏损以“－”填列）		
加：营业外收入		
减：营业外支出		
三、利润总额（亏损以“－”填列）		
减：所得税费用		
四、净利润（亏损以“－”填列）		

补充资料：

当期分配给投资者的利润：

二、利润表的编制方法

（1）“营业收入”项目，反映小企业经营主要业务和其他业务所取得的收入总额，本项目应根据“主营业务收入”和“其他业务收入”科目的发生额分析填列。

（2）“营业成本”项目，反映小企业经营主要业务和其他业务发生的实际成本，本项目应根据“主营业务成本”和“其他业务成本”科目的实际发生额分析填列。

（3）“营业税金及附加”项目，反映小企业主要经营业务应负担的营业税、消费税、城市维护建设税、资源税、土地增值税和教育费附加等，本项目应根据

"营业税金及附加"科目的发生额分析填列。

(4)"销售费用"项目，反映小企业在销售商品、提供劳务等过程中发生的包装费、广告费和为销售本企业商品而专设的销售机构的职工薪酬、业务费等费用。商品流通企业如果不单独设置"管理费用"科目，则发生的管理费用也在此项中反映，本项目应根据"销售费用"科目的发生额分析填列。

(5)"管理费用"项目，反映小企业为组织和管理生产经营发生的管理费用，本项目应根据"管理费用"科目的发生额分析填列。

(6)"财务费用"项目，反映小企业为筹集生产经营所需资金而发生的筹资费用，本项目应根据"财务费用"科目的发生额分析填列。

(7)"投资收益"项目，反映小企业以各种方式对外投资所取得的收益。本项目应根据"投资收益"科目的发生额分析填列。如果是投资损失，则以"-"填列。

(8)"营业外收入"和"营业外支出"项目，反映小企业发生的与其生产经营无直接关系的各项收入和支出。这两项应根据"营业外收入"和"营业外支出"科目的发生额分析填列。

(9)"所得税费用"项目，反映小企业当期发生的所得税费用，本项目应根据"所得税费用"科目的发生额分析填列。

(10)"营业利润"、"利润总额"和"净利润"项目，均根据表中的上下承接关系计算得出，分别反映小企业实现的营业利润、利润总额和净利润。这些项目如为净亏损，则以"-"填列。

(11)表中"上期金额"栏内的各项数字，应根据上年度该期利润表"本期金额"栏内所列数字填列。

(12)补充资料中"分配给投资者的利润"，反映小企业董事会或类似机构制定并经批准的利润分配方案中分配各投资者的现金股利或利润。

三、利润表的编制实例

根据第四章和第九章例题以及恒兴工厂有关利润表科目上一年度同期(去年12月)的发生额(见表10-5)，编制恒兴工厂的利润表(见表10-6)如下。

表10-5中恒兴工厂各科目的发生额用于填列利润表"上期金额"一栏，在实务中，该栏数字应该从上年度同期(去年12月)的利润表上过入。而为方便阅读者理解前面章节中所举例题的金额和报表之间的联系，此处仅编制12月份的月度利润表，而未编制年度利润表，年度利润表的编制方法和月报表的编制方法大同小异，可参照进行。

表 10-5 恒兴工厂上一年度 12 月损益科目发生额汇总表 单位：元

科目名称	借方发生额	贷方发生额
主营业务收入		31 580
营业外收入		1 770
主营业务成本	11 784	
营业税金及附加	240	
销售费用	4 330	
管理费用	6 477	
财务费用	1 200	
营业外支出	1 498	
所得税费用		

表 10-6 利润表

编制单位：恒兴工厂 20×× 年 12 月 会小企 02 表 单位：元

项　　目	本期金额	上期金额
一、营业收入	32 000	31 580
减：营业成本	9 820	11 784
营业税金及附加	192	240
销售费用	3 300	4 330
管理费用	6 790	6 477
财务费用	1 600	1 200
加：投资收益（损失以“-”填列）		
二、营业利润（亏损以“-”填列）	10 298	7 549
加：营业外收入	13 000	1 770
减：营业外支出	5 000	1 498
三、利润总额（亏损以“-”填列）	18 298	7 821
减：所得税费用	4 575	1 955
四、净利润（亏损以“-”填列）	13 723	5 866

补充资料：

当期分配给投资者的利润：60 000 元

第四节　现金流量表

现金流量表是综合反映企业一定会计期间现金来源、运用及其增减变动情况的报表。它主要向报表使用者提供企业一定会计期间内现金和现金等价物流入和流出的信息，以便于报表使用者了解和评价企业获取现金和现金等价物的能力，并据以预测企业未来现金流量。

一、现金和现金流量

（一）现金

现金流量表中的现金是广义的概念，它既包括库存现金以及可以随时用于支付的银行存款、其他货币资金，还包括现金等价物。现金等价物是指企业持有的期限短、流动性强、易于转换为已知金额现金、价值变动风险很小的投资。实务中，它主要是指企业持有的、3个月内到期的短期债券投资。

（二）现金流量

现金流量是指企业一定时期现金流入和流出的数量。流入量与流出量的差额，称为现金净流量。企业的现金净流量可能是正数，也可能是负数。正数为净流入，负数为净流出。一般来说，现金流入大于流出从一定程度反映企业现金流量的积极趋势。

（三）现金流量的分类

通常，企业一定期间内产生的现金流量可以划分为经营活动产生的现金流量、投资活动产生的现金流量和筹资活动产生的现金流量三类。

1. 经营活动产生的现金流量

经营活动是指企业投资活动和筹资活动以外的所有交易和事项的活动，主要和企业的生产经营活动有关。对于工商企业而言，经营活动产生的现金流量主要来自销售商品、提供劳务、购买商品、接受劳务、支付职工薪酬、缴纳税费等经营活动。

2. 投资活动产生的现金流量

投资活动是指企业长期资产的购建和不包括现金等价物在内的投资及处置活动。投资活动的现金流入主要包括收回投资收到现金，分得股利、利润或取得债券利息收入收到的现金，以及处置固定资产、无形资产和其他长期资产收到的现金等；投资活动的现金流出则是指购建固定资产、无形资产和其他长期资产所支付的现金，以及进行权益性或债权性投资等所支付的现金。因为现金等价物已视同现金，所以投资活动产生的现金流量中不包括将现金转换现金等价物这类投资产生的现金流量。

3. 筹资活动产生的现金流量

筹资活动是指导致企业资本或债务规模和构成发生变化的活动。筹资活动的现金流入主要包括吸收权益性投资以及发行债券或借款所收到的现金；筹资活动的现金流出主要包括偿还债务或减少资本所支付的现金，发生筹资费用所支付的租金，分配股利、利润或偿付利息所支付的现金等。

二、现金流量表的作用

（一）评估企业的支付能力、偿债能力

企业获利多少虽然在一定程度上表明企业的支付能力，但获得的利润并不完全代表企业的偿付能力。如赊销、应收的货款发生坏账等情况都有可能使当期有获利却没有实际的现金流入。因此，完全依赖利润表上的信息评价偿付能力是不恰当的。而现金流量表以收付实现制为基础，直接反映企业当期的现金流入、流出，据此可了解企业现金流入、流出的构成，有助于评价企业实际的偿债及支付能力。

（二）预测企业未来现金流量

通过本表所反映的企业过去一定期间的现金流量以及其他生产经营指标，可了解企业的现金来源和用途是否合理，了解经营活动产生的现金流量有多少，企业在多大程度上依赖外部资金。根据这些信息，可预测企业未来的现金流量，从而为编制企业的现金流量计划、合理组织现金调度创造条件。

（三）分析企业收益的质量

通过经营活动产生的现金流量与净利润比较，可分析企业收益的质量。适时地向管理者提出警示，以避免和及早防范企业出现只有利润没有现金的窘迫情况。

三、现金流量表的具体格式

现金流量表是以现金为基础编制的，主要反映企业某一期间内现金流入和流出的数量。但需要注意的是，现金流量表是反映那些同时使现金项目与非现金项目产生增减变动的业务。对于仅涉及非现金各项目之间增减变动的业务，不影响现金流量净额，一般不予反映；而有些涉及投资和筹资活动的业务，如债务转为资本等，尽管不涉及当期的现金收支，却会对以后各期的现金流量产生影响，故也需要在现金流量表的补充资料中予以披露。其具体格式如表10-7所示。

四、现金流量表的编制方法

（一）经营活动产生的现金流量的内容与编制方法

（1）“销售商品、提供劳务收到的现金”项目，反映小企业主营业务收入和其他业务收入所收到的货款以及与货款一并收到的增值税销项税额。一般包括本期销售商品、提供劳务实际收到的现金以及前期销售商品、提供劳务于本期收到的现金、本期预收的款项和转让应收票据等所收到的现金等。发生销售退回而支付的现金应从销售商品或提供劳务收到的现金中扣除。本项目应根据“库存现金”、“银行存款”、“应收账款”、“应收票据”、“主营业务收入”、“其他业务收入”等科目分析填列。

（2）“收到的其他与经营活动有关的现金”项目，反映小企业除销售商品、提供劳务收到的现金以外的其他与经营活动有关的现金流入，如罚款收入、流动资产损失中由个人赔偿的现金收入等。本项目可根据“库存现金”、“银行存款”、“营业外收入”等科目分析填列。如发生的金额较大，应单独列项反映。

（3）“购买商品、接受劳务支付的现金”项目，反映小企业购买材料、商品、接受劳务实际支付的现金，包括本期购入材料、商品、接受劳务支付的现金（包括增值税进项税额），以及本期支付的前期购买材料、商品、接受劳务的未付款项和本期预付款项。本项目应根据“库存现金”、“银行存款”、“应付账款”、“应付票据”、“主营业务成本”等科目分析填列。

(4)“支付给职工以及为职工支付的现金”项目，反映小企业实际支付给职工，以及为职工支付的现金，包括本期实际支付给职工的工资、奖金、各种津贴和补贴等，以及为职工支付的其他费用。本项目可以根据“应付职工薪酬”、“库存现金”、“银行存款”等科目的记录分析填列。

表 10-7 现金流量表

编制单位： 年 会小企 03 表 单位：元

项 目	本期金额	上期金额
一、经营活动产生的现金流量：		
销售商品、提供劳务收到的现金		
收到的其他与经营活动有关的现金		
现金流入小计		
购买商品、接受劳务支付的现金		
支付给职工以及为职工支付的现金		
支付的各项税费		
支付的其他与经营活动有关的现金		
现金流出小计		
经营活动产生的现金流量净额		
二、投资活动产生的现金流量：		
收回投资所收到的现金		
取得投资收益所收到的现金		
处置固定资产、无形资产和其他长期资产所收回的现金净额		
收到的其他与投资活动有关的现金		
现金流入小计		
购置固定资产、无形资产和其他长期资产所支付的现金		
投资所支付的现金		
支付的其他与投资活动有关的现金		
现金流出小计		
投资活动产生的现金流量净额		
三、筹资活动产生的现金流量：		
吸收投资所收到的现金		
取得借款所收到的现金		
收到的其他与筹资活动有关的现金		
现金流入小计		
偿还债务所支付的现金		
分配股利、利润或偿付利息所支付的现金		
支付的其他与筹资活动有关的现金		
现金流出小计		
筹资活动产生的现金流量净额		
四、汇率变动对现金的影响		
五、现金及现金等价物净增加额		

(5)“支付的各项税费”项目，反映小企业按规定支付的各种税费，包括本期发生并支付的税费，以及本期支付以前各期发生的税费和预交的税金，如支付的消费税、营业税、城建税、教育费附加、土地增值税、资源税、印花税、城镇土地使用税、房产税、车船税、契税等。本项目可以根据“应交税费”、“库存现金”、“银行存款”等科目的记录分析填列。

(6)“支付的其他与经营活动有关的现金”项目，反映小企业除上述各项目外，支付的其他与经营活动有关的现金流出，如罚款支出、差旅费、业务招待费、保险费等现金支出。本项目可以根据有关科目的记录分析填列。如发生的金额较大，应单独列项反映。

(二)投资活动产生的现金流量的内容与编制方法

(1)“收回投资所收到的现金”项目，反映小企业出售、转让或到期收回出现金等价物以外的交易性金融资产、可供出售金融资产、长期股权投资而收到的现金，以及收回持有至到期投资本金而收到的现金。本项目可根据“交易性金融资产”、“长期股权投资”、“库存现金”、“银行存款”等科目的记录分析填列。

(2)“取得投资收益所收到的现金”项目，反映小企业因股权投资和债权投资而取得的现金股利、利润和利息。本项目可根据“库存现金”、“银行存款”、“投资收益”等科目的记录分析填列。

(3)“处置固定资产、无形资产和其他长期资产所收回的现金净额”项目，反映小企业处置固定资产、无形资产和其他长期资产所取得的现金，减去为处置这些资产而支付的有关费用后的净额。本项目可根据“固定资产清理”、“库存现金”、“银行存款”等科目的记录分析填列。

(4)“收到的其他与投资活动有关的现金”项目，反映小企业除以上项目外，收到的其他与投资活动有关的现金流入。本项目可根据有关科目的记录分析填列。

(5)“购建固定资产、无形资产和其他长期资产所支付的现金”项目，反映小企业购买、建造固定资产、取得无形资产和其他长期资产所支付的现金。本项目可根据“固定资产”、“在建工程”、“无形资产”、“库存现金”、“银行存款”等科目的记录分析填写。

(6)“投资所支付的现金”项目，反映小企业进行权益性投资和债权性投资支付的现金，包括小企业取得的除现金等价物以外的交易性股票投资、交易性债券投资、长期股权投资、持有至到期投资支付的现金以及支付的佣金、手续费等附加费用。本项目可以根据“长期股权投资”、“持有至到期投资”、“交易性金融资产”、“库存现金”、“银行存款”等科目的记录分析填列。

(7)“支付的其他与投资活动有关的现金”项目，反映小企业除以上项目外，支付的其他与投资活动有关的现金流出。本项目可根据有关科目的记录分析填列。

（三）筹资活动产生的现金流量的内容与编制方法

(1)“吸收投资所收到的现金”项目，反映小企业收到的投资者投入的现金。本项目应根据“实收资本”、“库存现金”、“银行存款”等科目的记录分析填列。

(2)“取得借款所收到的现金”项目，反映小企业举借各种短期、长期借款所收到的现金。本项目应根据“短期借款”、“长期借款”、“库存现金”、“银行存款”等科目的记录分析填列。

(3)“收到的其他与筹资活动有关的现金”项目，反映小企业除以上项目外，收到的其他与筹资活动有关的现金流入。本项目可根据有关科目的记录分析填列。

(4)“偿还债务所支付的现金”项目，反映小企业以现金偿还债务的本金，包括偿还银行等金融机构的借款本金等。本项目应根据“短期借款”、“长期借款”、“库存现金”、“银行存款”等科目的记录分析填列。

(5)“分配股利、利润或偿付利息所支付的现金”项目，反映小企业实际支付的现金股利，支付给其他投资单位的利润以及支付的借款利息等，应根据“应付股利”、“财务费用”、“长期借款”、“库存现金”、“银行存款”等有关科目的具体内容分析填列。

(6)“支付的其他与筹资活动有关的现金”项目，反映小企业除上述各项以外，支付的其他与筹资活动有关的现金流出，如捐赠现金支出、融资租入固定资产支付的租赁费等。本项目可以根据有关科目的记录分析填列。

(7)“汇率变动对现金的影响”项目，反映小企业外币现金流量折算为人民币时，所采用的现金流量发生日的汇率或平均汇率折算的人民币金额与“现金及现金等价物净增加额”中外币现金净增加额按期末汇率折算的人民币金额之间的差额。

五、现金流量表编制举例

根据前面章节业务编制简化的12月份恒兴工厂现金流量表（表10-8）如下：

表10-8　现金流量表

编制单位：恒兴工厂　　20××年12月　　会小企03表　单位：元

项　目	本期金额	上期金额
一、经营活动产生的现金流量：		
销售商品、提供劳务收到的现金	16 920	

（续）

项　　目	本期金额	上期金额
收到的其他与经营活动有关的现金		
现金流入小计	16 920	
购买商品、接受劳务支付的现金	472 250	
支付给职工以及为职工支付的现金	15 540	
支付的各项税费		
支付的其他与经营活动有关的现金	9 300	
现金流出小计	497 090	
经营活动产生的现金流量净额	−480 170	
二、投资活动产生的现金流量：		
收回投资所收到的现金		
取得投资收益所收到的现金		
处置固定资产、无形资产和其他长期资产所收回的现金净额		
收到的其他与投资活动有关的现金		
现金流入小计		
购置固定资产、无形资产和其他长期资产所支付的现金	17 000	
投资所支付的现金		
支付的其他与投资活动有关的现金		
现金流出小计	17 000	
投资活动产生的现金流量净额	−17 000	
三、筹资活动产生的现金流量：		
吸收投资所收到的现金	80 000	
借款所收到的现金	250 000	
收到的其他与筹资活动有关的现金		
现金流入小计	330 000	
偿还债务所支付的现金	400 000	
分配股利、利润或偿付利息所支付的现金	6 000	
支付的其他与筹资活动有关的现金		
现金流出小计	406 000	
筹资活动产生的现金流量净额	−76 000	
四、汇率变动对现金的影响		
五、现金及现金等价物净增加额	−573 170	

第五节　财务报表附注

上述会计报表虽然提供了企业一定期间财务状况和经营成果的信息，但这些信息只是以数字形式表现的定量会计信息，为帮助财务会计报告的使用者更好地理解财务报表的内容，获取所需要的信息以进行相关决策，企业还应该编制和对外披露财务报表附注，以便对会计报表上的数字来源和构成进行更加详细的说明。

一、财务报表附注的作用

1. 使会计信息易于比较

根据会计制度的规定，某些经济业务诸如存货计价、折旧计算等有多种可选择的会计处理方法，企业可以根据具体情况进行选择，而同一企业所选用的会计政策在不同时期、不同情况下也可能发生变更，这就造成不同行业或同一行业的不同企业因采用不同的会计处理方法而致使其提供的会计信息产生差异，从而使会计信息的可比性大大降低。财务报表附注将揭示这些差异，使报表使用者了解会计信息的差异所在、产生原因及影响，从而提高会计信息的可比性。

2. 使会计信息易于理解

财务报表附注还会对报表中重要的数据以及未列入报表的重要事项作出解释或说明，将抽象的数据具体化，有助于报表使用者深入理解会计报表，准确利用所需的会计信息。

3. 使会计信息充分披露

财务报表附注主要以文字说明或数据表格等方式，充分解释会计报表中所提供的信息以及说明没有包括在会计报表之内但与报表使用者决策相关的重要信息，从而便于广大投资者全面掌握企业财务状况、经营成果和现金流动情况，为投资者正确决策提供信息服务。

二、财务报表附注的内容

财务报表附注包括所有在会计报表内未提供的、与公司财务状况和经营成果及现金流量相关的、有助于报表使用者更好地了解会计报表的重要信息。财务报表附注一般包括企业基本情况、财务报表的编制基础、主要会计政策和会计估计说明、重要事项说明和重要会计报表项目注释等内容。其中，企业基本情况主要说明企业注册地、组织形式和总部地址、业务性质和主要经营活动等，在此不加详述。下面主要就财务报表附注中的主要会计政策和会计估计说明、重要会计报表项目注释等方面的内容说明如下。

（一）主要会计政策和会计估计的说明

会计政策是指企业在会计核算时所遵循的具体会计原则以及企业所采纳的具体会计处理方法。会计估计是指企业对结果不确定的交易或事项所作的判断。企业应当披露的主要会计政策和会计估计一般包括：企业执行的会计制度、会计期间、记账基础、计价基础、记账本位币、对主要事项所作的会计估计和采用的会计处理原则、合并会计报表的编制原则和方法等。如果在本会计期间，发生了重要会计政策、重要会计估计的变更或重大会计差错的更正，还应说明会计政策变更的内容和理由、会计政策变更的影响数、会计估计变更的内容和理由、会计估计变更的影响数、重大会计差错的内容和更正金额等。

（二）会计报表项目注释

会计报表项目注释是对会计报表重要项目的解释。而需要进行明细说明的会计报表项目主要是交易性金融资产、应收款项、存货、可供出售金融资产、持有至到期投资、长期股权投资、固定资产、无形资产、应付职工薪酬、应交税费、短期借款和长期借款、营业收入、投资收益、营业外收入、营业外支出、所得税费用等。说明时应详细解释项目的具体组成情况，以存货为例，解释时，应说明各种产成品、在产品、原材料、周转材料等的期初、期末具体金额和存货跌价准备的计提方法等。

在会计报表附注中，还应对近两年中比较报表上数额变动幅度较大的项目说明变动的原因，对少见或异常的报表项目或异常项目金额出现的原因进行说明并对会计报表中无法列示的重要项目进行补充揭示，以帮助信息使用者更好的理解报表并据以作出准确的判断。

除此以外，会计报表附注中还应该说明未决诉讼等或有事项、资产负债表日后事项、关联方交易、重要资产转让及出售情况、合并会计报表及其他有助于理解和分析会计报表的事项等，这些将在更高级的会计教材中进行具体解释，此处不一一说明。

（三）会计报表附表

除了资产负债表、利润表、现金流量表和所有者权益变动表等正表以外，为了更详细地解释表中项目的具体结构和变化，企业还必须编制相应的附表进行说明，这些附表主要有：

1. 资产负债表附表

资产负债表的附表主要有应收款项附表、存货附表、存货跌价准备附表、固定资产附表、无形资产附表、短期借款和长期借款附表、应交税费附表、资产减值准备附表、应付职工薪酬附表等。

2. 利润表附表

利润表的附表主要有营业收入附表、资产减值损失附表、营业外收支附表和分部报表等。

同样企业还需要对现金流量表上的现金及现金等价物项目进行附表说明。这些附表一般都附在相应会计报表项目注释的后面，对该项报表项目的构成和变化进行详细的数据列示，由于各项附表的内容构成不一，而且将在更高级的会计教材中进行具体解释，此处不一一列举。

随着经济的发展和越来越多的信息使用者要求，一些其他的会计报告也相继出现，诸如中期报告、财务预测报告、管理当局的讨论与分析、社会责任报告等从不同角度为不同的信息使用者提供重要的信息，企业在确定所要报告的会计报表之外其他财务信息时，要综合考虑投资者等方面的决策需要和商业利益保护等因素，确定最合适的披露范围。

第十一章　会计工作组织

第一节　组织会计工作的意义

随着经济环境的不断发展变化，会计的专业化程度越来越高，其反映的信息内容越来越丰富，与决策的相关性也越来越明显，作为一种专业工作，它在社会经济运行中发挥着越来越重要的作用，而对会计工作的组织也随之变得更为复杂，呈现出多层次、多角度的变化，以适应不同经济形式、不同组织的不同需求。

一、组织会计工作的意义

从大范围上讲，会计工作组织应该是与组织会计工作有关的一切事情，但就日常会计工作而言，会计工作组织主要包括会计人员的配备、会计机构的设置、会计法规的制定与执行，以及会计档案的保管等内容。科学的组织会计工作，对于保证会计工作合理、有效地进行，进而保证整个企业经营管理工作的顺利开展有着重要的意义。

（一）科学地组织会计工作，有利于保证会计工作的质量

通过“填制凭证—登记账簿—编制报表”这一循环过程，会计人员将日常发生的经济业务转换为供信息使用者决策的会计信息，会计信息应该是日常经济业务的真实反映，在这个过程中，一个数字的偏差或一个手续、环节的遗漏，都有可能会使全部会计核算的结果发生差错或不能及时完成，从而使信息使用者的决策产生失误，甚至造成重大损失。因此，组织会计工作必须科学严谨，细致地规定和执行各项会计手续和工作程序，保证会计工作的质量。

（二）科学地组织会计工作，有利于提高会计工作的效率

会计工作和其他经济管理工作之间有着相当密切的关系，会计工作能否顺利及时的完成对其他经济管理工作的执行有着非常重要的影响。例如，会计能否及时完成报表编制，对内直接影响着管理人员下一年度的决策制定和调整，对外则影响着国家的税收征纳。因此必须通过科学地组织会计工作，减少机构的重复设置和人员的重复配备，尽量节约会计工作时间和费用，防止手续繁杂、重复劳动等不合理的现象发生，提高会计工作效率，充分发挥会计工作的作用。

（三）科学地组织会计工作，有利于国家法规政策的贯彻执行

会计工作是一项政策性很强的工作，在其执行过程中，始终贯彻着国家的法律法规、方针政策，而通过科学的组织会计工作，充分发挥会计的监督职能，可以揭露和制止违法、违纪行为，防止贪污、挪用现象的发生，预防因管理不严而造成的国有资产流失，维持财经纪律，建立良好的社会经济秩序。

二、组织会计工作应遵循的要求

会计工作的组织既决定着会计管理工作的质量和效果，又影响到其他经济管理工作的运行和实施。所以，在组织会计工作的过程中必须遵循以下几点要求：

（一）组织会计工作应符合国家法规和财务制度的规定

《会计法》、《企业会计制度》、《会计基础工作规范》、《总会计师条例》、《会计档案管理办法》、《会计电算化管理办法》等这些由国家颁布的法规、制度，是国家对企业会计工作的统一规范，企业会计工作组织机构的设置、会计人员基本素质的要求、会计日常工作规范的要求都必须符合国家法规相关的规定。只有这样，国家的政策法令、规章制度的贯彻实施才有组织上的保证，所产生的会计信息才能为国家的宏观调控服务。

（二）组织会计工作应适应企业经营管理体制

组织会计工作必须适应各会计主体自身管理的特点和规模大小，在遵守国家法规的前提下，根据自身管理要求以及生产经营的特点，设置大小合适的会计机构，安排人数相当的会计人员，制定适应本会计主体经济业务的具体处理办法，采用相应的凭证组织、账簿组织、记账方法和会计核算账务处理程序，以满足会计工作的需要。

（三）组织会计工作应符合成本效益原则

会计工作是一项涉及到会计主体各个部门和人员的十分繁杂的工作，相互之间在彼此牵制的同时也需要协调和配合，如果组织不好，就会造成人力、财力、物力的浪费。所以，进行会计工作组织时，应在保证会计工作质量的前提下，力求节约，讲求会计核算的经济效益。

第二节 会计机构

会计机构是由会计人员组成的、负责组织领导和办理会计事务的职能机构。为了正确组织会计工作，各企业、事业单位必须建立健全会计机构，并配备数量及质量都相当的、具备从业资格的会计人员。

一、会计机构的设置

我国《会计法》第三十六条规定，“各单位应当根据会计业务的需要，设置会计机构，或者在有关机构中设置会计人员并指定会计主管人员；不具备设置条件的，应当委托经批准设立从事会计代理记账业务的中介机构代理记账。”

根据上述规定，各单位可以结合具体情况进行如下设置：

1. 根据业务需要设置

各单位在会计机构设置中应考虑单位规模大小、经济业务繁简程度和经营管理的要求等，进行合理的计划和设置。

一般来说，大中型企业、实行企业化管理的事业单位和业务较多的行政单位、社会团体和其他组织等应设置会计机构，如企业单位设置的财务会计处、科、股等，以实行有效的会计核算和监督。规模较大的企业内部单位如生产车间等也要根据需要设置财会机构，负责各车间等内部单位的财会工作，这些内部单位的财会人员，在业务上应受总会计师或企业财务会计部门负责人的指导和监督。在规模较大的单位里，会计部门下面通常分设若干职能组，并为每组配备若干会计人员，分别主管会计工作的一个方面，如大中型工业企业的财会机构内部通常分设财务组、材料组、工资组、成本组、综合组等。

2. 不设置会计机构，设置会计人员并指定会计主管人员

财务收支数额不大、单位业务形式和会计核算较为简单的企业单位也可以不设置专门的会计机构，仅设置会计人员并指定会计主管人员。这样既强化了责任制度，明确了岗位职责，避免了会计工作无人负责、无人管理的局面出现，又提高了工作效率。

3. 实行代理记账

不具备设置会计机构和会计人员条件的单位，其经济业务的会计处理，应委托专门的中介机构代理进行。这些单位一般是指不具备配备专职会计人员条件的小型经济组织和一些应当建账的个体工商户等。在日常工作中，由代理记账机构为委托人承办记账业务、编制财务报表，经代理记账机构负责人和委托人审阅并签名或盖章后，报送政府有关部门和其他会计报表使用者。

二、会计工作的组织方式

独立核算单位会计工作的组织方式分为集中核算与非集中核算两种。

集中核算指会计工作主要集中在会计部门进行，单位内部的其他部门和下属单位只对自身发生的经济业务填制原始凭证或原始凭证汇总表，定期送交会计部门进行全面、系统的核算。

非集中核算指企业可根据生产经营的特点和管理要求，满足内部核算制度的

需要，将会计工作分散在单位内部各职能部门进行。如进行单独核算的各车间分别设置成本、费用明细账，自行登记车间发生的生产费用，并据以计算所完成的各种产品和半成品的成本。财会部门根据内部各单位报送的核算资料加以汇总，进行总分类核算，并编制会计报表，同时对各有关部门的会计工作进行指导、监督。

各单位可以根据经营管理的需要，对各部门和下属单位所发生的经济业务分别实行集中核算和非集中核算。如果单位实行内部经济责任制，下属单位都有一定数额的资金，需完成上级下达的经济责任指标，并根据任务完成情况进行奖惩，这就需要实行非集中核算，满足分级考核、分级管理的需要。而未实行内部经济责任制的企业以及规模小、业务不多的企业，则可以实行集中核算，以减少核算层次，精简机构。

三、会计工作岗位

会计工作组织健全的单位，还要建立会计工作岗位责任制，使每项会计工作都有人负责，每个会计人员都明确自己的职责，以加强会计人员的责任感，提高会计人员的工作能力和效率，最终保证和提高会计工作质量。

由于每个企业所从事的业务、经营规模和配备的会计人员都不同，会计工作岗位和每人所担负的具体工作也有差异。一般来讲，我国大中型企业设置以下会计工作岗位：综合组、财务组、固定资产核算组、工资核算组、成本费用核算组、销售和利润核算组、资金核算组、材料核算组等。这些岗位可以一人一岗，一岗多人或一人多岗，但是出纳人员不得兼管稽核、会计档案保管和收入、费用、债权债务账目的登记工作。各个岗位的职能和具体工作大致如下：

1. 综合组

综合组一般负责总账的登记，并与有关的日记账和明细账核对；进行总账余额的试算平衡，编制资产负债表，并与其他会计报表进行核对；保管会计档案；进行企业财务情况的综合分析，编写财务情况说明书；进行财务预测，制定或参与制定财务计划，参与企业生产经营决策。

2. 财务组

财务组负责货币资金的出纳、保管和日记账的登记；审核货币资金的收付凭证；办理企业与供应、购买等单位之间的往来结算；监督企业贯彻执行国家现金管理制度、结算制度和信贷制度的情况；分析货币资金收支计划和银行借款计划的执行情况，制定或参与制定货币资金收支和银行借款计划。

3. 工资核算组

工资核算组负责计算企业职工工资、补贴、津贴、奖金并办理其结算；参与工资总额或工资基金计划的制定；监督工资基金的提存和使用；控制工资总额的支出；分析工资总额计划的执行情况等。

4. 固定资产核算组

固定资产核算组负责审核固定资产购建、调拨、内部转移、租赁、清理等环节的凭证；进行固定资产的明细核算；参与固定资产清查；编制有关固定资产增减变动的报表；分析固定资产和固定资金的使用效果；参与制定固定资产重置、更新和修理计划；指导和监督固定资产管理部门和使用部门的固定资产核算工作。

5. 材料核算组

材料核算组负责审核材料采购的发票、账单等结算凭证；进行材料采购收发结存的明细核算；参与库存材料清查；分析采购资金使用情况、采购成本超支、节约情况和储备资金占用情况，控制材料采购成本和材料资金占用；参与制定材料采购资金计划和材料计划成本；指导和监督供应部门、材料仓库和使用材料的车间、部门的材料核算情况。

6. 成本费用核算组

成本费用核算组会同有关部门建立健全各项原始记录、消耗定额和计量检验制度；改进成本管理的基础工作；负责审核各项费用开支；参与自制半成品和产品的清查；核算产品成本，编制成本报表；分析成本计划执行情况，配合成本归口分级管理，将成本指标分解、落实到各部门、车间、班组；指导、监督和组织各部门、车间、班组的成本核算和厂内经济核算工作。

7. 销售和利润核算组

销售和利润核算组负责审核产成品收发、销售和营业外收支凭证；参与产成品清查；进行产成品、销售和利润的明细分类核算；计算应交税费，进行利润分配，编制利润表；分析产成品资金的占用情况，销售收入、利润及其分配计划的执行情况；参与市场预测，制定或参与制定销售和利润计划。

8. 资金核算组

资金核算组负责资金的筹集、使用、调度。随时了解、掌握资金市场动态，为企业筹集资金，以满足生产经营活动的需要，要不断降低资金成本，提高资金使用的经济效益；负责编制现金流量表。

四、会计机构的内部稽核和牵制制度

（一）会计机构的内部稽核制度

稽核是稽查和复核的简称，会计稽核是会计机构本身对会计核算工作进行的一种自我检查和审核工作。内部稽核制度是内部控制制度的重要组成部分。建立会计机构内部稽核制度，目的在于防止会计核算工作中的差错和有关人员的舞弊；通过稽核对日常会计核算中出现的疏忽、错误等及时纠正或制止，以提高会计核算工作质量，确保会计记录的准确、可靠。稽核工作主要有以下内容：

（1）审核财务、成本、费用等计划指标项目是否齐全，编制依据是否可靠，有关计算是否正确，各项计划指标是否相互衔接等。审核后应提出建议或意见，以便修改和完善。

（2）审核实际发生的经济业务或财务收支是否符合现行法律、法规、规章制度的规定。对发现的问题，及时制止或纠正。

（3）审核会计凭证、会计账簿、财务会计报告和其他会计资料的内容是否真实、完整，计算是否正确，手续是否齐全等。

（4）审核各项财产物资的增减变动和结存情况，并与账面记录进行核对，确定账实是否相符。不符时，应查明原因，并提出改进的措施。

内部稽核制度不同于审计制度。前者是会计机构内部的一种工作制度，后者是单位在会计机构之外另行设置的审计机构或审计人员对会计工作进行的再检查。

（二）会计机构的内部牵制制度

会计机构的内部牵制制度也是企业内部控制制度的重要组成部分。具体表现在，在会计机构内部，凡涉及款项和财物收付、结算及登记的任何一项工作，必须由两人或两人以上分工办理，实现业务授权、资产保管和会计记录分离，以便相互制约。如现金和银行存款的支付，应由会计主管人员或其授权的代理人审核、批准，出纳员付款，记账员记账，不能由一个人包办；采购货物，应由采购员办理采购和报账手续，保管员验收入库，记账员登记入账等。建立健全内部牵制制度可以使会计人员之间相互制约、相互监督、相互核对，提高会计核算工作质量；同时防止会计事务处理中发生失误、差错和营私舞弊等行为。

第三节　会 计 人 员

会计人员是从事会计工作的专业技术人员。由于会计工作的专业性、政策性很强，从事会计工作的人员要在专业素质方面具备一定的条件。

一、会计人员的配备

各个单位的会计机构都应该根据工作需要，配备足够数量、具有一定业务水平的会计人员。对于会计人员的配备要求大致如下：

（一）会计机构负责人任职资格

会计机构负责人（会计主管人员）是指在一个单位内具体负责会计工作的中层领导人员，其在单位负责人的领导下，负有组织、管理本单位所有会计工作的责任。其工作水平的高低不仅直接关系到整个单位会计工作的水平和质量，更影响到广大投资者、债权人的合法权益，甚至对国家的财经政策能否得到贯彻执行也关系重大。

我国《会计法》规定，“担任单位会计机构负责人的，除取得会计从业资格证书外，还应当具备会计师以上专业技术职务资格或者从事会计工作3年以上经历”。由于各单位经济性质、经营规模不同，具备的人才基础也不尽相同，规定中的这两种不同情况的任职资格条件相差较大，各单位应根据具体情况自行掌握。

（二）会计人员的任职资格

1. 取得会计从业资格证书

我国《会计法》规定：“从事会计工作的人员，必须取得会计从业资格证书”。

会计从业资格证书是进入会计岗位的“准入证”。具备规定学历的，可直接取得会计从业资格；否则，就应通过考试取得该资格。会计从业资格证书实行注册登记和年检制度。因有提供虚假财务会计报告，做假账，隐匿或故意销毁会计凭证、会计账簿、财务会计报告，贪污、挪用公款，职务侵占等与会计职务有关的违法行为被依法追究刑事责任的人员，不得取得和重新取得会计从业资格证书。除上述规定的人员外，自被吊销会计从业资格证书之日起5年内，不得重新取得会计从业资格证书。

2. 具备必要的专业知识和专业技能

会计人员应当具备必要的专业知识和专业技能，熟悉国家有关法律、法规、规章和统一的会计制度，遵守职业道德。目前主要是通过设置会计专业职务和会计技术资格考试来确认和考核会计人员的专业知识和专业技能。

3. 按照规定参加会计业务培训

在我国，目前会计学历教育还不太发达，会计人员素质普遍较低、法制观念不强。要提高会计人员的政治和业务素质，必须进行相应的培训和教育，这已列入了《会计法》。

二、会计人员的职责权限

（一）总会计师的职责权限

总会计师是单位的行政领导职务，作为单位财务会计的主要负责人，全面负责本单位的财务会计管理和经济核算，参与本单位的重大经营决策活动，是单位负责人的参谋和助手。其基本职责是：

（1）编制和执行预算、财务收支计划、信贷计划，拟定资金筹措和使用方案，有效使用资金。

（2）进行成本费用预测、计划、控制、核算、分析和考核，监督本单位有关部门降低消耗、节约费用、提高经济效益。

(3) 建立健全经济核算制度，利用财务会计资料进行经济活动分析。

另外，总会计师还负责对本单位财会机构的设置、会计人员的配备等提出方案，组织会计人员的业务考核等，并参与重大经济合同的研究审查、新产品开发和科技研究等方案的制定。

在权限方面，总会计师对违反法律法规和有可能使经济上造成损失的行为，有权制止或纠正，制止或纠正无效时，要提请单位主要行政领导人处理；总会计师有权组织本单位职能部门、直属基层单位的经济核算、财务会计和成本会计管理方面的工作；签署预算、财务收支计划、成本费用计划、信贷计划和会计决算报表；并对会计人员的任用、晋升、调度、奖惩提出自己的意见。

(二) 会计人员的职责权限

企业、单位会计人员的主要职责是按照会计规范，对本单位的经济业务进行核算和监督，提供会计报告；拟定本单位办理会计事务的具体办法，参与拟订经济计划、业务计划、考核、分析预算、财务计划的执行情况等。具体讲：

(1) 按照国家统一的会计制度的规定对原始凭证进行审核，对不真实、不合法的原始凭证不予接受，并向单位负责人报告。

(2) 对记载不准确、不完整的原始凭证予以退回，并要求按照规定更正、补充。

(3) 对违反会计规范的会计事项，有权拒绝办理或按照职权予以纠正。

(4) 有权监督会计资料和财产物资，保证账实、账款、账账与账表相符。

(5) 有权参与本单位编制计划、制定定额和签订经济合同，参加有关生产、经营管理工作会议。

三、会计人员的管理

1. 会计人员的奖励制度

对于认真执行会计法，忠于职守、坚持原则，做出显著成绩的会计人员，应当给予精神或物资的奖励。

2. 会计人员培训和教育制度

会计人员应当具备必要的专业知识和专业技能，熟悉国家有关法律、法规、规章和国家统一会计制度，并按照国家有关规定，参加会计业务的培训。各单位应当合理安排会计人员的培训，保证会计人员每年有一定时间用于学习和参加培训。

3. 会计人员回避制度

国家机关、国有企业、事业单位任用会计人员应当实行回避制度。单位领导人的直系亲属不得担任本单位的会计机构负责人、会计主管人员。会计机构负责人、会计主管人员的直系亲属不得在本单位会计机构中担任出纳工作。需要回避的直系亲属为：直系血缘关系、三代以内旁系血亲关系以及配偶关系。

4. 会计工作岗位轮换制度

为了使会计人员全面熟悉各个工作岗位的业务工作，使会计人员做到一专多能，适应全面工作的需要，不断提高业务水平，各单位还应对会计人员有计划地实行定期岗位轮换。

四、会计人员的职业道德

会计人员职业道德是会计人员在会计工作中应当遵循的道德规范。会计人员在会计工作中应当遵守职业道德，树立良好的职业品质、严谨的工作作风，严守工作纪律，努力提高工作效率和工作质量。会计人员职业道德的具体要求主要包括以下几方面：

1. 爱岗敬业

热爱本职工作是做好一切工作的出发点。会计人员应勤奋、努力钻研业务，使自己的知识和技能适应具体从事的会计工作的要求。

2. 依法办事

会计工作于日常的记账、算账和报账中时时处处体现着法律法规的相关内容。这就要求会计人员应当熟悉国家相关法律、法规和会计制度，在处理业务时严格把好关口，依法办事，树立自己的职业形象和人格尊严，敢于抵制歪风邪气，同违法乱纪行为作斗争。

3. 客观公正

做好会计工作需要有实事求是的精神和客观公正的态度。否则，就会把知识和技能用错地方，甚至参与弄虚作假或协同作弊。

4. 保守商业秘密

由于会计工作性质的原因，会计人员有机会了解企业、单位的财务状况和生产经营情况，有可能了解和掌握重要商业秘密，因此必须严守秘密。泄密是一种不道德行为，会计人员应当确立泄露商业秘密为大忌的观念。对自己知悉的内部机密，任何时候、任何情况下都应严格保守。

五、会计人员专业技术职务

会计人员专业技术职务分为高级会计师、会计师、助理会计师、会计员。高级会计师为高级职务，会计师为中级职务，助理会计师、会计员为初级职务。会计人员的专业技术职务是反映会计人员的专业知识水平、业务能力高低和工作成绩大小的标准。为客观公正的评价会计人员、选拔会计人才、提高会计人员素质，国家财政部、人事部联合颁发了《会计专业技术资格考试暂行规定》及实施办法，将会计专业技术职务的评聘办法改为考聘办法。会计员、助理会计师、会计师资格实行以考代评，考聘分开。

1. 高级会计师

担任高级会计师的基本条件是：较系统地掌握经济、财务会计理论和专业知识；具有较高的政策水平和丰富的财务会计工作经验，能担负一个地区、一个部门和一个系统的财务会计管理工作；取得博士学位并担任会计师职务 2～3 年，或者取得硕士学位、第二学士学位或研究生班结业证书，或者大学本科毕业并担任会计师职务 5 年以上。

高级会计师的基本职责是：负责草拟和解释、解答一个地区、一个部门、一个系统或在全国实施的财务会计法规、制度、办法，组织和指导一个地区和一个部门、一个系统的经济核算和财务会计工作，培养中级以上会计人才。

2. 会计师

担任会计师的基本条件是：较系统地掌握财务会计的基础理论和专业知识；掌握并能正确贯彻执行有关的财经方针、政策和财务会计法规、制度；具有一定的财务会计工作经验；能担负一个单位或管理一个地区、一个部门、一个系统某个方面的财务会计工作；取得博士学位并具备履行会计师职责的能力，或取得硕士学位并担任助理会计师职务 2 年左右，或取得第二学士学位或研究生班结业证书并担任助理会计师职务 2～3 年，或大学本科或专科毕业并担任助理会计师职务 4 年以上。

会计师的基本职责是：负责制定比较重要的财务会计制度、规定、办法，解释、解答财务会计法规、制度中的重要问题，分析、检查财务收支和预算执行情况，培训初级会计人才。

3. 助理会计师

担任助理会计师的基本条件是：掌握一般的财务会计基础理论和专业知识；熟悉并能正确执行有关的财经方针、政策和财务会计法规、制度；能担负一个方面或某个重要岗位的财务会计工作；取得硕士学位，或取得第二学士学位或研究生班结业证书，具备履行助理会计师职责的能力；大学本科毕业，在财务会计工作岗位上见习一年期满；大学专科毕业并担任会计员职务二年以上；或中等专业学校毕业并担任会计员职务 4 年以上。

助理会计师的基本职责是：负责草拟一般的财务会计制度、规定、办法；解释、解答财务会计法规、制度中的一般规定；分析检查某一方面或某些项目的财务收支和预算的执行情况。

4. 会计员

担任会计员的基本条件是：初步掌握财务会计知识和技能；熟悉并能按照执行有关会计法规和财务会计制度；能担负一个岗位的财务会计工作；大学专科或

中等专业学校毕业，在财务会计工作岗位上见习一年期满。

会计员的基本职责是：负责具体审核和办理财务收支，编制记账凭证，登记会计账簿，编制会计报表和办理其他会计事务。

第四节 会计档案

会计档案是会计凭证、会计账簿和会计报表等会计核算专业材料，它是记录和反映经济业务的重要史料和证据。各单位必须加强对会计档案管理工作的领导，建立健全会计档案归档、保管、调阅和销毁等管理制度，管好会计档案。会计档案具体包括：

（1）会计凭证类：原始凭证、记账凭证、汇总凭证以及其他会计凭证。

（2）会计账簿类：总账、明细账、日记账、固定资产卡片、辅助账簿和其他会计账簿。

（3）财务报告类：月度、季度、年度财务报告，包括会计报表、附表、附注及文字说明和其他财务报告。

（4）其他类：银行存款余额调节表、银行对账单以及其他应当保存的会计核算专业资料、会计档案移交清册、会计档案保管清册和会计档案销毁清册等。

一、会计档案的归档和保管

根据财政部、国家档案局联合发布的《会计档案管理办法》，各单位每年形成的会计档案，都应当由会计部门按照归档的要求，负责整理立卷或装订成册。当年形成的会计档案，在会计年度终了，可暂时由本单位会计部门保管一年，期满后，由会计部门编造清册，移交本单位的档案部门保管；未设立档案部门的，由会计部门内部指定专人保管。

会计档案归档后，保管责任随之转移到档案保管人员，保管人员应按照会计档案的要求，对会计档案进行分类、存档和保管。原则上应当保持原卷册的封装，个别需要拆封重新整理的，应当会同原会计部门和经办人共同拆封整理，以分清责任。

二、会计档案的查阅和复制

各单位应建立健全会计档案的查阅、复制登记制度。其他单位和个人经单位领导批准调阅会计凭证，要填写会计档案调阅表，详细填写借阅会计凭证名称，调阅日期、调阅人姓名和工作单位、调阅理由、归还日期等。调阅人员一般不得将会计凭证携带外出。需复制的，要说明被复制会计凭证名称、张数，经本单位同意后在会计人员的监督下复制。查阅或复制会计档案的人员，严禁在会计档案上涂画、拆封和抽换。

三、会计档案的保管期限

会计档案的保管期限，根据各种会计资料的特点和重要性分为永久和定期两种。定期保管期限分为三年、五年、十年、十五年、二十五年五种。会计档案的保管期限从会计年度终了后的第一天算起。《会计档案管理办法》对我国各种企业、组织会计档案的保管期限作了相应的规定，企业会计和建设单位会计档案保管期限表如表11-1所示。

表11-1 企业会计和建设单位会计档案保管期限表

序号	档案名称	保管期限	备注
	一、会计凭证类		
1	原始凭证	15年	
2	记账凭证	15年	
3	汇总凭证	15年	
	二、会计账簿类		
4	总账	15年	包括日记总账
5	明细账	15年	
6	日记账	15年	现金和银行存款日记账保管25年
7	固定资产卡片		固定资产报废后保管5年
8	辅助账簿	15年	
	三、财务报告类（包括各级主管部门汇总财务报告）		
9	月、季度财务报告	3年	包括文字分析
10	年度财务报告（决算）	永久	包括文字分析
	四、其他类		
11	会计移交清册	15年	
12	会计档案保管清册	永久	
13	会计档案销毁清册	永久	
14	银行余额调节表	5年	
15	银行对账单	5年	

四、会计档案的销毁

会计档案保管期满需要销毁时，应由单位的档案部门提出销毁意见，并和会计部门共同鉴定和审查，编造会计档案销毁清册。会计档案销毁清册是销毁会计档案的记录和报批文件，一般包括会计档案的名称、卷号、册数、起止年度和档案编号、应保管期限、已保管期限、销毁日期等。单位负责人应当在会计档案销毁清册上签署意见。

对于保管期满但未结清的债权债务以及涉及到其他未了事项的原始凭证不得销毁，应单独抽出，另行立卷，由档案部门保管到未了事项完结时为止。

各单位按规定销毁会计档案时，应由档案部门和会计部门共同派员监销。国家机关销毁会计档案时，还应由同级财政部门、审计部门派员参加监销。各级财政部门销毁会计档案时，由同级审计机关参加监销后，在销毁清册上签名盖章，并将监销情况报告本单位负责人。

五、电算化会计档案的保管

随着会计电算化的普及，企业内出现了越来越多的电算化会计档案，这些档案和手工形成的会计档案略有不同，主要包括由计算机打印输出的各种会计凭证、账簿、报表及其他会计资料，以磁盘、光盘、微缩胶片等磁性介质存储的会计数据以及会计电算化系统开发和使用的全套文档资料及软件程序等。档案的形式不同，保管也相应有所区别。对于打印出的会计资料应根据有关规定立卷归档保管，保存期限按《会计档案管理办法》规定执行；而那些以磁介质存储的会计数据在未打印成书面形式输出之前，应妥善保管并留有副本，并视同会计资料或档案进行保存。

电算化会计档案管理除需执行一般的档案管理制度外，还应结合电算化会计档案的特点建立安全和保密措施。要做到防磁、防火、防潮、防尘，重要会计档案应准备双份，存放在两个以上不同的地点。采用磁性介质存储的会计档案，要定期进行检查、复制，防止由于磁性介质损坏而使会计档案丢失。各种会计资料包括打印出来的会计资料以及存储会计资料的软盘、光盘、微缩胶片等，未经单位负责人同意，不得外借和拿出单位。对于存放在磁性介质上的会计资料借阅归还时，还应该认真检查，防止感染病毒。

当然，会计档案保管的最终目的是为了现在和将来的使用。不使用，保管就失去了意义。查证经济业务和责任人员是使用，根据会计档案回顾过去、总结历史经验也是使用。各单位特别是单位内部的管理部门，要学会充分利用会计档案为当前的企业管理和经营决策服务。

第五节　会计社会公证

注册会计师是指依法取得注册会计师专业证书并接受委托从事审计和会计咨询、会计服务业务的执业人员。大多数国家（如我国及美国、澳大利亚等）称之为注册会计师（CPA），英国称为特许公认会计师（ACCA），日本称为公认会计士（CPA）等。

注册会计师为社会公众提供财务报表审计，以客观、公正的立场发表意见，并取信于财务报表使用者。从某种意义上说，注册会计师就企业会计报表和其他会计资料基础之上出具的独立审计报告具有一定的权威性，因此各国对注册会计师的资格认证都有着相对严格的规定。

一、注册会计师考试

1. 外国注册会计师考试

世界上许多国家为了保证审计工作质量，维护注册会计师职业在公众心目中应有的权威性，都相应制定了较为完善的注册会计师考试制度。注册会计师考试素以考试难度大著称。以美国为例，CPA 申请者必须首先有会计、商法、经济学等相应学科的学分和一定的实践经验，并通过由美国注册会计师协会考试委员会组织和评卷的全国注册会计师统一考试，该考试每年 2 次，一般在 5 月和 11 月进行，现行考试科目为 5 科，包括财务会计与报告（企业遵循的一般公认会计原则）、会计核算与报告（非营利、政府管理与税务会计）、审计、商法、职业责任（包括职业道德）。而且从 2000 年起，考生报考学分从 120 分提高到 150 分，这一规定意味着美国已把考生的学历资格提高到硕士研究生水平。

与美国毗邻的加拿大共有三个会计师组织，其中最权威的是加拿大特许会计师协会，其组织的注册会计师考试对报考资格也有相应的严格要求，如考生要有大学以上文凭，要有规定的会计课程学分，要参加各省协会提供的教育课程等。考生只有达到加拿大特许会计师协会规定的四科考试及格线，并有在事务所及专业服务领域工作 30 个月的经验，方可在当地申请注册。该考试一年一次，于 9 月份进行，为期四天，每天四个小时，考试内容基本是案例分析，测试考生的专业判断能力。

和我国隔海相望的日本将公认会计士考试分为第一次考试、第二次考试及第三次考试。第一次考试的目的是判断考生是否有相当的一般学历来参加第二次考试，并侧重对国语、数学、论文进行笔试。第二次考试的目的是判断考生是否具备成为助理会计士所必要的专门知识，要对会计学（簿记、财务报表理论、成本核算及审计理论）、经营学、经济学及商法（海事商法、票据及支票的部分除外）进行笔试。第二次考试合格者及根据规定第二次考试各科目全部免考者，有资格成为助理会计士。第三次考试的目的是判断考生是否具备成为公认会计士所必需的高等的专业应用能力，用笔试及口述的方法对有关财务的审计、分析及其他实务（包括有关税收实务）进行考试。第三次考试时合格者，有资格成为公认会计士。

2. 我国注册会计师考试

我国自1991年（1992年停考）以来，每年举行注册会计师（CPA）全国统一考试，截至2007年底，已经有近14万人通过了全部科目的考试。根据我国《注册会计师法》及有关考试办法的规定，具有高等专科或以上学校毕业的学历，或具有会计、审计、统计、经济中级或以上专业技术职称的中国公民，可申请参加考试。考试于每年9月份进行，现行考试科目为会计、审计、财务成本管理、经济法、税法5门，单科合格成绩的有效期为5年。

根据我国《注册会计师法》的规定，通过注册会计师考试全科成绩合格的，均可取得注册会计师资格，申请加入注册会计师协会，但不能执业。要执业，还必须按照规定加入一家会计师事务所，具有2年审计工作经验，并符合其他审批条件，经批准注册后，发给财政部统一印制的注册会计师证书，方可执行注册会计师业务。注册后，如发生某些情形，将撤销注册，收回证书。

二、注册会计师业务范围

1. 外国注册会计师业务范围

虽然长期以来，提供会计报表审计服务一直是各国注册会计师的重要业务，但随着信息时代的到来以及企业经济活动的国际化和多元化发展趋势的增强，许多会计师事务所不断调整发展战略，在保持传统审计业务稳步增长的同时，逐步转型为向社会提供多元化、全方位的专业服务。目前，各国注册会计师提供的服务主要包括鉴证服务、税务代理、管理咨询、资产评估及会计服务等。

（1）鉴证服务。鉴证服务是会计师事务所的传统和核心业务，包括审计、审核、审阅和执行商定程序等业务。具体来说，主要表现为会计报表审计、盈利预测审核、期中会计报表审阅、特殊目的业务审计等。有些会计师事务所还将业务大胆延伸到可靠性服务领域，如公证学术奖选票结果、药物实验效果、彩票抽奖结果等。

（2）税务代理。税务代理一般包括代理纳税申报、纳税策划、代理客户出庭等。依法纳税是每个公民应尽的义务，而合理避税也是企业和个人努力达到的目标，通晓税法的注册会计师和税务专家将为企业和个人进行税务代理，提供合理避税的具体建议。

（3）管理咨询。自20世纪50年代起，管理咨询业务异军突起，在会计师事务所业务中的收入所占比率越来越大。管理咨询服务范围很广，主要包括对公司的组织机构、信息系统、人事管理、财务会计、经营效率、效果和效益等提供建议和帮助。

（4）资产评估。资产评估是对资产现时价值的评估，主要涉及存货和不动产的估价、企业兼并和合并等业务。随着企业股份制改造、资产重组、兼并、出售等涉及产权变动的经济活动日益增多，对资产现实价值的评估也越来越重要，决策者需要独立的社会中介机构对资产价值进行评估并提供相关信息，注册会计师的业务范围也随之扩大到资产评估领域。

（5）会计服务。会计服务是小型事务所的主要业务，包括代理记账、编制会计报表、处理工资单等。

2. 我国注册会计师业务范围

目前我国注册会计师的业务范围主要包括两大领域：一是审计业务，二是会计咨询和会计服务业务。

（1）审计业务。审计业务属于法定业务，非注册会计师不得承办。注册会计师审计业务主要有以下具体内容：

①审查企业会计报表，出具审计报告。注册会计师审计制度是国家有效制止和防范利用会计报表弄虚作假的重要手段。主管部门通过对企业单位年度会计报表的审计，实施对其的监管，并保证会计信息的质量。注册会计师主要对会计报表的合法性、公允性和会计处理方法的一贯性发表审计意见。

②验证企业资本，出具验资报告。根据《公司法》等相关法律、法规的规定，公司及其他企业在设立审批时，必经提交注册会计师出具的验资报告。注册会计师应当对被审验单位设立时的实收资本及其相关资产、负债的真实性、合法性进行审验。审验过程中，注册会计师既要查看表明相关的实物及各项出资已经到位的原始凭证，还要对被审验单位的实收资本（股本）及相关资产、负债的会计记录进行审核，发现误差，应提请被审验单位调整。在取得充分、适当的验资证据并进行分析评价后，注册会计师应编制和出具验资报告，表示验资意见。

③审计企业合并、分立、清算中的会计报表，出具相关报告。企业在合并、分立或终止清算时，应当分别编制合并、分立会计报表以及清算会计报表。为了帮助决策者获取真实、公允的信息，企业需要委托注册会计师对其编报的报表进行审计。注册会计师通过对形成会计报表各项目数据的所有会计资料及其反映的经济业务的审查，并关注企业合并、分立及清算过程中出现的特定事项，在取得充分、适当的审计证据后，复核各项审计结论，编制和出具审计报告，表示审计意见。

④办理其他审计业务，出具相应的审计报告。在实际工作中，注册会计师还可根据国家法律行政法规的规定，接受委托，承办特殊目的业务审计，如：按照特殊编制基础编制的会计报表审计；会计报表特定项目、特定账户或特定账户的特定内容审计；法规、合同所涉及的财务会计规定的遵循情况审计等。

（2）会计咨询、会计服务业务。随着社会经济的发展，不同的组织和信息使用者利用注册会计师的专门知识及其对被审计单位经营管理、特别是会计管理的充分了解，提出了对企业经营管理进行咨询服务的客观要求，注册会计师的会计咨询、会计服务业务应运而生。注册会计师凭借其专门知识和实践经验，受托或主动服务于被审计单位的经营管理者和其业务人员，在帮助企业健全内部管理制度和会计制度、进行财务诊断、建立会计电算化系统、组织财会人员培训以及对重大经济决策和主要投资项目、生产项目等的实施进行论证等方面为客户提供专业咨询。这些业务属于服务性质，是所有具备条件的中介机构，甚至个人都能够从事的非法定业务。通常，会计咨询、会计服务业务包括资产评估、代理记账；税务代理以及管理咨询等业务。

三、我国注册会计师业务的承接

在我国，注册会计师不能以个人名义承办业务，必须由会计师事务所统一接受委托。接受委托时，应在业务约定书中明确承办业务的种类、范围，以及双方的责任，以避免客户对注册会计师所履行职责的误解，然后，再根据业务的性质选派适当的注册会计师担任该项工作。注册会计师在实施审计工作时，应依照具体情况，不断修订审计计划，达到业务约定书所要求的目的；完成审计工作时，应出具审计报告。审计报告除应由注册会计师本人签署外，还必须加盖会计师事务所的公章。注册会计师承办业务时，由会计师事务所按照收费标准统一收费。

会计师事务所在承办业务时，由于委托人不同，其被授予的权限也不同。在接受国家机关委托办理的业务时，根据业务的需要，注册会计师有权查阅有关财务会计资料和文件，查看业务现场和设施，向有关单位和个人进行调查与核实；接受其他委托人的委托时，需要查阅资料、文件和进行调查的，则应按照依法签订的业务约定书的约定办理。

会计师事务所对公开发行股票并上市交易的公司，证券、期货专营、兼营机构和证券、期货交易所进行会计报表审计、资本验证及盈利预测审核时，由于这类业务十分复杂，且影响面广，还必须达到一系列特殊的规定和要求，如具有证券、期货相关业务资格考试合格证书等，此处不一一详述。

附 录

附录 A 关于印发中小企业标准暂行规定的通知

各省、自治区、直辖市、计划单列市及新疆生产建设兵团经贸委（经委）、计委、财政厅（局）、统计局，国务院各有关部门：

为贯彻实施《中华人民共和国中小企业促进法》，按照法律规定，国家经贸委、国家计委、财政部、国家统计局研究制订了《中小企业标准暂行规定》。经国务院同意，现印发给你们，请遵照执行。

《中小企业标准暂行规定》中的中小企业标准上限即为大企业标准的下限，国家统计部门据此制订大中小型企业的统计分类，并提供相应的统计数据；国务院有关部门据此进行相关数据分析，不再制订与《中小企业标准暂行规定》不一致的企业划分标准；对尚未确定企业划型标准的服务行业，有关部门将根据2003 年全国第三产业普查结果，共同提出企业划型标准。

中小企业标准暂行规定

一、根据《中华人民共和国中小企业促进法》，制定本规定。

二、中小企业标准根据企业职工人数、销售额、资产总额等指标，结合行业特点制定。

三、本规定适用于工业，建筑业，交通运输和邮政业，批发和零售业，住宿和餐饮业。其中，工业包括采矿业、制造业、电力、燃气及水的生产和供应业。本标准以外其他行业的中小企业标准另行制定。

四、中小企业标准为：

工业，中小型企业须符合以下条件：职工人数 2 000 人以下，或销售额30 000万元以下，或资产总额为40 000 万元以下。其中，中型企业须同时满足职工人数300 人及以上，销售额3 000万元及以上，资产总额4 000 万元及以上；其余为小型企业。

建筑业，中小型企业须符合以下条件：对职工人数 3 000 人以下，或销售额

30 000 万元以下，或资产总额 40 000 万元以下。其中，中型企业须同时满足职工人数600 人及以上，销售额3 000万元及以上，资产总额4 000 万元及以上；其余为小型企业。

批发和零售业，零售业中小型企业须符合以下条件：职工人数500 人以下，或销售额15 000 万元以下。其中，中型企业须同时满足职工人数100 人及以上，销售额1 000 万元及以上；其余为小型企业。批发业中小型企业须符合以下条件：职工人数200 人以下，或销售额30 000 万元以下。其中，中型企业须同时满足职工人数100 人及以上，销售额3 000 万元及以上；其余为小型企业。

交通运输和邮政业，交通运输业中小型企业须符合以下条件：职工人数3 000人以下，或销售额30 000 万元以下。其中，中型企业须同时满足职工人数500 人及以上，销售额3 000 万元及以上；其余为小型企业。邮政业中小型企业须符合以下条件：职工人数1 000 人以下，或销售额30 000 万元以下。其中，中型企业须同时满足职工人数400 人及以上，销售额3 000 万元及以上；其余为小型企业。

住宿和餐饮业，中小型企业须符合以下条件：职工人数800 人以下，或销售额15 000 万元以下。其中，中型企业须同时满足职工人数400 人及以上，销售额3 000 万元及以上；其余为小型企业。

五、本规定中，职工人数以现行统计制度中的年末从业人员数代替；工业企业的销售额以现行统计制度中的年产品销售收入代替；建筑业企业的销售额以现行统计制度中的年工程结算收入代替；批发和零售业以现行统计制度中的年销售额代替；交通运输和邮政业，住宿和餐饮业企业的销售额以现行统计制度中的年营业收入代替；资产总额以现行统计制度中的资产合计代替。

六、本规定适用于在中华人民共和国境内依法设立的各类所有制和各种组织形式的企业。

七、企业类型的确认以国家统计部门的法定统计数据为依据，不再沿用企业申请、政府审核的方式。

八、本标准自公布之日起施行，原国家经委等五部委1988 年公布的《大中小型工业企业划分标准》及1992 年公布的该标准的补充标准同时废止。

中华人民共和国国家经济贸易委员会
中华人民共和国国家发展计划委员会
中华人民共和国财政部
中华人民共和国国家统计局
二〇〇三年二月十九日

附录B 中华人民共和国会计法
（第二次修正）

颁布时间：1999年10月31日　实施时间：2000年7月1日
颁布单位：全国人大常委会
（1985年1月21日第六届全国人民代表大会常务委员会第九次会议通过 根据1993年12月29日第八届全国人民代表大会常务委员会第五次会议《关于修改〈中华人民共和国会计法〉的决定》修正 1999年10月31日第九届全国人民代表大会常务委员会第十二次会议修订）

中华人民共和国主席令
第二十四号

《中华人民共和国会计法》已由中华人民共和国第九届全国人民代表大会常务委员会第十二次会议于1999年10月31日修订通过，现将修订后的《中华人民共和国会计法》公布，自2000年7月1日起施行。

中华人民共和国主席　江泽民
1999年10月31日

第一章　总　则

第一条　为了规范会计行为，保证会计资料真实、完整，加强经济管理和财务管理，提高经济效益，维护社会主义市场经济秩序，制定本法。

第二条　国家机关、社会团体、公司、企业、事业单位和其他组织（以下统称单位）必须依照本法办理会计事务。

第三条　各单位必须依法设置会计账簿，并保证其真实、完整。

第四条　单位负责人对本单位的会计工作和会计资料的真实性、完整性负责。

第五条　会计机构、会计人员依照本法规定进行会计核算，实行会计监督。

任何单位或者个人不得以任何方式授意、指使、强令会计机构、会计人员伪造、变造会计凭证、会计账簿和其他会计资料，提供虚假财务会计报告。

任何单位或者个人不得对依法履行职责、抵制违反本法规定行为的会计人员实行打击报复。

第六条　对认真执行本法，忠于职守，坚持原则，做出显著成绩的会计人员，给予精神的或者物质的奖励。

第七条　国务院财政部门主管全国的会计工作。

县级以上地方各级人民政府财政部门管理本行政区域内的会计工作。

第八条　国家实行统一的会计制度。国家统一的会计制度由国务院财政部门根据本法制定并公布。

国务院有关部门可以依照本法和国家统一的会计制度制定对会计核算和会计监督有特殊要求的行业实施国家统一的会计制度的具体办法或者补充规定，报国务院财政部门审核批准。

中国人民解放军总后勤部可以依照本法和国家统一的会计制度制定军队实施国家统一的会计制度的具体办法，报国务院财政部门备案。

第二章　会 计 核 算

第九条　各单位必须根据实际发生的经济业务事项进行会计核算，填制会计凭证，登记会计账簿，编制财务会计报告。

任何单位不得以虚假的经济业务事项或者资料进行会计核算。

第十条　下列经济业务事项，应当办理会计手续，进行会计核算：

（一）款项和有价证券的收付；

（二）财物的收发、增减和使用；

（三）债权债务的发生和结算；

（四）资本、基金的增减；

（五）收入、支出、费用、成本的计算；

（六）财务成果的计算和处理；

（七）需要办理会计手续、进行会计核算的其他事项。

第十一条　会计年度自公历1月1日起至12月31日止。

第十二条　会计核算以人民币为记账本位币。

业务收支以人民币以外的货币为主的单位，可以选定其中一种货币作为记账本位币，但是编报的财务会计报告应当折算为人民币。

第十三条　会计凭证、会计账簿、财务会计报告和其他会计资料，必须符合国家统一的会计制度的规定。

使用电子计算机进行会计核算的，其软件及其生成的会计凭证、会计账簿、财务会计报告和其他会计资料，也必须符合国家统一的会计制度的规定。

任何单位和个人不得伪造、变造会计凭证、会计账簿及其他会计资料，不得提供虚假的财务会计报告。

第十四条　会计凭证包括原始凭证和记账凭证。

办理本法第十条所列的经济业务事项，必须填制或者取得原始凭证并及时送交会计机构。

会计机构、会计人员必须按照国家统一的会计制度的规定对原始凭证进行审核，对不真实、不合法的原始凭证有权不予接受，并向单位负责人报告；对记载不准确、不完整的原始凭证予以退回，并要求按照国家统一的会计制度的规定更正、补充。

原始凭证记载的各项内容均不得涂改；原始凭证有错误的，应当由出具单位重开或者更正，更正处应当加盖出具单位印章。原始凭证金额有错误的，应当由出具单位重开，不得在原始凭证上更正。

记账凭证应当根据经过审核的原始凭证及有关资料编制。

第十五条　会计账簿登记，必须以经过审核的会计凭证为依据，并符合有关法律、行政法规和国家统一的会计制度的规定。会计账簿包括总账、明细账、日记账和其他辅助性账簿。

会计账簿应当按照连续编号的页码顺序登记。会计账簿记录发生错误或者隔页、缺号、跳行的，应当按照国家统一的会计制度规定的方法更正，并由会计人员和会计机构负责人（会计主管人员）在更正处盖章。

使用电子计算机进行会计核算的，其会计账簿的登记、更正，应当符合国家统一的会计制度的规定。

第十六条　各单位发生的各项经济业务事项应当在依法设置的会计账簿上统一登记、核算，不得违反本法和国家统一的会计制度的规定私设会计账簿登记、核算。

第十七条　各单位应当定期将会计账簿记录与实物、款项及有关资料相互核对，保证会计账簿记录与实物及款项的实有数额相符、会计账簿记录与会计凭证的有关内容相符、会计账簿之间相对应的记录相符、会计账簿记录与会计报表的有关内容相符。

第十八条　各单位采用的会计处理方法，前后各期应当一致，不得随意变更；确有必要变更的，应当按照国家统一的会计制度的规定变更，并将变更的原因、情况及影响在财务会计报告中说明。

第十九条　单位提供的担保、未决诉讼等或有事项，应当按照国家统一的会计制度的规定，在财务会计报告中予以说明。

第二十条　财务会计报告应当根据经过审核的会计账簿记录和有关资料编制，并符合本法和国家统一的会计制度关于财务会计报告的编制要求、提供对象和提供期限的规定；其他法律、行政法规另有规定的，从其规定。

财务会计报告由会计报表、会计报表附注和财务情况说明书组成。向不同的会计资料使用者提供的财务会计报告，其编制依据应当一致。有关法律、行政法规规定会计报表、会计报表附注和财务情况说明书须经注册会计师审计的，注册会计师及其所在的会计师事务所出具的审计报告应当随同财务会计报告一并提供。

第二十一条　财务会计报告应当由单位负责人和主管会计工作的负责人、会计机构负责人（会计主管人员）签名并盖章；设置总会计师的单位，还须由总会计师签名并盖章。

单位负责人应当保证财务会计报告真实、完整。

第二十二条　会计记录的文字应当使用中文。在民族自治地方，会计记录可以同时使用当地通用的一种民族文字。在中华人民共和国境内的外商投资企业、外国企业和其他外国组织的会计记录可以同时使用一种外国文字。

第二十三条　各单位对会计凭证、会计账簿、财务会计报告和其他会计资料应当建立档案，妥善保管。会计档案的保管期限和销毁办法，由国务院财政部门会同有关部门制定。

第三章　公司、企业会计核算的特别规定

第二十四条　公司、企业进行会计核算，除应当遵守本法第二章的规定外，还应当遵守本章规定。

第二十五条　公司、企业必须根据实际发生的经济业务事项，按照国家统一的会计制度的规定确认、计量和记录资产、负债、所有者权益、收入、费用、成本和利润。

第二十六条　公司、企业进行会计核算不得有下列行为：

（一）随意改变资产、负债、所有者权益的确认标准或者计量方法，虚列、多列、不列或者少列资产、负债、所有者权益；

（二）虚列或者隐瞒收入，推迟或者提前确认收入；

（三）随意改变费用、成本的确认标准或者计量方法，虚列、多列、不列或者少列费用、成本；

（四）随意调整利润的计算、分配方法，编造虚假利润或者隐瞒利润；

（五）违反国家统一的会计制度规定的其他行为。

第四章　会 计 监 督

第二十七条　各单位应当建立、健全本单位内部会计监督制度。单位内部会计监督制度应当符合下列要求：

（一）记账人员与经济业务事项和会计事项的审批人员、经办人员、财物保管人员的职责权限应当明确，并相互分离、相互制约；

（二）重大对外投资、资产处置、资金调度和其他重要经济业务事项的决策

和执行的相互监督、相互制约程序应当明确；

（三）财产清查的范围、期限和组织程序应当明确；

（四）对会计资料定期进行内部审计的办法和程序应当明确。

第二十八条　单位负责人应当保证会计机构、会计人员依法履行职责，不得授意、指使、强令会计机构、会计人员违法办理会计事项。

会计机构、会计人员对违反本法和国家统一的会计制度规定的会计事项，有权拒绝办理或者按照职权予以纠正。

第二十九条　会计机构、会计人员发现会计账簿记录与实物、款项及有关资料不相符的，按照国家统一的会计制度的规定有权自行处理的，应当及时处理；无权处理的，应当立即向单位负责人报告，请求查明原因，作出处理。

第三十条　任何单位和个人对违反本法和国家统一的会计制度规定的行为，有权检举。收到检举的部门有权处理的，应当依法按照职责分工及时处理；无权处理的，应当及时移送有权处理的部门处理。收到检举的部门、负责处理的部门应当为检举人保密，不得将检举人姓名和检举材料转给被检举单位和被检举人个人。

第三十一条　有关法律、行政法规规定，须经注册会计师进行审计的单位，应当向受委托的会计师事务所如实提供会计凭证、会计账簿、财务会计报告和其他会计资料以及有关情况。

任何单位或者个人不得以任何方式要求或者示意注册会计师及其所在的会计师事务所出具不实或者不当的审计报告。

财政部门有权对会计师事务所出具审计报告的程序和内容进行监督。

第三十二条　财政部门对各单位的下列情况实施监督：

（一）是否依法设置会计账簿；

（二）会计凭证、会计账簿、财务会计报告和其他会计资料是否真实、完整；

（三）会计核算是否符合本法和国家统一的会计制度的规定；

（四）从事会计工作的人员是否具备从业资格。

在对前款第（二）项所列事项实施监督，发现重大违法嫌疑时，国务院财政部门及其派出机构可以向与被监督单位有经济业务往来的单位和被监督单位开立账户的金融机构查询有关情况，有关单位和金融机构应当给予支持。

第三十三条　财政、审计、税务、人民银行、证券监管、保险监管等部门应当依照有关法律、行政法规规定的职责，对有关单位的会计资料实施监督检查。

前款所列监督检查部门对有关单位的会计资料依法实施监督检查后，应当出具检查结论。有关监督检查部门已经作出的检查结论能够满足其他监督检查部门履行本部门职责需要的，其他监督检查部门应当加以利用，避免重复查账。

第三十四条　依法对有关单位的会计资料实施监督检查的部门及其工作人员对在监督检查中知悉的国家秘密和商业秘密负有保密义务。

第三十五条　各单位必须依照有关法律、行政法规的规定，接受有关监督检查部门依法实施的监督检查，如实提供会计凭证、会计账簿、财务会计报告和其他会计资料以及有关情况，不得拒绝、隐匿、谎报。

第五章　会计机构和会计人员

第三十六条　各单位应当根据会计业务的需要，设置会计机构，或者在有关机构中设置会计人员并指定会计主管人员；不具备设置条件的，应当委托经批准设立从事会计代理记账业务的中介机构代理记账。

国有的和国有资产占控股地位或者主导地位的大、中型企业必须设置总会计师。总会计师的任职资格、任免程序、职责权限由国务院规定。

第三十七条　会计机构内部应当建立稽核制度。

出纳人员不得兼任稽核、会计档案保管和收入、支出、费用、债权债务账目的登记工作。

第三十八条　从事会计工作的人员，必须取得会计从业资格证书。

担任单位会计机构负责人（会计主管人员）的，除取得会计从业资格证书外，还应当具备会计师以上专业技术职务资格或者从事会计工作三年以上经历。

会计人员从业资格管理办法由国务院财政部门规定。

第三十九条　会计人员应当遵守职业道德，提高业务素质。对会计人员的教育和培训工作应当加强。

第四十条　因有提供虚假财务会计报告，做假账，隐匿或者故意销毁会计凭证、会计账簿、财务会计报告，贪污，挪用公款，职务侵占等与会计职务有关的违法行为被依法追究刑事责任的人员，不得取得或者重新取得会计从业资格证书。

除前款规定的人员外，因违法违纪行为被吊销会计从业资格证书的人员，自被吊销会计从业资格证书之日起五年内，不得重新取得会计从业资格证书。

第四十一条　会计人员调动工作或者离职，必须与接管人员办清交接手续。

一般会计人员办理交接手续，由会计机构负责人（会计主管人员）监交；会计机构负责人（会计主管人员）办理交接手续，由单位负责人监交，必要时主管单位可以派人会同监交。

第六章　法 律 责 任

第四十二条　违反本法规定，有下列行为之一的，由县级以上人民政府财政部门责令限期改正，可以对单位并处三千元以上五万元以下的罚款；对其直接负责的主管人员和其他直接责任人员，可以处二千元以上二万元以下的罚款；属于国家工作人员的，还应当由其所在单位或者有关单位依法给予行政处分：

（一）不依法设置会计账簿的；

（二）私设会计账簿的；

（三）未按照规定填制、取得原始凭证或者填制、取得的原始凭证不符合规定的；

（四）以未经审核的会计凭证为依据登记会计账簿或者登记会计账簿不符合规定的；

（五）随意变更会计处理方法的；

（六）向不同的会计资料使用者提供的财务会计报告编制依据不一致的；

（七）未按照规定使用会计记录文字或者记账本位币的；

（八）未按照规定保管会计资料，致使会计资料毁损、灭失的；

（九）未按照规定建立并实施单位内部会计监督制度或者拒绝依法实施的监督或者不如实提供有关会计资料及有关情况的；

（十）任用会计人员不符合本法规定的。

有前款所列行为之一，构成犯罪的，依法追究刑事责任。

会计人员有第一款所列行为之一，情节严重的，由县级以上人民政府财政部门吊销会计从业资格证书。

有关法律对第一款所列行为的处罚另有规定的，依照有关法律的规定办理。

第四十三条　伪造、变造会计凭证、会计账簿，编制虚假财务会计报告，构成犯罪的，依法追究刑事责任。

有前款行为，尚不构成犯罪的，由县级以上人民政府财政部门予以通报，可以对单位并处五千元以上十万元以下的罚款；对其直接负责的主管人员和其他直接责任人员，可以处三千元以上五万元以下的罚款；属于国家工作人员的，还应当由其所在单位或者有关单位依法给予撤职直至开除的行政处分；对其中的会计人员，并由县级以上人民政府财政部门吊销会计从业资格证书。

第四十四条　隐匿或者故意销毁依法应当保存的会计凭证、会计账簿、财务会计报告，构成犯罪的，依法追究刑事责任。

有前款行为，尚不构成犯罪的，由县级以上人民政府财政部门予以通报，可以对单位并处五千元以上十万元以下的罚款；对其直接负责的主管人员和其他直接责任人员，可以处三千元以上五万元以下的罚款；属于国家工作人员的，还应当由其所在单位或者有关单位依法给予撤职直至开除的行政处分；对其中的会计人员，并由县级以上人民政府财政部门吊销会计从业资格证书。

第四十五条　授意、指使、强令会计机构、会计人员及其他人员伪造、变造会计凭证、会计账簿，编制虚假财务会计报告或者隐匿、故意销毁依法应当保存的会计凭证、会计账簿、财务会计报告，构成犯罪的，依法追究刑事责任；尚不构成犯罪的，可以处五千元以上五万元以下的罚款；属于国家工作人员的，还应当由其所在单位或者有关单位依法给予降级、撤职、开除的行政处分。

第四十六条　单位负责人对依法履行职责、抵制违反本法规定行为的会计人员以降级、撤职、调离工作岗位、解聘或者开除等方式实行打击报复，构成犯罪的，依法追究刑事责任；尚不构成犯罪的，由其所在单位或者有关单位依法给予行政处分。对受打击报复的会计人员，应当恢复其名誉和原有职务、级别。

第四十七条　财政部门及有关行政部门的工作人员在实施监督管理中滥用职权、玩忽职守、徇私舞弊或者泄露国家秘密、商业秘密，构成犯罪的，依法追究刑事责任；尚不构成犯罪的，依法给予行政处分。

第四十八条　违反本法第三十条规定，将检举人姓名和检举材料转给被检举单位和被检举人个人的，由所在单位或者有关单位依法给予行政处分。

第四十九条　违反本法规定，同时违反其他法律规定的，由有关部门在各自职权范围内依法进行处罚。

第七章　附　　则

第五十条　本法下列用语的含义：

单位负责人，是指单位法定代表人或者法律、行政法规规定代表单位行使职权的主要负责人。

国家统一的会计制度，是指国务院财政部门根据本法制定的关于会计核算、会计监督、会计机构和会计人员以及会计工作管理的制度。

第五十一条　个体工商户会计管理的具体办法，由国务院财政部门根据本法的原则另行规定。

第五十二条　本法自2000年7月1日起施行。

附录C 会计基础工作规范

［颁布单位］财政部

［颁布文号］（96）财会字第19号

［颁布日期］1996.06.17

第一章 总 则

第一条 为了加强会计基础工作，建立规范的会计工作秩序，提高会计工作水平，根据《中华人民共和国会计法》的有关规定，制定本规范。

第二条 国家机关、社会团体、企业、事业单位、个体工商户和其他组织的会计基础工作，应当符合本规范的规定。

第三条 各单位应当依据有关法规、法规和本规范的规定，加强会计基础工作，严格执行会计法规制度，保证会计工作依法有序地进行。

第四条 单位领导人对本单位的会计基础工作负有领导责任。

第五条 各省、自治区、直辖市财政厅（局）要加强对会计基础工作的管理和指导，通过政策引导、经验交流、监督检查等措施；促进基层单位加强会计基础工作，不断提高会计工作水平。

国务院各业务主管部门根据职责权限管理本部门的会计基础工作。

第二章 会计机构和会计人员

第一节 会计机构设置和会计人员配备

第六条 各单位应当根据会计业务的需要设置会计机构；不具备单独设置会计机构条件的，应当在有关机构中配备专职会计人员。

事业行政单位会计机构的设置和会计人员的配备，应当符合国家统一事业行政单位会计制度的规定。

设置会计机构，应当配备会计机构负责人；在有关机构中配备专职会计人员，应当在专职会计人员中指定会计主管人员。

会计机构负责人、会计主管人员的任免，应当符合《中华人民共和国会计法》和有关法律的规定。

第七条 会计机构负责人、会计主管人员应当具备下列基本条件：

（一）坚持原则，廉洁奉公；

（二）具有会计专业技术资格；

（三）主管一个单位或者单位内一个重要方面的财务会计工作时间不少于2年；

（四）熟悉国家财经法律、法规、规章和方针、政策，掌握本行业业务管理的有关知识；

（五）有较强的组织能力；

（六）身体状况能够适应本职工作的要求。

第八条 没有设置会计机构和配备会计人员的单位，应当根据《代理记账管理暂行办法》委托会计师事务所或者持有代理记账许可证书的其他代理记账机构进行代理记账。

第九条 大、中型企业、事业单位、业务主管部门应当根据法律和国家有关规定设置总会计师。总会计师由具有会计师以上专业技术资格的人员担任。

总会计师行使《总会计师条例》规定的职责、权限。

总会计师的任命（聘任）、免职（解聘）依照《总会计师条例》和有关法律的规定办理。

第十条 各单位应当根据会计业务需要配备持有会计证的会计人员。未取得会计证的人员，不得从事会计工作。

第十一条 各单位应当根据会计业务需要设置会计工作岗位。

会计工作岗位一般可分为：会计机构负责人或者会计主管人员，出纳，财产物资核算，工资核算，成本费用核算，财务成果核算，资金核算，往来结算，总账报表，稽核，档案管理等。开展会计电算化和管理会计的单位，可以根据需要设置相应工作岗位，也可以与其他工作岗位相结合。

第十二条 会计工作岗位，可以一人一岗、一人多岗或者一岗多人。但出纳人员不得兼管稽核、会计档案保管和收入、费用、债权债务账目的登记工作。

第十三条 会计人员的工作岗位应当有计划地进行轮换。

第十四条 会计人员应当具备必要的专业知识和专业技能，熟悉国家有关法律、法规、规章和国家统一会计制度，遵守职业道德。

会计人员应当按照国家有关规定参加会计业务的培训。各单位应当合理安排会计人员的培训，保证会计人员每年有一定时间用于学习和参加培训。

第十五条 各单位领导人应当支持会计机构、会计人员依法行使职权；对忠于职守，坚持原则，做出显著成绩的会计机构、会计人员，应当给予精神的和物质的奖励。

第十六条 国家机关、国有企业、事业单位任用会计人员应当实行回避制度。

单位领导人的直系亲属不得担任本单位的会计机构负责人、会计主管人员。

会计机构负责人、会计主管人员的直系亲属不得在本单位会计机构中担任出纳工作。

需要回避的直系亲属为：夫妻关系、直系血亲关系、三代以内旁系血亲以及配偶亲关系。

第二节 会计人员职业道德

第十七条 会计人员在会计工作中应当遵守职业道德，树立良好的职业品质、严谨的工作作风，严守工作纪律，努力提高工作效率和工作质量。

第十八条 会计人员应当热爱本职工作，努力钻研业务，使自己的知识和技能适应所从事工作的要求。

第十九条 会计人员应当熟悉财经法律、法规、规章和国家统一会计制度，并结合会计工作进行广泛宣传。

第二十条 会计人员应当按照会计法规、法规和国家统一会计制度规定的程序和要求进行会计工作，保证所提供的会计信息合法、真实、准确、及时、完整。

第二十一条 会计人员办理会计事务应当实事求是、客观公正。

第二十二条 会计人员应当熟悉本单位的生产经营和业务管理情况，运用掌握的会计信息和会计方法，为改善单位内部管理、提高经济效益服务。

第二十三条 会计人员应当保守本单位的商业秘密。除法律规定和单位领导人同意外，不能私自向外界提供或者泄露单位的会计信息。

第二十四条 财政部门、业务主管部门和各单位应当定期检查会计人员遵守职业道德的情况，并作为会计人员晋升、晋级、聘任专业职务、表彰奖励的重要考核依据。

会计人员违反职业道德的，由所在单位进行处罚；情节严重的，由会计证发证机关吊销其会计证。

第三节 会计工作交接

第二十五条 会计人员工作调动或者因故离职，必须将本人所经管的会计工作全部移交给接替人员。没有办清交接手续的，不得调动或者离职。

第二十六条 接替人员应当认真接管移交工作，并继续办理移交的未了事项。

第二十七条 会计人员办理移交手续前，必须及时做好以下工作：

（一）已经受理的经济业务尚未填制会计凭证的，应当填制完毕。

（二）尚未登记的账目，应当登记完毕，并在最后一笔余额后加盖经办人员印章。

（三）整理应该移交的各项资料，对未了事项写出书面材料。

（四）编制移交清册，列明应当移交的会计凭证、会计账簿、会计报表、印章、现金有价证券、支票簿、发票、文件、其他会计资料和物品等内容；实行会计电算化的单位，从事该项工作的移交人员还应当在移交清册中列明会计软件及密码、会计软件数据磁盘（磁带等）及有关资料、实物等内容。

第二十八条　会计人员办理交接手续，必须有监交人负责监交。一般会计人员交接，由单位会计机构负责人、会计主管人员负责监交；会计机构负责人、会计主管人员交接，由单位领导负责监交，必要时可由上级主管部门派人会同监交。

第二十九条　移交人员在办理移交时，要按移交清册逐项移交；接替人员要逐项核对点收。

（一）现金、有价证券要根据会计账簿有关记录进行点交。库存现金、有价证券必须与会计账簿记录保持一致。不一致时，移交人员必须限期查清。

（二）会计凭证、会计账簿、会计报表和其他会计资料必须完整无缺。如有短缺，必须查清原因，并在移交清册中注明，由移交人员负责。

（三）银行存款账户余额要与银行对账单核对，如不一致，应当编制银行存款余额调节表调节相符，各种财产物资和债权债务的明细账户余额要与总账有关账户余额核对相符；必要时，要抽查个别账户的余额，与实物核对相符，或者与往来单位、个人核对清楚。

（四）移交人员经管的票据、印章和其他实物等，必须交接清楚；移交人员从事会计电算化工作的，要对有关电子数据在实际操作状态下进行交接。

第三十条　会计机构负责人、会计主管人员移交时，还必须将全部财务会计工作、重大财务收支和会计人员的情况等，向接替人员详细介绍。对需要移交的遗留问题，应当写出书面材料。

第三十一条　交接完毕后，交接双方和监交人员要在移交注册上签名或者盖章。并应在移交注册上注明：单位名称，交接日期，交接双方和监交人员的职务、姓名，移交清册页数以及需要说明的问题和意见等。移交清册一般应当填制一式三份，交接双方各执一份，存档一份。

第三十二条　接替人员应当继续使用移交的会计账簿，不得自行另立新账，以保持会计记录的连续性。

第三十三条　会计人员临时离职或者因病不能工作且需要接替或者代理的，会计机构负责人、会计主管人员或者单位领导人必须指定有关人员接替或者代理，并办理交接手续。

临时离职或者因病不能工作的会计人员恢复工作的，应当与接替或者代理人员办理交接手续。

移交人员因病或者其他特殊原因不能亲自办理移交的，经单位领导人批准，可由移交人员委托他人代办移交，但委托人应当承担本规范第三十五条规定的责任。

第三十四条　单位撤销时，必须留有必要的会计人员，会同有关人员办理清理工作，编制决算。未移交前，不得离职。接收单位和移交日期由主管部门确定。

单位合并、分立的，其会计工作交接手续比照上述有关规定办理。

第三十五条　移交人员对所移交的会计凭证、会计账簿、会计报表和其他有关资料的合法性、真实性承担法律责任。

第三章　会 计 核 算

第一节　会计核算一般要求

第三十六条　各单位应当按照《中华人民共和国会计法》和国家统一会计制度的规定建立会计账册，进行会计核算，及时提供合法、真实、准确、完整的会计信息。

第三十七条　各单位发生的下列事项，应当及时办理会计手续、进行会计核算：

（一）款项和有价证券的收付；

（二）财物的收发、增减和使用；

（三）债权债务的发生和结算；

（四）资本、基金的增减；

（五）收入、支出、费用、成本的计算；

（六）财务成果的计算和处理；

（七）其他需要办理会计手续、进行会计核算的事项。

第三十八条　各单位的会计核算应当以实际发生的经济业务为依据，按照规定的会计处理方法进行，保证会计指标的口径一致、相互可比和会计处理方法的前后各期相一致。

第三十九条　会计年度自公历1月1日起至12月31日止。

第四十条　会计核算以人民币为记账本位币。

收支业务以外国货币为主的单位，也可以选定某种外国货币作为记账本位币，但是编制的会计报表应当折算为人民币反映。

境外单位向国内有关部门编报的会计报表，应当折算为人民币反映。

第四十一条　各单位根据国家统一会计制度的要求，在不影响会计核算要求、会计报表指标汇总和对外统一会计报表的前提下，可以根据实际情况自行设置和使用会计科目。

事业行政单位会计科目的设置和使用，应当符合国家统一事业行政单位会计制度的规定。

第四十二条　会计凭证、会计账簿、会计报表和其他会计资料的内容和要求必须符合国家统一会计制度的规定，不得伪造、变造会计凭证和会计账簿，不得设置账外账，不得报送虚假会计报表。

第四十三条　各单位对外报送的会计报表格式由财政部统一规定。

第四十四条　实行会计电算化的单位，对使用的会计软件及其生成的会计凭证、会计账簿、会计报表和其他会计资料的要求，应当符合财政部关于会计电算化的有关规定。

第四十五条　各单位的会计凭证、会计账簿、会计报表和其他会计资料，应当建立档案，妥善保管。会计档案建档要求、保管期限、销毁办法等依据《会计档案管理办法》的规定进行。

实行会计电算化的单位，有关电子数据、会计软件资料等应当作为会计档案进行管理。

第四十六条　会计记录的文字应当使用中文，少数民族自治地区可以同时使用少数民族文字。中国境内的外商投资企业、外国企业和其他外国经济组织也可以同时使用某种外国文字。

第二节　填制会计凭证

第四十七条　各单位办理本规范第三十七条规定的事项，必须取得或者填制原始凭证，并及时送交会计机构。

第四十八条　原始凭证的基本要求是：

（一）原始凭证的内容必须具备：凭证的名称；填制凭证的日期；填制凭证单位名称或者填制人姓名；经办人员的签名或者盖章；接受凭证单位名称；经济业务内容；数量、单价和金额。

（二）从外单位取得的原始凭证，必须盖有填制单位的公章；从个人取得的原始凭证，必须有填制人员的签名或者盖章。自制原始凭证必须有经办单位领导人或者其指定的人员签名或者盖章。对外开出的原始凭证，必须加盖本单位公章。

（三）凡填有大写和小写金额的原始凭证，大写与小写金额必须相符。购买实物的原始凭证，必须有验收证明。支付款项的原始凭证，必须有收款单位和收款人的收款证明。

（四）一式几联的原始凭证，应当注明各联的用途，只能以一联作为报销凭证。

一式几联的发票和收据，必须用双面复写纸（发票和收据本身具备复写纸功能的除外）套写，并连续编号。作废时应当加盖“作废”戳记，连同存根一起保存，不得撕毁。

（五）发生销货退回的，除填制退货发票外，还必须有退货验收证明；退款时，必须取得对方的收款收据或者汇款银行的凭证，不得以退货发票代替收据。

（六）职工公出借款凭据，必须附在记账凭证之后。收回借款时，应当另开收据或者退还借据副本，不得退还原借款收据。

（七）经上级有关部门批准的经济业务，应当将批准文件作为原始凭证附件。如果批准文件需要单独归档的，应当在凭证上注明批准机关名称、日期和文件字号。

第四十九条　原始凭证不得涂改、挖补。发现原始凭证有错误的，应当由开出单位重开或者更正，更正处应当加盖开出单位的公章。

第五十条　会计机构、会计人员要根据审核无误的原始凭证填制记账凭证。

记账凭证可以分为收款凭证、付款凭证和转账凭证，也可以使用通用记账凭证。

第五十一条　记账凭证的基本要求是：

（一）记账凭证的内容必须具备：填制凭证的日期；凭证编号；经济业务摘要；会计科目；金额；所附原始凭证张数；填制凭证人员、稽核人员、记账人员、会计机构负责人、会计主管人员签名或者盖章。收款和付款记账凭证还应当由出纳人员签名或者盖章。

以自制的原始凭证或者原始凭证汇总表代替记账凭证的，也必须具备记账凭证应有的项目。

（二）填制记账凭证时，应当对记账凭证进行连续编号。一笔经济业务需要填制两张以上记账凭证的，可以采用分数编号法编号。

（三）记账凭证可以根据每一张原始凭证填制，或者根据若干张同类原始凭证汇总填制，也可以根据原始凭证汇总表填制。但不得将不同内容和类别的原始凭证汇总填制在一张记账凭证上。

（四）除结账和更正错误的记账凭证可以不附原始凭证外，其他记账凭证必须附有原始凭证。如果一张原始凭证涉及几张记账凭证，可以把原始凭证附在一张主要的记账凭证后面，并在其他记账凭证上注明附有该原始凭证的记账凭证的编号或者附原始凭证复印机。

一张复始凭证所列支出需要几个单位共同负担的，应当将其他单位负担的部分，开给对方原始凭证分割单，进行结算。原始凭证分割单必须具备原始凭证的基本内容：凭证名称、填制凭证日期、填制凭证单位名称或者填制人姓名、经办人的签名或者盖章、接受凭证单位名称、经济业务内容、数量、单价、金额和费用分摊情况等。

（五）如果在填制记账凭证时发生错误，应当重新填制。

已经登记入账的记账凭证，在当年内发现填写错误时，可以用红字填写一张与原内容相同的记账凭证，在摘要栏注明“注销某月某日某号凭证”字样，同时再用蓝字重新填制一张正确的记账凭证，注明“订正某月某日某号凭证”字样。如果会计科没有错误，只是金额错误，也可以将正确数字与错误数字之间的差额，另编一张调整的记账凭证，调增金额用蓝字，调减金额用红字。发现以前年度记账凭证有错误的，应当用蓝字填制一张更正的记账凭证。

（六）记账凭证填制完经济业务事项后，如有空行，应当自金额栏最后一笔金额数字下的空行处至合计数上的空行处划线注销。

第五十二条　填制会计凭证，字迹必须清晰、工整，并符合下列要求：

（一）阿拉伯数字应当一个一个地写，不得连笔写。阿拉伯金额数字前面应当书写货币币种符号或者货币名称简写和币种符号。币种符号与阿拉伯金额数字之间不得留有空白。凡阿拉伯数字前写有币种符号的，数字后面不再写货币单位。

（二）所有以元为单位（其他货币种类为货币基本单位，下同）的阿拉伯数字，除表示单价等情况外，一律填写到角分；无角分的，角位和分位可写“00”，或者符号“－－”；有角无分的，分位应当写“0”，不得用符号“－－”代替。

（三）汉字大写数字金额如零、壹、贰、叁、肆、伍、陆、柒、捌、玖、拾、佰、仟、万、亿等，一律用正楷或者行书体书写，不得用0、一、二、三、四、五、七、八、九、十等简化字代替，不得任意自造简化字。大写金额数字到元或者角为止的，在“元”或者“角”字之后应当写“整”字或者“正”字；大写金额数字有分的，分字后面不写“整”或者“正”字。

（四）大写金额数字前未印有货币名称的，应当加填货币名称，货币名称与金额数字之间不得留有空白。

（五）阿拉伯金额数字中间有“0”时，汉字大写金额要写“零”字；阿拉伯数字金额中间连续有几个“0”时，汉字大写金额中可以只写一个“零”字；阿拉伯金额数字元位是“0”，或者数字中间连续有几个“0”、元位也是“0”但角位不是“0”时，汉字大写金额可以只写一个“零”字，也可以不写“零”字。

第五十三条　实行会计电算化的单位，对于机制记账凭证，要认真审核，做到会计科目使用正确，数字准确无误。打印出的机制记账凭证要加盖制单人员、审核人员、记账人员及会计机构负责人、会计主管人员印章或者签字。

第五十四条　各单位会计凭证的传递程序应当科学、合理，具体办法由各单位根据会计业务需要自行规定。

第五十五条 会计机构、会计人员要妥善保管会计凭证。

（一）会计凭证应当及时传递，不得积压。

（二）会计凭证登记完毕后，应当按照分类和编号顺序保管，不得散乱丢失。

（三）记账凭证应当连同所附的原始凭证或者原始凭证汇总表，按照编号顺序，折叠整齐，按期装订成册，并加具封面，注明单位名称、年度、月份和起讫日期、凭证种类、起讫号码，由装订人在装订线封签外签名或者盖章。

对于数量过多的原始凭证，可以单独装订保管，在封面上注明记账凭证日期、编号、种类，同时在记账凭证上注明“附件另订”和原始凭证名称及编号。

各种经济合同、存出保证金收据以及涉外文件等重要原始凭证，应当另编目录，单独登记保管，并在有关的记账凭证和原始凭证上相互注明日期和编号。

（四）原始凭证不得外借，其他单位如因特殊原因需要使用原始凭证时，经本单位会计机构负责人、会计主管人员批准，可以复制。向外单位提供的原始凭证复制件，应当在专设的登记簿上登记，并由提供人员和收取人员共同签名或者盖章。

（五）从外单位取得的原始凭证如有遗失，应当取得原开出单位盖有公章的证明，并注明原来凭证的号码、金额和内容等，由经办单位会计机构负责人、会计主管人员和单位领导人批准后，才能代作原始凭证。如果确实无法取得证明的，如火车、轮船、飞机票等凭证，由当事人写出详细情况，由经办单位会计机构负责人、会计主管人员和单位领导人批准后，代作原始凭证。

第三节 登记会计账簿

第五十六条 各单位应当按照国家统一会计制度的规定和会计业务的需要设置会计账簿。会计账簿包括总账、明细账、日记账和其他辅助性账簿。

第五十七条 现金日记账和银行存款日记账必须采用订本式账簿。不得用银行对账单或者其他方法代替日记账。

第五十八条 实行会计电算化的单位，用计算机打印的会计账簿必须连续编号，经审核无误后装订成册，并由记账人员和会计机构负责人、会计主管人员签字或者盖章。

第五十九条 启用会计账簿时，应当在账簿封面上写明单位名称和账簿名称。在账簿扉页上应当附启用表，内容包括：启用日期、账簿页数、记账人员和会计机构负责人、会计主管人员姓名，并加盖名章和单位公章。记账人员或者会计机构负责人、会计主管人员调动工作时，应当注明交接日期、接办人员或者监交人员姓名，并由交接双方人员签名或者盖章。

启用订本式账簿，应当从第一页到最后一页顺序编定页数，不得跳页、缺号。使用活页式账页，应当按账户顺序编号，并须定期装订成册。装订后再按实际使用的账页顺序编定页码。另加目录，记明每个账户的名称和页次。

第六十条 会计人员应当根据审核无误的会计凭证登记会计账簿。登记账簿的基本要求是：

（一）登记会计账簿时，应当将会计凭证日期、编号、业务内容摘要、金额和其他有关资料逐项记入账内，做到数字准确、摘要清楚、登记及时、字迹工整。

（二）登记完毕后，要在记账凭证上签名或者盖章，并注明已经登账的符号，表示已经记账。

（三）账簿中书写的文字和数字上面要留有适当空格，不要写满格；一般应占格距的二分之一。

（四）登记账簿要用蓝黑墨水或者碳素墨水书写，不得使用圆珠笔（银行的复写账簿除外）或者铅笔书写。

（五）下列情况，可以用红色墨水记账：

1. 按照红字冲账的记账凭证，冲销错误记录；

2. 在不设借贷等栏的多栏式账页中，登记减少数；

3. 在三栏式账户的余额栏前，如未印明余额方向的，在余额栏内登记负数余额；

4. 根据国家统一会计制度的规定可以用红字登记的其他会计记录。

（六）各种账簿按页次顺连续登记，不得跳行、隔页。如果发生跳行、隔页，应当将空行、空页划线注销，或者注明“此行空白”、“此页空白”字样，并由记账人员签名或者盖章。

（七）凡需要结出余额的账户，结出余额后，应当在“借或贷”等栏内写明“借”或者“贷”等字样。没有余额的账户，应当在“借或贷”等栏内写“平”字，并在余额栏内用“Q”表示。

现金日记账和银行存款日记账必须逐日结出余额。

（八）每一账页登记完毕结转下页时，应当结出本页合计数及余额，写在本页最后一行和下页第一行有关栏内，并在摘要栏内注明“过次页”和“承前页”字样；也可以将本页合计数及金额只写在下页第一行有关栏内，并在摘要栏内注明“承前页”字样。

对需要结计本月发生额的账户，结计“过次页”的本页合计数应当为自本月初起至本页末止的发生额合计数；对需要结计本年累计发生额的账户，结计“过次页”的本页合计数应当为自年初起至本页末止的累计数；对既不需要结计本月发生额也不需要结计本年累计发生额的账户，可以只将每页末的余额结转次页。

第六十一条　实行会计电算化的单位，总账和明细账应当定期打印。

发生收款和付款业务的，在输入收款凭证和付款凭证的当天必须打印出现金日记账和银行存款日记账，并与库存现金核对无误。

第六十二条　账簿记录发生错误，不准涂改、挖补、刮擦或者用药水消除字迹，不准重新抄写，必须按照下列方法进行更正：

（一）登记账簿时发生错误，应当将错误的文字或者数字划红线注销，但必须使原有字迹仍可辨认；然后在划线上方填写正确的文字或者数字，并由记账人员在更正处盖章。对于错误的数字，应当全部划红线更正，不得只更正其中的错误数字。对于文字错误，可只划去错误的部分。

（二）由于记账凭证错误而使账簿记录发生错误，应当按更正的记账凭证登记账簿。

第六十三条　各单位应当定期对会计账簿记录的有关数字与库存实物、货币资金、有价证券、往来单位或者个人等进行相互核对，保证账证相符、账账相符、账实相符。对账工作每年至少进行一次。

（一）账证核对。核对会计账簿记录与原始凭证、记账凭证的时间、凭证字号、内容、金额是否一致，记账方向是否相符。

（二）账账核对。核对不同会计账簿之间的账簿记录是否相符，包括：总账有关账户的余额核对，总账与明细账核对，总账与日记账核对，会计部门的财产物资明细账与财产物资保管和使用部门的有关明细账核对等。

（三）账实核对。核对会计账簿记录与财产等实有数额是否相符。包括：现金日记账账面余额与现金实际库存数相核对；银行存款日记账账面余额定期与银行对账单相核对；各种财物明细账账面余额与财物实存数额相核对；各种应收、应付款明细账账面余额与有关债务、债权单位或者个人核对等。

第六十四条　各单位应当按照规定定期结账。

（一）结账前，必须将本期内所发生的各项经济业务全部登记入账。

（二）结账时，应当结出每个账户的期末余额。需要结出当月发生额的，应当在摘要栏内注明“本月合计”字样，并在下面通栏划单红线。需要结出本年累计发生额的，应当在摘要栏内注明“本年累计”字样，并在下面通栏划单红线；12 月末的“本年累计”就是全年累计发生额。全年累计发生额下面应当通栏划双红线。年度终了结账时，所有总账账户都应当结出全年发生额和年末余额。

（三）年度终了，要把各账户的余额结转到下一会计年度，并在摘要栏注明“结转下年”字样；在下一会计年度新建有关会计账簿的第一行余额栏内填写上年结转的余额，并在摘要栏注明“上年结转”字样。

第四节　编制财务报告

第六十五条　各单位必须按照国家统一会计制度的规定，定期编制财务报告。

财务报告包括会计报表及其说明。会计报表包括会计报表主表、会计报表附表、会计报表附注。

第六十六条　各单位对外报送的财务报告应当根据国家统一会计制度规定的格式和要求编制。

单位内部使用的财务报告，其格式和要求由各单位自行规定。

第六十七条　会计报表应当根据登记完整、核对无误的会计账簿记录和其他有关资料编制，做到数字真实、计算准确、内容完整、说明清楚。任何人不得篡改或者授意、指使、强令他人篡改会计报表的有关数字。

第六十八条　会计报表之间、会计报表各项目之间，凡有对应关系的数字，应当相互一致。本期会计报表与上期会计报表之间有关的数字应当相互衔接。如果不同会计年度会计报表中各项目的内容和核算方法有变更的，应当在年度会计报表中加以说明。

第六十九条　各单位应当按照国家统一会计制度的规定认真编写会计报表附注及其说明，做到项目齐全，内容完整。

第七十条　各单位应当按照国家规定的期限对外报送财务报告。对外报送的财务报告，应当依次编定页码，加具封面，装订成册，加盖公章。封面上应当注明：单位名称，单位地址，财务报告所属年度、季度、月度，送出日期，并由单位领导人、总会计师、会计机构负责人、会计主管人员签名或者盖章。

单位领导人对财务报告的合法性、真实性负法律责任。

第七十一条　根据法律和国家有关规定应当对财务报告进行审计的，财务报告编制单位应当先行委托注册会计师进行审计，并将注册会计师出具的审计报告随同财务报告按照规定的期限报送有关部门。

第七十二条　如果发现对外报送的财务报告有错误，应当及时办理更正手续。除更正本单位留存的财务报告外，并应同时通知接受财务报告的单位更正。错误较多的，应当重新编报。

第四章　会 计 监 督

第七十三条　各单位的会计机构、会计人员对本单位的经济活动进行会计监督。

第七十四条　会计机构、会计人员进行会计监督的依据是：

（一）财经法律、法规、规章；

（二）会计法律、法规和国家统一会计制度；

（三）各省、自治区、直辖市财政厅（局）和国务院业务主管部门根据《中华人民共和国会计法》和国家统一会计制度制定的具体实施办法或者补充规定；

（四）各单位根据《中华人民共和国会计法》和国家统一会计制度制定的单位内部会计管理制度；

（五）各单位内部的预算、财务计划、经济计划、业务计划等。

第七十五条　会计机构、会计人员应当对原始凭证进行审核和监督。

对不真实、不合法的原始凭证，不予受理。对弄虚作假、严重违法的原始凭证，在不予受理的同时，应当予以扣留，并及时向单位领导人报告，请求查明原因，追究当事人的责任。

对记载不准确、不完整的原始凭证，予以退回，要求经办人员更正、补充。

第七十六条　会计机构、会计人员对伪造、变造、故意毁灭会计账簿或者账外设账行为，应当制止和纠正；制止和纠正无效的，应当向上级主管单位报告，请求作出处理。

第七十七条　会计机构、会计人员应当对实物、款项进行监督，督促建立并严格执行财产清查制度。发现账簿记录与实物、款项不符时，应当按照国家有关规定进行处理。超出会计机构、会计人员职权范围的，应当立即向本单位领导报告，请求查明原因，作出处理。

第七十八条　会计机构、会计人员对指使、强令编造、篡改财务报告行为，应当制止和纠正；制止和纠正无效的，应当向上级主管单位报告，请求处理。

第七十九条　会计机构、会计人员应当对财务收支进行监督。

（一）对审批手续不全的财务收支，应当退回，要求补充、更正。

（二）对违反规定不纳入单位统一会计核算的财务收支，应当制止和纠正。

（三）对违反国家统一的财政、财务、会计制度规定的财务收支，不予办理。

（四）对认为是违反国家统一的财政、财务、会计制度规定的财务收支，应当制止和纠正；制止和纠正无效的，应当向单位领导人提出书面意见请求处理。

单位领导人应当在接到书面意见起十日内作出书面决定，并对决定承担责任。

（五）对违反国家统一的财政、财务、会计制度规定的财务收支，不予制止和纠正，又不向单位领导人提出书面意见的，也应当承担责任。

（六）对严重违反国家利益和社会公众利益的财务收支，应当向主管单位或者财政、审计、税务机关报告。

第八十条　会计机构、会计人员对违反单位内部会计管理制度的经济活动，应当制止和纠正；制止和纠正无效的，向单位领导人报告，请求处理。

第八十一条　会计机构、会计人员应当对单位制定的预算、财务计划、经济计划、业务计划的执行情况进行监督。

第八十二条　各单位必须依照法律和国家有关规定接受财政、审计、税务等机关的监督，如实提供会计凭证、会计账簿、会计报表和其他会计资料以及有关情况、不得拒绝、隐匿、谎报。

第八十三条　按照法律规定应当委托注册会计师进行审计的单位，应当委托注册会计师进行审计，并配合注册会计师的工作，如实提供会计凭证、会计账簿、会计报表和其他会计资料以及有关情况，不得拒绝、隐匿、谎报，不得示意注册会计师出具不当的审计报告。

第五章　内部会计管理制度

第八十四条　各单位应当根据《中华人民共和国会计法》和国家统一会计制度的规定，结合单位类型和内容管理的需要，建立健全相应的内部管理制度。

第八十五条　各单位制定内部会计管理制度应当遵循下列原则：

（一）应当执行法律、法规和国家统一的财务会计制度。

（二）应当体现本单位的生产经营、业务管理的特点和要求。

（三）应当全面规范本单位的各项会计工作，建立健全会计基础，保证会计工作的有序进行。

（四）应当科学、合理，便于操作和执行。

（五）应当定期检查执行情况。

（六）应当根据管理需要和执行中的问题不断完善。

第八十六条　各单位应当建立内部会计管理体系。主要内容包括：单位领导人、总会计师对会计工作的领导职责；会计部门及其会计机构负责人、会计主管的职责、权限；会计部门与其他职能部门的关系；会计核算的组织形式等。

第八十七条　各单位应当建立会计人员岗位责任制度。主要内容包括：会计人员的工作岗位设置；各会计工作岗位的职责和标准；各会计工作岗位的人员和具体分工；会计工作岗位轮换办法；对各会计工作岗位的考核办法。

第八十八条　各单位应当建立账务处理程序制度。主要内容包括：会计科目及其明细科目的设置和使用；会计凭证的格式、审核要求和传递程序；会计核算方法；会计账簿的设置；编制会计报表的种类和要求；单位会计指标体系。

第八十九条　各单位应当建立内部牵制制度。主要内容包括：内部牵制制度的原则；组织分工；出纳岗位的职责和限制条件；有关岗位的职责和权限。

第九十条　各单位应当建立稽核制度。主要内容包括：稽核工作的组织形式和具体分工；稽核工作的职责、权限；审核会计凭证和复核会计账簿、会计报表的方法。

第九十一条　各单位应当建立原始记录管理制度。主要内容包括：原始记录的内容和填制方法；原始记录的格式；原始记录的审核；原始记录填制人的责任；原始记录签署、传递、汇集要求。

第九十二条　各单位应当建立定额管理制度。主要内容包括：定额管理的范围；制定和修订定额的依据、程序和方法；定额的执行；定额考核和奖惩办法等。

第九十三条　各单位应当建立计量验收制度。主要内容包括：计量检测手段和方法；计量验收管理的要求；计量验收人员的责任和奖惩办法。

第九十四条　各单位应当建立财产清查制度。主要内容包括：财产清查的范围；财产清查的组织；财产清查的期限和方法；对财产清查中发现问题的处理办法；对财产管理人员的奖惩办法。

第九十五条　各单位应当建立财务收支审批制度。主要内容包括：财务收支审批人员和审批权限；财务收支审批程序；财务收支审批人员的责任。

第九十六条　实行成本核算的单位应当建立成本核算制度。主要内容包括：成本核算的对象；成本核算的方法和程序；成本分析等。

第九十七条　各单位应当建立财务会计分析制度。主要内容包括：财务会计分析的主要内容；财务会计分析的基本要求和组织程序；财务会计分析的具体方法；财务会计分析报告的编写要求等。

第六章　附　则

第九十八条　本规范所称国家统一会计制度，是指由财政部制定、或者财政部与国务院有关部门联合制定、或者经财政部审核批准的在全国范围内统一执行的会计规章、准则、办法等规范性文件。

本规范所称会计主管人员，是指不设置会计机构、只在其他机构中设置专职会计人员的单位行使会计机构负责人职权的人员。

本规范第三章第二节和第三节关于填制会计凭证、登记会计账簿的规定，除特别指出外，一般适用于手工记账。实行会计电算化的单位，填制会计凭证和登记会计账簿的有关要求，应当符合财政部关于会计电算化的有关规定。

第九十九条　各省、自治区、直辖市财政厅（局）、国务院各业务主管部门可以根据本规范的原则，结合本地区、本部门的具体情况，制定具体实施办法，报财政部备案。

第一百条　本规范由财政部负责解释、修改。

第一百零一条　本规范自公布之日起实施。1984 年 4 月 24 日财政部发布的《会计人员工作规则》同时废止。

附录D 会计档案管理办法

第一条 为了加强会计档案管理，统一会计档案管理制度，更好地为发展社会主义市场经济服务，根据《中华人民共和国会计法》和《中华人民共和国档案法》的规定，制定本办法。

第二条 国家机关、社会团体、企业、事业单位、按规定应当建账的个体工商户和其他组织（以下简称各单位），应当依照本办法管理会计档案。

第三条 各级人民政府财政部门和档案行政管理部门共同负责会计档案工作的指导、监督和检查。

第四条 各单位必须加强对会计档案管理工作的领导，建立会计档案的立卷、归档、保管、查阅和销毁等管理制度，保证会计档案妥善保管、有序存放、方便查阅、严防毁损、散失和泄密。

第五条 会计档案是指会计凭证，会计账簿和财务报告等会计核算专业材料，是记录和反映单位经济业务的重要史料和证据。具体包括：

（一）会计凭证类：原始凭证，记账凭证，汇总凭证，其他会计凭证。

（二）会计账簿类：总账，明细账，日记账，固定资产卡片，辅助账簿，其他会计账薄。

（三）财务报告类：月度、季度、年度财务报告，包括会计报表、附表、附注及文字说明，其他财务报告。

（四）其他类：银行存款余额调节表，银行对账单，其他应当保存的会计核算专业资料，会计档案移交清册，会计档案保管清册，会计档案销毁清册。

第六条 各单位每年形成的会计档案，应当由会计机构按照归档要求，负责整理立卷，装订成册，编制会计档案保管清册。

当年形成的会计档案，在会计年度终了后，可暂由会计机构保管一年，期满之后，应当由会计机构编制移交清册，移交本单位档案机构统一保管；未设立档案机构的，应当在会计机构内部指定专人保管。出纳人员不得兼管会计档案。

移交本单位档案机构保管的会计档案，原则上应当保持原卷册的封装。个别需要拆封重新整理的，档案机构应当会同会计机构和经办人员共同拆封整理，以分清责任。

第七条 各单位保存的会计档案不得借出。如有特殊需要，经本单位负责人批准，可以提供查阅或者复制，并办理登记手续。查阅或者复制会计档案的人员，严禁在会计档案上涂画、拆封和抽换。

各单位应当建立健全会计档案查阅、复制登记制度。

第八条 会计档案的保管期限分为永久、定期两类。定期保管期限分为3年、5年、10年、15年、25年5类。

会计档案的保管期限，从会计年度终了后的第一天算起。

第九条 本办法规定的会计档案保管期限为最低保管期限，各类会计档案的保管原则上应当按照本办法附表所列期限执行。

各单位会计档案的具体名称如有同本办法附表所列档案名称不相符的，可以比照类似档案的保管期限办理。

第十条 保管期满的会计档案，除本办法第十一条规定的情形外，可以按照以下程序销毁：

（一）由本单位档案机构会同会计机构提出销毁意见，编制会计档案销毁清册，列明销毁会计档案的名称。卷号、册数、起止年度和档案编号、应保管期限、已保管期限、销毁时间等内容。

（二）单位负责人在会计档案销毁清册上签署意见。

（三）销毁会计档案时，应当由档案机构和会计机构共同派员监销。国家机关销毁会计档案时，应当由同级财政部门、审计部门派员参加监销。财政部门销毁会计档案时，应当由同级审计部门派员参加监销。

（四）监销人在销毁会计档案前，应当按照会计档案销毁清册所列内容清点核对所要销毁的会计档案销毁后，应当在会计档案销毁清册上签名盖章，并将监销情况报告本单位负责人。

第十一条 保管期满但未结清的债权债务原始凭证和涉及其他未了事项的原始凭证，不得销毁，应当单独抽出立卷，保管到未了事项完结时为止。单独抽出立卷的会计档案，应当在会计档案销毁清册和会计档案保管清册中列明。

正在项目建设期间的建设单位，其保管期满的会计档案不得销毁。

第十二条 采用电子计算机进行会计核算的单位，应当保存打印出的纸质会计档案。

具备采用磁带、磁盘、光盘、微缩胶片等磁性介质保存会计档案条件的，由国务院业务主管部门统一规定，并报财政部、国家档案局备案。

第十三条 单位因撤销、解散、破产或者其他原因而终止的，在终止和办理注销登记手续之前形成的会计档案，应当由终止单位的业务主管部门或财产所有者代管或移交有关档案馆代管，法律、行政法规另有规定的，从其规定。

第十四条 单位分立后原单位存续的，其会计档案应当由分立后的存续方统一保管，其他方可查阅、复制与其业务相关的会计档案；单位分立后原单位解散的，共会计档案应当经各方协商后由其中一方代管或移交档案馆代管，各方可查阅、复制与其业务相关的会计档案。单位分立中未结清的会计事项所涉及的原始凭证，应当单独抽出由业务相关方保存，并按规定办理交接手续。

单位因业务移交其他单位办理所涉及的会计档案，应当由原单位保管，承接业务单位可查阅，复制与其业务相关的会计档案，对其中未结清的会计事项所涉及的原始凭证，应当单独抽出由业务承接单位保存，并按规定办理交接手续。

第十五条　单位合并后原各单位解散或一方存续其他方解散的，原各单位的会计档案应当由合并后的单位统一保管；单位合并后原各单位仍存续的，其会计档案仍应由原各单位保管。

第十六条　建设单位在项目建设期间形成的会计档案，应当在办理竣工决算后移交给建设项目的接受单位，并按规定办理交接手续。

第十七条　单位之间交接会计档案的，交接双方应当办理会计档案交接手续。

移交会计档案的单位，应当编制会计档案移交清册，列明应当移交的会计档案名称、卷号，册数，起止年度和档案编号、应保管期限、已保管期限等内容。

交接会计档案时，交接双方应当按照会计档案移交清册所列内容逐项交接，并由交接双方的单位负责人负责监交。交接完毕后、交接双方经办人和监交人应当在会计档案移交清册上签名或者盖章。

第十八条　我国境内所有单位的会计档案不得携带出境。驻外机构和境内单位在境外设立的企业（简称境外单位）的会计档案，应当按照本办法和国家有关规定进行管理。

第十九条　预算、计划，制度等文件材料，应当执行文书档案管理规定，不适用本办法。

第二十条　各省、自治区，直辖市人民政府财政部门、档案管理部门，国务院各业务主管部门，中国人民解放军总后勤部，可以根据本办法的规定，结合本地区、本部门的具体情况，制定实施办法，报财政部和国家档案局备案。

第二十一条　本办法由财政部负责解释，自 1999 年 1 月 1 日起执行。1984 年 6 月 1 日财政部、国家档案局发布的《会计档案管理办法》自本办法执行之日起废止。

参考文献

[1] 财政部. 小企业会计制度 [M]. 北京：中国财政经济出版社，2004.

[2] 财政部. 企业会计准则讲解——2006 [M]. 北京：人民出版社，2007.

[3] 财政部. 企业会计准则应用指南——2006 [M]. 北京：中国财政经济出版社，2006.

[4] 财政部会计司. 会计师会计制度讲解 [M]. 北京：中国财政经济出版社，2001.

[5] 财政部注册会计师全国考试委员会办公室 [M]. 会计. 北京：经济科学出版社，2008.

[6] 朱小平，等. 初级会计学 [M]. 北京：中国人民大学出版社，1998.

[7] 刘峰，潘琰，林斌. 会计学基础 [M]. 北京：高等教育出版社，2002.

[8] 李海波. 会计学原理 [M]. 上海：立信会计出版社，2002.

[9] 娄尔行，瞿灿鑫，王珏. 基础会计 [M]，上海：上海财经大学出版社，2003.

[10] 刘文辉，李刚. 会计学基础 [M]. 北京：首都经济贸易大学出版社，2001.

[11] 郭惠云. 基础会计. 大连：东北财经大学出版社，2001.

[12] 李桂媛，迟旭什. 基础会计 [M]. 大连：东北财经大学出版社，2001.

[13] 杨玉凤，卜华. 会计学 [M]. 徐州：中国矿业大学出版社，2008.

[14] 琰纪琬，娄尔行，葛家澍，赵玉民，吴诚之. 会计原理（修订）[M]. 北京：中国财政经济出版社，1988.

[15] 娄尔行. 基础会计 [M]. 上海：上海三联书店，1999.

[16] 龚菊明. 基础会计学 [M]. 苏州：苏州大学出版社，2001.

[17] 余伯英. 企业基础会计 [M]. 成都：四川科技出版社，1993.

[18] 朱学义. 中级财务会计 [M]. 3 版. 北京：机械工业出版社，2007.

[19] 王俊生. 基础会计学 [M]. 3 版. 北京：中国财政经济出版社，1999.

[20] 于玉林，王建忠. 会计原理 [M]. 北京：经济科学出版社，2003.

[21] 包洪信. 基础会计 [M]. 北京：经济科学出版社，2004.